Klaus Voss

Digitale Bildverarbeitung

Informatik · Kybernetik · Rechentechnik

Herausgegeben von der Akademie der Wissenschaften der DDR
Zentralinstitut für Kybernetik und Informationsprozesse

Band 23

Theoretische Grundlagen der
digitalen Bildverarbeitung

von Klaus Voss

Theoretische Grundlagen der digitalen Bildverarbeitung

von Klaus Voss

Mit 68 Abbildungen und 13 Tabellen

Akademie-Verlag Berlin 1988

Verfasser: Prof. Dr. sc. nat. Klaus Voss
Friedrich-Schiller-Universität Jena

ISBN 3-05-500513-9

ISSN 0323-1351

Erschienen im Akademie-Verlag Berlin, DDR-1086 Berlin, Leipziger Straße 3—4

Lizenznummer: 202 · 100/418/88
Printed in the German Democratic Republic
Gesamtherstellung: VEB Druckerei „Thomas Müntzer", 5820 Bad Langensalza
Lektor: Dipl.-Phys. Gisela Lagowitz
LSV 1085
Bestellnummer: 763 846 6 (9124)

03000

Im Endlichen ist Schönheit und Vollkommenheit. In der Unbegrenztheit ist Nichtabgeschlossenheit und Unvollkommenheit.
Daher muß man sich vor dem Endlichen ehrfürchtig verneigen und dem Unendlichen gegenüber Abscheu hegen.

PHYTHAGORAS

Im Lichte bereits erlangter Erkenntnis erscheint das glücklich Erreichte fast wie selbstverständlich, und jeder intelligente Student erfaßte es ohne zu große Mühe. Aber das ahnungsvolle, Jahre währende Suchen im Dunkeln mit seiner gespannten Sehnsucht, seiner Abwechslung von Zuversicht und Ermattung und seinem endlichen Durchbrechen zur Wahrheit, das kennt nur, wer es selbst erlebt hat.

EINSTEIN

Vorwort

Die digitale Bildverarbeitung ist ein Fachgebiet, das sich seit etwa 25 Jahren in ständiger Entwicklung befindet. Die Verbindung zur Informatik wurde bereits frühzeitig erkannt, da Bilder als spezielle Datenstrukturen auch eine spezielle rechentechnische Behandlung erfordern. So gibt es wohl keinen Zweifel daran, daß die digitale Bildverarbeitung als eigenständige Teildisziplin der Informatik angesehen werden kann.

Anders ist es, wenn man die „Bildverarbeitung ohne Computer" im Sinn hat. Welche allgemeinen Gesetzmäßigkeiten existieren in den Datenstrukturen der digitalen Bildverarbeitung? Welche Grundbegriffe sind auf welchem Abstraktionsniveau als wesentlich anzusehen? Wie kann man spezielle Zusammenhänge und konkrete Algorithmen aus solchen allgemeinen Grundlagen herleiten? In welcher Art sollten systematische Lehrveranstaltungen zur digitalen Bildverarbeitung aufgebaut sein?

Seit mehr als 15 Jahren habe ich mich mit diesen Fragen auseinandergesetzt. Immer wieder suchte ich das Gespräch mit Fachkollegen, suchte in Zeitschriften und Büchern nach Antworten, versuchte in Publikationen erste Ansätze zu formulieren. Endlich kristallisierte sich Anfang 1985 eine grundlegende Idee heraus: Das Spezifische der Datenstruktur „Bild" ist die Nachbarschaft von Bildpunkten.

Die mit meinen Kollegen Dr. Reinhard Klette und Dipl.-Math. Peter Hufnagl geführten fruchtbaren Diskussionen fanden ihre erste schriftliche Fassung in einer Artikelserie der Zeitschrift „Bild und Ton". Bereits hier konnte gezeigt werden, daß sich unterschiedliche theoretische Richtungen in einheitlicher Form darstellen lassen: die topologischen Arbeiten von Rosenfeld und seinen Mitarbeitern (University of Maryland, College Park, USA), die auf eine homogene (parallele) Bildverarbeitung orientierten Entwicklungen von Matheron und Serra (Centre de Morphologie Mathematique, Fontainebleau, Frankreich) und der von Kovalevski gewählte Zugang über Zellularkomplexe (Zentralinstitut für Kybernetik und Informationsprozesse, Berlin, DDR).

In weiteren Artikeln sowie in Vorlesungen im Frühjahrssemester 1986 an der Humboldt-Universität Berlin und im Frühjahrssemester 1987 an der Friedrich-Schiller-Universität Jena wurden die Überlegungen zur Theorie der Nachbarschaftsstrukturen weiter präzisiert und erste praxisrelevante Gesetzmäßigkeiten erhalten (Picksche Formeln, Krümmungsmaße, Formeln der diskreten Integralgeometrie). Das vorliegende Buch soll eine Zusammenfassung dieser Ergebnisse sein.

Obwohl die Darstellungsweise relativ abstrakt ist, wird hier keine „Mathematik der digitalen Bildverarbeitung" dargeboten. Es lag mir viel mehr daran, eine *Theorie* zu entwickeln, d. h. ein Gebäude von realitätsbezogenen Begriffen, Bedingungen und Beziehungen zu errichten. Es war meine Absicht, den Prozeß der Erarbeitung eines Modells der Realität zu demonstrieren und die verwendeten heuristischen Leitideen zu verdeutlichen. Erst an zweiter Stelle habe ich mich um die mathematische Untersuchung dieser Modelle bemüht. Dabei sind dann unterschiedliche mathematische Disziplinen von Bedeutung:

1. Kapitel	— Nachbarschaftsstrukturen	— Graphentheorie
2. Kapitel	— Orientierte Nachbarschaftsstrukturen	— Theorie der Komplexe
3. Kapitel	— Homogene orientierte Nachbarschaftsstrukturen	— Gitterpunkttheorie

Als Physiker sehe ich — nicht unbedingt für die praktische Anwendung, aber doch für ein tieferes Verständnis — in der Formulierung einiger weniger Grundgleichungen für umfassende Wissenschaftsgebiete ein Ziel jedes theoretischen Denkens. Das Newtonsche Grundgesetz der Mechanik, die Maxwellschen Gleichungen der Elektrodynamik, die Hauptsätze der Thermodynamik und die Schrödinger-Gleichung der Quantentheorie sollen Beispiele dafür sein. Es freut mich deshalb, daß viele der im Buch angegebenen quantitativen Beziehungen sich aus drei Grundgleichungen ableiten lassen:

Knotensatz $\Sigma\, \nu(p) = 2\varkappa$,

Maschensatz $\Sigma\, \lambda(m) = 2\varkappa$,

Eulersche Gleichung $\varepsilon - \varkappa + \mu = \chi$.

Das vierte Kapitel unterscheidet sich in Form und Inhalt deutlich von den drei ersten Kapiteln. Hier lege ich nur einige Gedanken dar, wie eine diskrete Geometrie und eine diskrete Funktionstheorie für die digitale Bildverarbeitung aussehen könnten. Es ist meine Hoffnung, daß diese Skizzen Anregung für Mathematiker, Informatiker und Bildverarbeiter sind, die Theorie der digitalen Bildverarbeitung in der einen oder anderen Richtung voranzutreiben.

Ich habe im Buch oft motiviert und argumentiert, um die Auseinandersetzung mit den eigenen meist einander widersprechenden Gedanken dem Leser zu verdeutlichen. Er soll nicht nur am Detail hängen, sondern sich auch die tragenden Ideen des Buches zu eigen machen: Diskretheit, Nachbarschaft und Einheitlichkeit. Deshalb sind die vielen Abbildungen vorhanden, die ausführlichen Abbildungsunterschriften und die Übersicht im 7. Kapitel. Deshalb auch habe ich auf Dutzende oder gar Hunderte von bibliografischen Angaben verzichtet. Der interessierte Leser findet anhand der im 6. Kapitel enthaltenen weiterführenden Literatur sicher rasch einen Zugang zu spezielleren Arbeiten.

Die mit einem Stern versehenen Abschnitte stellen Beispiele für die Theorie der Nachbarschaftsstrukturen dar. Sie können beim ersten Lesen ohne Schaden übergangen werden. Die in Anführungszeichen stehenden Begriffe sind nicht exakt definiert. Hier vertraue ich auf das Anschauungsvermögen des Lesers. Vielleicht eröffnet die Unbestimmtheit solcher Begriffe neue Wege zu Abstraktion, Definition und Schlußfolgerung.

Bevor aber nun die Arbeit für den Leser beginnt, bevor er sich mit Mengen, Relationen und Strukturen auseinandersetzen muß, möchte ich meinen Dank an diejenigen aussprechen, die direkt oder indirekt am Entstehungsprozeß dieses Buches beteiligt waren. Einige der indirekten Helfer sind mit der weiterführenden Literatur erwähnt oder durch ihren Namen in den einzelnen Abschnitten genannt. Die vielen anderen, deren publizierte Arbeiten oder Tagungsbeiträge mir wertvolle Anregungen gaben, müssen leider anonym bleiben.

Besonders erwähnen will ich jedoch Dr. REINHARD KLETTE, Prof. Dr. EIKE HERTEL, Dr. ALBRECHT HÜBLER, Dipl.-Math. PETER HUFNAGL und Dr. GERALD SOMMER, mit denen ich viele interessante Diskussionen führte. Sie haben am Entstehen und am Dasein des Buches großen Anteil — ebenso wie Frau Dipl.-Phys. LAGOWITZ als Lektorin und Frau HÄDRICH, die mit Sorgfalt und Verständnis das Manuskript geschrieben hat. Allen Genannten möchte ich herzlich danken für ihren Beitrag zu den „Theoretischen Grundlagen der digitalen Bildverarbeitung“.

Jena, Juli 1987 KLAUS VOSS

Inhaltsverzeichnis

1. Nachbarschaftsstrukturen

Der mathematische Gegenstand dieses Buches sind endliche Punktmengen, in denen Nachbarschaftsrelationen bestehen. Solche Punktmengen werden als Nachbarschaftsstrukturen bezeichnet. Nachbarschaftsstrukturen sind ein abstraktes Modell digitaler Bilder. Mengenlehre und Graphentheorie stellen wesentliche Werkzeuge zur Untersuchung von Nachbarschaftsstrukturen bereit.

In diesem Kapitel werden Nachbarschaftsstrukturen ausschließlich topologisch untersucht. Auf Grund der Endlichkeit von Nachbarschaftsstrukturen fehlen Begriffe wie Häufungspunkt, Stetigkeit, Kontinuum usw. Vielmehr besitzt der einzelne Punkt im Verhältnis zu seinen endlich vielen Nachbarn eine eigenständige Bedeutung.

Damit beziehen wir uns auf die geometrischen Anschauungen von PYTHAGORAS (580 bis 501 v. d. Z.) und DEMOKRIT (460—371 v. d. Z.), die z. B. die Bestimmung von Flächeninhalten auf das Zählen von Punkten — der geometrischen Atome — zurückführten.

1.1. Punkte und Kanten

Einer der grundlegenden Begriffe in der digitalen Bildverarbeitung ist der des Bildpunktes. Man schreibt und liest oft, daß ein Bildpunkt durch seine Koordinatenwerte und durch seinen Grauwert charakterisiert ist. Wenn wir von diesen und möglicherweise weiteren Eigenschaften abstrahieren, bleibt nur noch der „nackte" Punkt als Element einer Menge übrig. Die Elemente von Punktmengen $M, P, R \ldots$ werden wir durch $p, q, r, s \ldots$ bezeichnen.

Dieser erste und wesentliche Abstraktionsschritt von einem digitalen Bild zu einer Menge von Punkten gestattet es uns, die *Mengenlehre* als Handwerkszeug der digitalen Bildverarbeitung zu verwenden. Vorrangig nutzen wir dabei folgende Bezeichnungen:

— die ungeordnete Menge als Aufzählung von Elementen $P = \{a, b, \ldots\}$
— die geordnete Menge oder Folge $F = (a, b, \ldots)$
— die Elementebeziehung $p \in P$,
— die Vereinigung $P \cup Q$ und den Durchschnitt $P \cap Q$,
— die Teilmengenbeziehung $P \subset Q$ bzw. $P \subseteq Q$,
— die Komplementärmenge $\bar{P}$ einer Teilmenge $P \subseteq Q$,
  d. h. die Mengendifferenz $Q - P$,
— das Mengenprodukt $P \times R$ als Menge aller Paare (p, r) mit $p \in P$ und $r \in R$,
— die leere Menge $\emptyset$, sowie
— card (P) für die Anzahl der Elemente der endlichen Menge P.

An mengentheoretischen Gesetzmäßigkeiten werden uns häufig begegnen
- die Distributivgesetze $(P \cup Q) \cap R = (P \cap R) \cup (Q \cap R)$ und $(P \cap Q) \cup R = (P \cup R) \cap (Q \cup R)$ sowie
- die Komplementärgesetze $\overline{P \cup Q} = \bar{P} \cap \bar{Q}$ und $\overline{P \cap Q} = \bar{P} \cup \bar{Q}$ für zwei Teilmengen P, $Q \subseteq R$.

Die digitale Bildverarbeitung ist in ihrer praktischen Anwendung „konstruktiv", d. h., es wird explizit mit einzelnen Bildpunkten bzw. mit endlichen Mengen von Bildpunkten gearbeitet. Ein auf einem Computer ablaufendes Programm muß in endlicher Zeit beendet werden. Allerdings können die zu bearbeitenden Bildpunktmengen oft sehr groß sein. Einige 10^5 bis 10^7 Punkte pro Bild sind keine Seltenheit.

Wir werden bei unseren theoretischen Überlegungen keine konkrete Obergrenze für die Größe von Bildpunktmengen festsetzen, sondern nur die Endlichkeit der Anzahl der Elemente dieser Mengen annehmen. Für praktische Anwendungen ist die damit gegebene *„potentielle" Unendlichkeit* ausreichend. Wir benötigen nicht die „aktuale" Unendlichkeit.

Ein Beispiel möge diesen Unterschied veranschaulichen: Es sei M die Menge aller ganzen Zahlen von 1 bis m. Die Anzahl g der geraden Zahlen unter diesen m ganzen Zahlen ist $m/2$ falls m eine gerade Zahl ist und $(m - 1)/2$ falls m eine ungerade Zahl ist. Der Anteil gerader Zahlen schwankt zwischen $(m - 1)/2m$ und $m/2m = 1/2$ hin und her. Er nähert sich aber umso mehr dem Wert 1/2, je größer m wird. Wir können also sagen, daß für eine „praktisch unendlich große" Menge M der Anteil der geraden Zahlen 1/2 beträgt. Hier haben wir die „potentielle" Unendlichkeit verwendet.

Die Menge Z als „Menge aller ganzen Zahlen" ist „tatsächlich" unendlich. Beim Übergang von „sehr, sehr, sehr ... groß" bzw. „praktisch unendlich" zu „tatsächlich unendlich" treten qualitativ neue Gesetzmäßigkeiten auf. Diese Erkenntnis ist CANTOR (1845—1918) zu verdanken. Wir können nicht nur die Menge U der ungeraden Zahlen eineindeutig auf die Menge G der geraden Zahlen abbilden, sondern sogar die Menge Z der ganzen Zahlen auf die Menge G der geraden Zahlen. Obwohl es „eigentlich" mehr ganze Zahlen als gerade Zahlen gibt, läßt sich jeder ganzen Zahl eineindeutig eine gerade Zahl zuordnen: Wir sagen, daß G und Z gleichmächtig sind. Diese und andere Konsequenzen sind die Folgen des Überganges von der „potentiellen" zur „aktualen" Unendlichkeit. Um mit den fremdartigen Eigenschaften der aktualen Unendlichkeit nicht konfrontiert zu werden, setzen wir für die von uns zu untersuchenden Mengen eine endliche Größe voraus.

Viele praktische Anwendungen der Bildverarbeitung und viele ihr gewidmete theoretische Untersuchungen benutzen solche Begriffe wie „benachbarter Bildpunkt", „Nachbarschaft eines Bildpunktes", „Umgebung eines Bildpunktes" usw. Auch hier wollen wir von unnötigem Beiwerk abstrahieren. Dann bleibt für zwei Punkte p und q einer Punktmenge nur noch eine der beiden Aussagen „p und q sind benachbart" oder „p und q sind nicht benachbart" übrig.

Aussagen dieser Art bringen Beziehungen bzw. Relationen zwischen Elementen einer Menge P zum Ausdruck. Wenn wir alle Elementpaare zusammenfassen, für die eine solche Relation besteht, so erhalten wir eine Menge N. Diese Menge N ist eine Teilmenge des Mengenproduktes $P \times P$, das alle Elementpaare (p, q) mit $p \in P$ und $q \in P$ enthält:

$$N \subseteq P \times P .$$

Für den anschaulichen Begriff der Nachbarschaft von Bildpunkten gelten zwei wesentliche Eigenschaften. Erstens ist ein Punkt nicht Nachbar von sich selbst, d. h., das Paar (p, p) ist kein Element von N. Wir sagen, daß die durch N festgelegte Relation *irreflexiv* ist.

Zweitens ist p immer ein Nachbar von q, wenn q ein Nachbar von p ist, d. h., mit $(p, q) \in N$ ist auch $(q, p) \in N$. Deshalb bezeichnen wir N als eine *symmetrische* Relation.

Eine irreflexive und symmetrische Relation zwischen den Punkten einer Punktmenge P wollen wir als *Nachbarschaftsrelation* $N \subset P \times P$ bezeichnen. Durch N ist in die Punktmenge P eine Struktur eingeführt worden: Die Punkte liegen nicht mehr beziehungslos in der Menge herum, sondern sind durch die Nachbarschaftsrelation in bestimmter Weise miteinander verknüpft worden.

Mit Hilfe der Nachbarschaftsrelation N wird für jeden Punkt der Punktmenge P festgelegt, zu welchen anderen Punkten von P er benachbart ist. Dabei sind für ein und dieselbe Punktmenge P natürlich unterschiedliche Relationen N möglich. Es wird lediglich gefordert, daß N eine irreflexive und symmetrische Relation ist.

Die bisherigen Ausführungen fassen wir in Definitionen zusammen, auf die wir uns bei allen weiteren Überlegungen stets beziehen werden:

Definition 1.1.1: Ein Tupel $[P, N]$ mit P als einer nichtleeren Punktmenge und $N \subset P \times P$ als irreflexiver und symmetrischer Relation bezeichnen wir als *Nachbarschaftsstruktur*.

Definition 1.1.2: Jedem Punkt $p \in P$ einer Nachbarschaftsstruktur $[P, N]$ ist eine Punktmenge $N(p) = \{q \mid q \in P, (p, q) \in N\}$ zugeordnet, die als *Nachbarschaft* des Punktes p bezeichnet wird. Die Punkte $q \in N(p)$ heißen *Nachbarn* von p. Wenn $N(p)$ leer ist, heißt p ein *isolierter Punkt*.

Der Begriff der Nachbarschaft deutet bereits auf räumliche Beziehungen hin. Üblicherweise werden in der Topologie Nachbarschaftsräume für die Nachbarschaft von (unendlichen) Mengen eingeführt. Dabei spielen Begriffe wie „Stetigkeit" oder „infinitesimaler Abstand" eine zentrale Rolle. Abweichend davon wollen wir ganz konsequent nur endliche Mengen betrachten. Wenn dann überhaupt Abstände zwischen verschiedenen Punkten eingeführt werden, sind sie stets von endlicher Größe. Der Begriff des Infinitesimalen ist dieser Betrachtungsweise fremd und damit auch alles, was mit ihm und dem Begriff der Stetigkeit zusammenhängt.

Trotz dieser Andersartigkeit der hier zu betrachtenden Strukturen sind wir berechtigt, eine durch Definition 1.1.1 gegebene Nachbarschaftsstruktur als eine „topologische Struktur" anzusprechen: Die durch die Nachbarschaftsrelation eingeführten gegenseitigen Beziehungen der Punkte sind Abstraktionen realer Lagebeziehungen der Punkte zueinander. Das Besondere an unseren Nachbarschaftsstrukturen ist dabei vor allem die Einschränkung auf endliche Punktmengen. Diese Forderung wollen wir als „Endlichkeitsaxiom" bezeichnen:

> Die Punktmengen P von Nachbarschaftsstrukturen $[P, N]$ sind endliche Mengen.

Durch das Endlichkeitsaxiom unterscheidet sich die hier zu behandelnde Theorie der Nachbarschaftsstrukturen grundlegend von der Theorie der Punktmengen der reellen Ebene. Dort liegen in jeder noch so kleinen ε-Umgebung eines Punktes unendlich viel andere Punkte der Ebene. Damit in Zusammenhang stehen dann solche Begriffe wie Häufigkeitspunkt, abgeschlossene Hülle oder Stetigkeit. Alle diese Begriffe gibt es nicht in unserer Theorie der Nachbarschaftsstrukturen.

Jede irreflexive symmetrische Relation ist als ungerichteter Graph darstellbar: Die Punkte der Punktmenge P sind die *Knoten* des Graphen, und die Elementpaare $\{p, q\}$ mit p und q als Nachbarn sind die *Kanten* des Graphen.

Definition 1.1.3: Ein geordnetes Punktepaar $(p, q) \in N$ einer Nachbarschaftsstruktur $[P, N]$ wird als *gerichtete Kante* bezeichnet und eine Teilmenge $\{p, q\}$ mit $(p, q), (q, p) \in N$ als *ungerichtete Kante* oder *Kante*.

Die Irreflexivität von N bedeutet, daß der Graph keine *Schlingen* enthält, d. h., daß jede von einem Punkt ausgehende gerichtete Kante in einem anderen Punkt enden muß. Außerdem gibt es zwischen zwei Punkten höchstens eine Kante $\{p, q\}$, da die Paare (p, q) und (q, p) nur einmal in der Menge N auftreten. Wir sagen, daß der Graph keine *Mehrfachkanten* enthält. Der Graph kann jedoch isolierte Punkte enthalten, so daß im Extremfall gar keine Kanten vorhanden sind. Es kann aber keine „isolierten Kanten" geben, weil jede Kante erst durch zwei Nachbarn eindeutig definiert wird.

Wir bezeichnen den einer Nachbarschaftsstruktur $[P, N]$ entsprechenden ungerichteten Graphen als *Nachbarschaftsgraphen* $G_{P,N}$. Auf Grund der eineindeutigen Zuordnung zwischen $[P, N]$ und $G_{P,N}$ kann die *Graphentheorie* als weiteres mathematisches Hilfsmittel für die digitale Bildverarbeitung genutzt werden.

Es sei aber betont, daß der Gegenstand dieses Buches nicht Mengen oder Graphen sind, sondern Nachbarschaftsstrukturen, die als Modell für „Bilder" angesehen werden. Das ist der gleiche Standpunkt wie in der Physik, wenn die Bewegung von Körpern im Raum untersucht wird: Das Modell des Massepunktes oder das des starren Körpers ist der Gegenstand — die Theorie der Vektoren und der Differentialgleichungen ist das Handwerkszeug.

Sobald aber einmal ein abstraktes Modell aufgestellt und eine adäquate mathematische Beschreibung gefunden worden ist, beginnt auch das Eigenleben des jeweiligen mathematischen Gebietes. Dabei kann diese eigenständige Entwicklung soweit führen, daß ihr Ausgangspunkt nur noch dem Wissenschaftshistoriker bewußt ist. In diesem Sinne kann die Theorie der Nachbarschaftsstrukturen auch als mathematische Disziplin angesehen werden.

Definition 1.1.4: Die Anzahl der Nachbarn eines Punktes $p \in P$ der Nachbarschaftsstruktur $[P, N]$ bzw. die Anzahl der vom Knoten p des Graphen $G_{P,N}$ ausgehenden Kanten wird als *Nachbarschaftsgrad* $\nu(p)$ des Punktes p bezeichnet.

Auf Grund des Endlichkeitsaxioms ist auch jede Nachbarschaft $N(p) \subseteq P$ eine endliche Menge, d. h., jeder Punkt $p \in P$ einer Nachbarschaftsstruktur $[P, N]$ besitzt nur endlich viel Nachbarn. Für den Grad eines isolierten Punktes gilt nach Definition 1.1.2 stets $\nu(p) = 0$.

Wenn nicht anders festgelegt, werden wir die Anzahl der Elemente von Mengen mit kleinen griechischen Buchstaben bezeichnen, wobei eine mnemotechnisch günstige Wahl angestrebt wird. Neben dem Nachbarschaftsgrad $\nu(p)$ werden folgende Zeichen verwendet:

- ε als Anzahl der Punkte bzw. der Elemente der Punktmenge P einer Nachbarschaftsstruktur $[P, N]$ bzw. der Anzahl der Knoten im zugehörigen Nachbarschaftsgraphen $G_{P,N}$ und
- $\varkappa$ als Anzahl der ungerichteten Kanten in $G_{P,N}$ bzw. als halbe Anzahl der Punktepaare in N.

Die drei Größen $\varepsilon = \text{card}(P)$, $\varkappa = \text{card}(N)/2$ und $\nu(p) = \text{card}(N(p))$ sind nicht unabhängig voneinander. Da jeder der ε Punkte höchstens mit $\varepsilon - 1$ anderen Punkten benachbart sein kann, gilt $0 \leqq \nu(p) \leqq \varepsilon - 1$ für alle Punkte $p \in P$ und $0 \leqq \varkappa \leqq \varepsilon(\varepsilon - 1)/2$. Aber noch wichtiger als diese Ungleichungen ist der folgende *Knotensatz* für die mathematische Behandlung von Nachbarschaftsstrukturen:

Satz 1.1.1: In einer Nachbarschaftsstruktur $[P, N]$ bzw. für den zugeordneten Nachbarschaftsgraphen $G_{P,N}$ gilt stets

$$\sum_{p \in P} v(p) = 2\varkappa .$$

Der Beweis für diesen Satz kann durch vollständige Induktion nach der Kantenanzahl $\varkappa$ geführt werden. Wir wollen den Inhalt des Satzes aber auch anschaulich erläutern: Wenn wir alle von den Knoten von $G_{P,N}$ ausgehenden gerichteten Kanten numerieren, so wird jede ungerichtete Kante genau zweimal berücksichtigt, da sie von zwei Knoten begrenzt wird. Mit anderen Worten: Jedes Paar (p, q), (q, p) von Punktepaaren in der Nachbarschaftsrelation N entspricht einer ungerichteten Kante $\{p, q\}$.

Anhand der Übungsaufgaben zu diesem Abschnitt wird deutlich, daß die mit Satz 1.1.1 gegebene erste quantitative Beziehung für Nachbarschaftsstrukturen eine Vielzahl von Folgerungen zuläßt. Deshalb sehen wir $\Sigma\, v(p) = 2\varkappa$ als eine *Grundgleichung der digitalen Bildverarbeitung* an. Aus ihr folgt z. B. unmittelbar die Beziehung

$$\bar{v} = 2\varkappa/\varepsilon \qquad (1.1.1)$$

für den *mittleren Nachbarschaftsgrad* $\bar{v}$ einer Nachbarschaftsstruktur.

Übungen:

1.1.1: Es sei ε die Anzahl der Punkte der Menge P. Bestimmen Sie die Anzahl möglicher Nachbarschaftsrelationen, die in P eingeführt werden können!

1.1.2: Es ist mit Hilfe des Knotensatzes zu beweisen, daß die Anzahl der Punkte ungeraden Grades in einer Nachbarschaftsstruktur immer eine gerade Zahl ist!

1.1.3: Es ist mit Hilfe des Knotensatzes zu beweisen, daß es keine Nachbarschaftsstruktur gibt, bei der alle Punkte paarweise voneinander verschiedene Nachbarschaftsgrade besitzen!

1.1.4: Für eine Nachbarschaftsstruktur $[P, N]$ möge $v(p) = v = \text{const}$ gelten. Es ist zu zeigen, daß die Punktanzahl $\varepsilon = \text{card}(P)$ bei ungeraden v stets eine gerade Zahl ist!

1.1.5: Zwei ganze Zahlen p, q der Menge $Z_n = \{1, 2, 3 \ldots, n-1, n\}$ sollen als „benachbart" gelten, wenn sie einen gemeinsamen Teiler besitzen, der von 1, p und q verschieden ist. Gibt es in der so definierten Nachbarschaftsstruktur isolierte Punkte?

1.1.6: Wenn auf einem Schachbrett von n^2 Feldern die Dame von Feld f nach Feld g in einem Zug gelangen kann, dann sollen die Felder f und g als „benachbart" gelten. Wie groß ist $\varkappa$ für $\varepsilon = n^2$ mit $n = 1, 2 \ldots$?

1.2. Wege und Gebiete

Ausgehend von einem Punkt $p \in P$ einer Nachbarschaftsstruktur $[P, N]$, gelangen wir über eine gerichtete Kante zu einem seiner Nachbarn q. Von q aus ist es möglich, einen weiteren Punkt r zu erreichen, der gewissermaßen für p der „übernächste" Nachbar ist. Diese Vorstellung des Fortschreitens von einem Punkt zum anderen soll nun präzisiert werden.

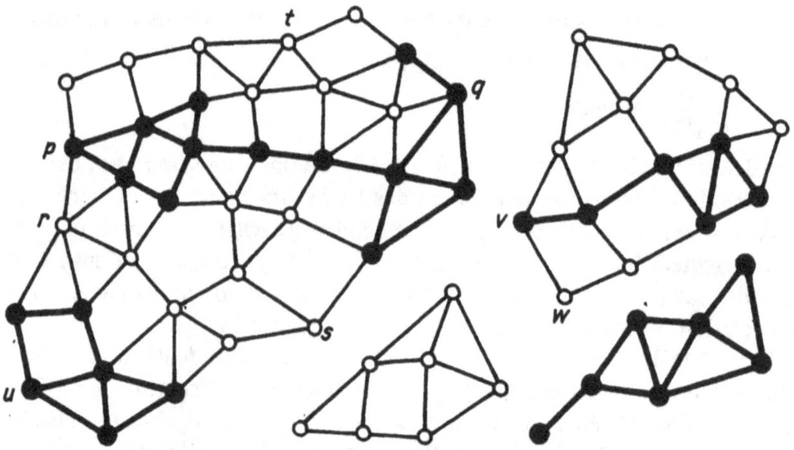

Abb. 1.2.1: Die Punkte $p, q \in M$ sind bezüglich der Menge M (ausgefüllte Punkte ●) miteinander verbunden. Die Punkte $r, s \in \bar{M}$ sind ebenfalls bezüglich M aber auch bezüglich der Komplementärmenge $\bar{M}$ (leere Punkte ○) miteinander verbunden. Zwischen anderen bezeichneten Punkten gibt es weder in M noch in $\bar{M}$ einen Weg.

Definition 1.2.1: Eine Folge $(p_1, \dots, p_n)$ von Punkten $p_i \in M$ mit $M \subseteq P$ heißt *Weg in M*, wenn aufeinanderfolgende Punkte in der Nachbarschaftsstruktur $[P, N]$ benachbart sind. Die „Folge" (p_1) ist auch ein Weg.

Definition 1.2.2: Zwei Punkte $p, q \in P$ der Nachbarschaftsstruktur $[P, N]$ heißen *bezüglich M verbunden*, wenn es einen Weg $(p \dots q)$ in $M \subseteq P$ oder einen Weg $(p \dots q)$ in $\bar{M} \subseteq P$ gibt.

Die beiden hier eingeführten Begriffe des Weges in einer Menge und des Verbundenseins bezüglich einer Menge sind in Abb. 1.2.1 veranschaulicht. Daß die Punkte p und v nicht miteinander verbunden sind, ist sofort zu sehen. Wie auch die Menge $M \subseteq P$ gewählt wird — es gibt keinen Weg von p nach v. Anders ist es mit den Punkten p und s. In der Abb. 1.2.1 gibt es keinen Weg bezüglich M zwischen ihnen, da $p \in M$ und $s \in \bar{M}$. Man kann aber eine andere Menge $M' \subseteq P$ derart wählen, daß p und s bezüglich M' miteinander verbunden sind. Schließlich sind auch die Punkte p und $u \in M$ bezüglich M nicht miteinander verbunden, da es zwischen ihnen keinen Weg gibt, der ganz in M verläuft.

Wenn zwei Punkte $p, q \in P$ einer Nachbarschaftsstruktur $[P, N]$ bezüglich einer Menge $M \subseteq P$ miteinander verbunden sind, dann sind sie entsprechend Definition 1.2.2 natürlich auch bezüglich der Komplementärmenge $\bar{M} = P - M$ miteinander verbunden. Das Verbundensein wird also bereits durch M allein für alle Punktepaare von P entschieden.

Definition 1.2.3: Eine nichtleere Teilmenge $M \subseteq P$ einer Nachbarschaftsstruktur $[P, N]$ heißt *zusammenhängend* bzw. *Gebiet*, falls zwei beliebige Punkte $p, q \in M$ bezüglich M miteinander verbunden sind.

In Abb. 1.2.1 besteht die Menge M aus vier Gebieten. Das ist sofort zu überblicken. Aber M enthält auch nur 32 Punkte. Wenn die Nachbarschaftsstrukturen jedoch größer und komplizierter werden, ist dieser Überblick nicht mehr unmittelbar zu erhalten. Es müssen dann algorithmische Verfahren angegeben werden, deren Durchführung gegebenenfalls Computern überlassen wird. In Abschnitt 1.3. werden wir ein solches Verfahren näher kennenlernen.

Außer den vier Gebieten G_1, G_2, G_3, G_4, die in Abb. 1.2.1 die Menge M aufbauen, gibt es noch weitere fünf Gebiete C_1 bis C_5, aus denen sich die Komplementärmenge $\bar{M}$ zusammensetzt. Es ist also P die Vereinigung von G_1 bis C_5, wobei die neun Gebiete untereinander sämtlich disjunkt sind, d. h. keine gemeinsamen Punkte enthalten. Für eine solche Aufteilung der Menge P einer Nachbarschaftsstruktur führen wir einen neuen Begriff ein.

Definition 1.2.4: Eine Menge $Z = \{G_1, \ldots, G_n\}$ von untereinander disjunkten Gebieten G_i der Nachbarschaftsstruktur $[P, N]$ heißt *Zerlegung von P*, wenn die Vereinigung aller dieser Gebiete die Punktmenge P ergibt.

Es reicht nicht aus, die Menge P in disjunkte Teilmengen zu zerlegen, deren Vereinigung wieder P ergibt. Der mit Definition 1.2.4 eingeführte Begriff der Zerlegung fordert bezüglich der Nachbarschaftsrelation N, daß P in disjunkte Gebiete (d. h. *zusammenhängende* Teilmengen) zerlegt wird.

Durch jede Menge $M \subseteq P$ wird nun eine spezielle Zerlegung von P realisiert, indem wir jeweils alle bezüglich M bzw. $\bar{M}$ miteinander verbundenen Punkte einem Gebiet zuordnen. Aufbauend auf der Nachbarschaftsrelation kann mit Hilfe der Definition 1.2.2 eine *Verbundenheitsrelation* $V_M \subseteq (M \times M) \cup (\bar{M} \times \bar{M}) \subseteq P \times P$ festgelegt werden. In der Menge V_M kommen keine Elemente (p, q) mit $p \in M$ und $q \in \bar{M}$ vor, da das der Definition 1.2.2 widersprechen würde. Im Unterschied zu N sind aber alle Elemente (p, p) mit $p \in P = M \cup \bar{M}$ in V_M enthalten, da entweder $p \in M$ oder $p \in \bar{M}$ gilt und damit ein Weg (p) in M oder in $\bar{M}$ existiert.

Die Relation V_M des Verbundenseins bezüglich einer Menge M ist eine Äquivalenzrelation, da sie folgende Eigenschaften besitzt:

Reflexivität: $(p, p) \in V_M$, d. h., jeder Punkt $p \in P$ ist mit sich selbst verbunden.

Symmetrie: Aus $(p, q) \in V_M$ folgt $(q, p) \in V_M$, da der Weg $(p \ldots q)$ in M oder $\bar{M}$ auch den umgekehrten Weg $(q \ldots p)$ festlegt.

Transitivität: Aus $(p, q) \in V_M$ und $(q, r) \in V_M$ folgt $(p, r) \in V_M$, da die beiden Wege $(p \ldots q)$ und $(q \ldots r)$ in M oder $\bar{M}$ auch den zusammengesetzten Weg $(p \ldots q \ldots r)$ festlegen.

Jede in einer Menge P definierte Äquivalenzrelation V_M zerlegt P in nichtleere, paarweise disjunkte Teilmengen, die als *Äquivalenzklassen* von P bezüglich der Relation V_M bezeichnet werden. Jeder Punkt $p \in P$ legt als *Repräsentant* seiner Äquivalenzklasse diese Klasse $K_M(p)$ eindeutig fest:

$$K_M(p) = \{q \mid q \in P, (q, p) \in V_M\} . \tag{1.2.1}$$

Die Gleichung (1.2.1) bringt zum Ausdruck, daß jeder Punkt q, der mit p bezüglich der Menge M verbunden ist, zur selben Äquivalenzklasse wie p gehört.

Durch die Einführung der Verbundenheitsrelation wird das „Zusammengehören" von Bildpunkten über die (unmittelbare) Nachbarschaft hinaus ausgedehnt: Wenn p Nachbar von q ist und q Nachbar von $r \neq p$ und wenn alle drei Punkte zur selben Teilmenge $M \subseteq P$ gehören, dann sind sie miteinander verbunden. Auf diese Weise können auch größere Mengen von Bildpunkten als zusammengehörend angesehen werden.

Wenn die in (1.2.1) definierte Menge $K_M(p)$ mit p als „erzeugenden Repräsentanten" gegeben ist, so existiert kein Punkt $q \in \overline{K_M(p)}$, der zu einem Punkt $p' \in K_M(p)$ benachbart ist und zur Menge M gehört. Falls ein solcher Punkt nämlich existieren könnte, wären q und p' miteinander verbunden. Also wären q und p' bezüglich der Relation V_M einander äquivalent und es müßte $q \in K_M(p)$ sein — im Widerspruch zur Voraussetzung.

Die Äquivalenzklassen $K_M \subseteq M$ sind also bezüglich der Verbundenheitsrelation V_M

„maximale" Teilmengen von M. Wir führen für sie deshalb eine besondere Bezeichnung ein.

Definition 1.2.5: Die durch die Verbundenheitsrelation V_M in einer Nachbarschaftsstruktur $[P, N]$ erzeugten Äquivalenzklassen $K_M \subseteq M$ heißen *Komponenten von M*. Die Äquivalenzklassen $K_{\bar{M}} \subseteq \bar{M}$ heißen *Komplementärkomponenten von M*.

In Abbildung 1.2.2 sind die Komponenten und Komplementärkomponenten der in Abbildung 1.2.1 ausgezeichneten Menge M dargestellt, indem nur die Kanten „innerhalb" der Äquivalenzklassen beibehalten wurden. Aus dieser Darstellung ist ersichtlich, daß zwei beliebige Punkte $p, q \in P$ nur dann bezüglich einer Menge $M \subseteq P$ miteinander verbunden sind, wenn sie in derselben Komponente oder in derselben Komplementärkomponente von M liegen.

Da die Komponenten und Komplementärkomponenten einer Menge $M \subseteq P$ der Nachbarschaftsstruktur $[P, N]$ maximal zusammenhängende Teilmengen von P sind, bilden sie entsprechend Definition 1.2.4 als Gebiete eine spezielle Zerlegung von P, die *Komponentenzerlegung* Z_M. Dabei gilt $Z_M = Z_{\bar{M}}$, weil sich beim Übergang von M zu $\bar{M}$ nur die Rolle der Komponenten und Komplementärkomponenten vertauscht.

Falls wir $M = P$ wählen, können wir nach den Komponenten von P fragen. In der Nachbarschaftsstruktur $[P, N]$ aus Abbildung 1.2.1 besitzt P vier Komponenten. Wie wir dann auch eine Teilmenge $M \subseteq P$ annehmen: zwei Punkte, die in verschiedenen Komponenten von P liegen, sind nie miteinander verbunden.

Wenn $K_1, \ldots, K_n$ die Komponenten von P bezüglich der Nachbarschaftsrelation $N \subset P \times P$ sind, d. h. $P = \bigcup_{i=1}^{n} K_i$, dann gilt $N = \bigcup_{i=1}^{n} N_i$ mit $N_i = (K_i \times K_i) \cap N \subset K_i \times K_i$, weil in N keine Paare (p, q) mit $p \in K_i$, $q \in K_j$ und $i \neq j$ enthalten sind. Die *Teilnachbarschaftsstrukturen* $[K_i, N_i]$ heißen auch Komponenten von $[P, N]$. Der Nachbarschaftsgraph $G_{P,N}$ zerfällt dann in nicht miteinander zusammenhängende Teilgraphen, die als Komponenten von $G_{P,N}$ bezeichnet werden.

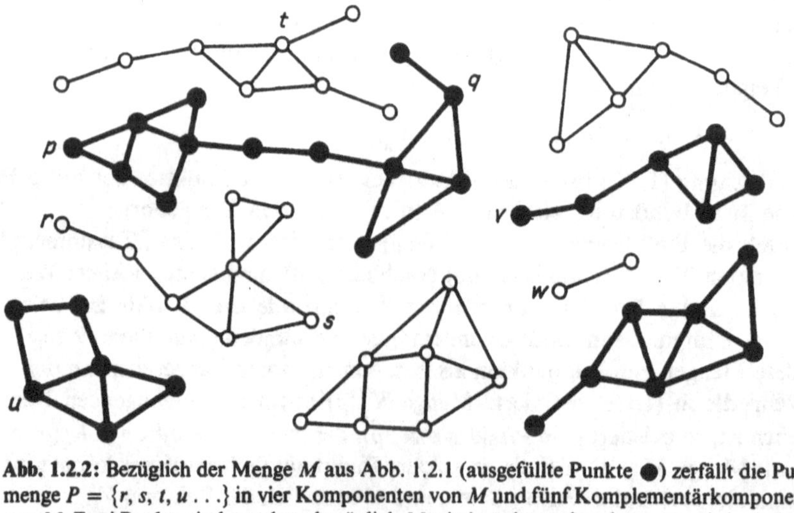

Abb. 1.2.2: Bezüglich der Menge M aus Abb. 1.2.1 (ausgefüllte Punkte ●) zerfällt die Punktmenge $P = \{r, s, t, u \ldots\}$ in vier Komponenten von M und fünf Komplementärkomponenten von M. Zwei Punkte sind nur dann bezüglich M miteinander verbunden, wenn sie in derselben Komponente oder Komplementärkomponente von M liegen.

Aus diesem Grunde können wir bei fast allen weiteren Überlegungen voraussetzen, daß die zu untersuchende Nachbarschaftsstruktur nur aus einer einzigen Komponente besteht, d. h. zusammenhängend ist.

Diese Forderung bringt eine grundlegende Eigenschaft derjenigen Objekte zum Ausdruck, mit denen sich die digitale Bildverarbeitung in den vergangenen 30 Jahren beschäftigt hat und weiterhin beschäftigen wird: Man braucht zwei Bilder nur dann gemeinsam zu bearbeiten, wenn sie „irgendwie“ miteinander zusammenhängen. Wenn es keinerlei Zusammenhang zwischen ihnen gibt, können sie völlig unabhängig voneinander transformiert oder analysiert werden. Also brauchen wir im allgemeinen nur die Eigenschaften von zusammenhängenden Nachbarschaftsstrukturen zu untersuchen.

Übungen:

1.2.1: Gibt es in der entsprechend Übung 1.1.5 eingeführten Nachbarschaftsstruktur Z_{100} einen Weg von 64 nach 77? Geben Sie Beispiele an!

1.2.2: Geben Sie die Komponenten und Komplementärkomponenten der Menge $M = (10, 11, \ldots, 19)$ in der entsprechend Übung 1.1.5 eingeführten Nachbarschaftsstruktur Z_{20} an!

1.2.3: Zwei Worte sollen als benachbart gelten, wenn sie sich nur in einem Buchstaben oder durch einen zusätzlichen Buchstaben unterscheiden (z. B. BAND — BUND oder WUNDE — WUNDER). Geben Sie Worte mit möglichst großem Nachbarschaftsgrad an!

1.2.4: Suchen Sie entsprechend der in Übung 1.2.3 eingeführten Nachbarschaftsstruktur Gebiete mit einer möglichst großen Anzahl von Punkten!

1.2.5: Zwei Länder sollen als benachbart gelten, wenn sie eine gemeinsame Landgrenze besitzen. Zeichnen Sie den entsprechenden Nachbarschaftsgraphen für Europa! Ordnen Sie die Länder nach der Größe ihres Nachbarschaftsgrades!

1.3. Bestimmung von Komponenten

Wir hatten in Abschnitt 1.1. schon darauf hingewiesen, daß die digitale Bildverarbeitung eine „konstruktive“ Disziplin ist, bei der ein auf dem Computer ablaufendes Programm in endlicher Zeit beendet werden muß. Wenn die zu bearbeitenden Punktmengen sehr groß werden, entsteht das Problem, effektive Algorithmen zu entwickeln, die insbesondere zeitoptimal arbeiten. Solche Betrachtungen gehören jedoch eher zu den methodischen Grundlagen der digitalen Bildverarbeitung.

In einem Buch über die theoretischen Grundlagen der digitalen Bildverarbeitung werden wir mehr auf prinzipielle Verfahren eingehen, um das Verständnis für die Gesetzmäßigkeiten zu schulen, mit deren Hilfe später effektive Algorithmen erarbeitet werden können. Als erstes Beispiel eines solchen Verfahrens soll hier die Bestimmung der Komponenten einer Menge $M \subseteq P$ einer Nachbarschaftsstruktur $[P, N]$ behandelt werden.

Vorgegeben ist eine Punktmenge P, die im Beispiel aus 26 Punkten bestehen soll, d. h., es ist $P = \{a, b, \ldots, z\}$. Weiter muß die irreflexive und symmetrische Nachbarschaftsrelation

Tab. 1.3.1: Matrixdarstellung einer Nachbarschaftsstruktur

	a	*b*	*c*	*d*	*e*	*f*	*g*	*h*	*i*	*j*	*k*	*l*	*m*	*n*	*o*	*p*	*q*	*r*	*s*	*t*	*u*	*v*	*w*	*x*	*y*	*z*
a	.	1	.	.	.	.	.	.	.	.	.	1	1	.	.	.	.	.	.	.	.	.	.	1	.	.
b	1	.	1	.	.	.	1	.	.	1	.	.	.	.	.	.	.	.	.	.	.	.	.	.	.	.
c	.	1	.	1	1	.	.	.	.	.	.	.	1	.	.	.	.	.	.	.	.	.	.	.	.	.
d	.	.	1	.	1	.	.	1	.	1	.	.	.	.	1		.	.	.	.	.	.	.	.	.	.
e	.	.	1	1	.	.	.	.	.	.	.	.	.	1	.	.	.	.	.	.	.	.	.	.	.	.
f	.	.	.	.	.	.	.	.	.	.	.	.	.	1	1	1	1	.	.	.	.	.	.	.	.	.
g	.	1	.	.	.	.	.	.	.	1	1	1	.	.	.	.	.	.	.	1	.	.	.	.	.	.
h	.		.	1	.	.	.	.	.	1	.	.	.	.	.	.	.	1	.	1	.	.	.	.	.	.
i	.	.	.	.	.	.	.	.	.	.	.	.	.	.	1	1	.	1	1	.	.	.	.	.	.	.
j	.	1	.	1	.	.	1	1	.	.	.	.	.	.		.	.	.	.	.	.	.	.	.	.	.
k	.	.	.	.	.	.	1	.	.	.	.	1	.	.	.	.	.	.	.	.	1	.	1	.	.	.
l	1	.	.	.	.	.	1	.	.	.	1	.	.	.	.	.	.	.	.	.	.	.	1	1	.	.
m	1	.	1	.	.	.	.	.	.	.	.	.	.	.	.	.	.	.	.	.	.	.	.	1	.	.
n	.	.	.	.	1	1	.	.	.	.	.	.	.	.	1	.	.	.	.	.	.	.	.	.	.	.
o	.	.	.	1	.	1	.	.	1	.	.	.	.	1	.	.	.	.	.	.	.	.	.	.	.	.
p	.	.	.	.	.	1	.	.	1	.	.	.	.	.	.	.	1	.	.	.	.	.	.	.	1	.
q	.	.	.	.	.	1	.	.	.	.	.	.	.	.	.	1	.	.	.	.	.	.	.	.	1	.
r	.	.	.	.	.	.	.	1	1	.	.	.	.	.	.	.	.	.	1	.	.	1	.	.	.	.
s	.	.	.	.	.	.	.	.	1	.	.	.	.	.	.	.	.	1	.	.	.	.	.	.	1	1
t	.	.	.	.	.	.	1	1	.	.	.	.	.	.	.	.	.	.	.	.	1	1	.	.	.	.
u	.	.	.	.	.	.	.	.	.	.	.	1	.	.	.	.	.	.	.	1	.	.	.	.	.	.
v	.	.	.	.	.	.	.	.	.	.	.	.	.	.	.	.	.	1	.	1	.	.	.	.	.	1
w	.	.	.	.	.	.	.	.	.	.	1	1	.	.	.	.	.	.	.	.	.	.	.	1	.	.
x	1	.	.	.	.	.	.	.	.	.	.	1	1	.	.	.	.	.	.	.	.	.	1	.	.	.
y	.	.	.	.	.	.	.	.	.	.		.		.	.	1	1	.	1	.	.	.	.	.	.	1
z	.	.	.	.	.	.	.	.	.	.	.	.	.	.	.	.	.	.	1	.	.	1	.	.	1	.

N als Teilmenge der aus $26 \times 26 = 676$ Punktepaaren bestehenden Menge $P \times P = \{(a, a), \ldots, (z, z)\}$ gegeben sein. Wir nehmen an, daß N entsprechend der Tab. 1.3.1 aufgebaut ist.

Wenn ein Punktepaar (p, q) in N enthalten ist, dann soll in der entsprechenden *Nachbarschaftsmatrix* eine 1 eingetragen sein. Im anderen Fall wird eine 0 eingetragen, die der besseren Übersicht wegen in Tab. 1.3.1 durch einen Punkt ersetzt worden ist. Die Irreflexivität von N bedeutet, daß keine einzige 1 in der Hauptdiagonalen der Matrix vorhanden sein darf. Die Symmetrie von N bedingt die Symmetrie der Nachbarschaftsmatrix.

Es ist klar, daß für unendliche Nachbarschaftsstrukturen diese Matrixdarstellung nicht möglich ist. Sie ist aber auch für große endliche Punktmengen P praktisch unmöglich, müßte sie doch bei $\varepsilon = 1000$ eine Million Plätze enthalten. In vielen Fällen wird jeder Punkt jedoch nur 1 bis 10 Nachbarn in $[P, N]$ besitzen, d. h., von allen ε^2 Plätzen der Matrix sind nur ε bis 10ε Plätze mit einer 1 besetzt, also nur der Anteil $1/\varepsilon$ bis $10/\varepsilon$. Die Matrix wird im wesentlichen leer sein. Sie ist damit für die praktische Anwendung ein untaugliches Hilfsmittel.

Eine wesentlich effektivere Notierung der Nachbarschaftsrelation ergibt sich, wenn die in N enthaltenen Punktepaare (p, q) in einer Liste zusammengefaßt werden, wobei wegen der Symmetrie von N nur eines der beiden Paare (p, q) und (q, p) aufgeführt sein muß.

Bei vorgegebenen Punktmengen P braucht die Liste nur etwa $\varepsilon/2$ bis $10\varepsilon/2$ Paare zu enthalten. Wenn man die Nachbarn eines Punktes $p \in P$ finden will, so muß die Liste daraufhin durchmustert werden, in welchem Punktepaar der Punkt p auftritt. Der andere Punkt dieses Punktepaares ist dann ein Nachbar von p. Also enthält die Liste alle $\varkappa$ ungerichteten Kanten von $[P, N]$.

Nachdem wir die Darstellung von P und N beschrieben haben, geben wir eine Menge $M \subset P$ vor. Es sei $M = \{a, d, f, i, j, k, l, o, p, w\}$. Wieviel Komponenten besitzt M und welche Punkte gehören zu diesen Komponenten?

Die Lösung dieser Aufgabenstellung gründet sich im wesentlichen auf die Transitivität der Verbundenheitsrelationen: Ausgehend von einem Punkt der Menge M werden alle mit diesem Punkt verbundenen Punkte der Menge M gesucht. Diese bilden dann die Komponente $K_M(p)$.

Der Algorithmus läuft folgendermaßen ab:

Algorithmus 1.3.1: Bestimmung der Komponenten einer Menge M einer Nachbarschaftsstruktur $[P, N]$.

1. Gegeben sind P, N und M.
2. Wenn M leer ist, gehe zu 12!
   3. Wähle o. B. d. A. einen Punkt $p \in M$ und erzeuge $M - \{p\} \rightarrow M$!
   4. Erzeuge die Mengen $K = \{p\}$ und $L = \{p\}$!
   5. Wenn L leer ist, gehe zu 10!
      6. Wähle o. B. d. A. einen Punkt $q \in L$ und erzeuge $L - \{q\} \rightarrow L$!
      7. Bestimme anhand der Nachbarschaftsrelation N die Menge $N(q)$ der Nachbarn von q!
      8. Bilde die Menge $N_M(q) = N(q) \cap M$ und erzeuge die Mengen
         $K \cup N_M(q) \rightarrow K$,
         $L \cup N_M(q) \rightarrow L$,
         $M - N_M(q) \rightarrow M$!
      9. Gehe zu 5!
   10. K ist eine der Komponenten von M.
   11. Gehe zu 2!
12. Alle Komponenten von M sind ermittelt.

Wenn wir die Reihenfolge der Nachbarn eines Punktes entsprechend Tabelle 1.3.1 und die aus den Mengen zu wählenden Punkte entsprechend ihrer Reihenfolge in den Mengen festlegen, so ergeben sich für K, L und M die in Tab. 1.3.2 aufgeführten Mengen.

Wenn zum fünften Mal der Schritt 5 des Algorithmus 1.3.1 angesprungen wird, ist die Menge L leer. Damit ist die erste Komponente $\{a, l, k, w\}$ der Ausgangsmenge M bestimmt worden. Führt man den Algorithmus weiter durch, so ergibt sich noch eine weitere Komponente $\{d, j, o, f, i, p\}$. Danach ist die Menge M leer, so daß der Algorithmus beendet ist.

In Abb. 1.3.1 ist das Ergebnis graphisch dargestellt. Hier ist sehr klar der zweikomponentige Aufbau der Menge M zu erkennen. Bei $10^5 \ldots 10^7$ Bildpunkten „erkennt" man jedoch nichts mehr. Dann hilft nur noch die Rechentechnik weiter. Dafür ist der Algorithmus 1.3.1 das geeignete Hilfsmittel. Dieser Algorithmus ist optimal in dem Sinne, daß im Schritt 8, d. h. im innersten Zyklus, jedes Element von M genau einmal in M gestrichen und genau einmal in K und L eingeordnet wird. Also ist der Aufwand zur Lösung der gestellten Aufgabe proportional zur Anzahl der Punkte in der Ausgangsmenge M.

Allerdings ist Schritt 7 recht aufwendig, da man entweder die dem Punkt q entsprechende Zeile in Tab. 1.3.1 durchmustern oder aber die Menge $N = \{(a, b), (a, l), \ldots, (z, y)\}$

Tab. 1.3.2: Beispiel für die Wirkungsweise des Algorithmus 1.3.1 anhand der Abb. 1.3.1

1.	$M = \{a, d, f, i, j, k, l, o, p, w\}$
4.	$K = \{a\}$
	$L = \{a\}$
	$M = \{d, f, i, j, k, l, o, p, w\}$
6.	$L = \emptyset$
7.	$N(a) = \{b, l, m, x\}$
8.	$N_M(a) = \{l\}$
	$K = \{a, l\}$
	$L = \{l\}$
	$M = \{d, f, i, j, k, o, p, w\}$
6.	$L = \emptyset$
7.	$N(l) = \{a, g, k, w, x\}$
	$N_M(l) = \{k, w\}$
	$K = \{a, l, k, w\}$
	$L = \{k, w\}$
	$M = \{d, f, i, j, o, p\}$
6.	$L = \{w\}$
7.	$N(k) = \{g, l, u, w\}$
8.	$N_M(k) = \emptyset$
	$K = \{a, l, k, w\}$
	$L = \{w\}$
	$M = \{d, f, i, j, o, p\}$
6.	$L = \emptyset$
7.	$N(w) = \{k, l, x\}$
	$N_M(w) = \emptyset$
	$K = \{a, l, k, w\}$.
	$L = \emptyset$
	$M = \{d, f, i, j, o, p\}$

durchsuchen muß. Eine hohe Effektivität ist also nur dann erreichbar, wenn die Nachbarschaft $N(p)$ eines Punktes $p \in P$ effektiv bestimmt werden kann.

Die Komplementärkomponenten der Menge M können mit dem gleichen Algorithmus ermittelt werden, indem wir statt von M von der Komplementärmenge $\bar{M}$ ausgehen. Auch die entsprechend (1.2.1) einem repräsentativen Punkt $p \in M$ als Äquivalenzklasse zugeordnete Komponente $K_M(p)$ kann mit diesem Verfahren bestimmt werden. Damit stellt sich der Algorithmus 1.3.1 als ein grundlegendes Verfahren der digitalen Bildverarbeitung heraus.

Übungen:

1.3.1: In einem Bild mit n Zeilen und m Spalten besitzt jeder Bildpunkt (x, y) die Nachbarn $(x - 1, y)$, $(x + 1, y)$, $(x, y - 1)$ und $(x, y + 1)$. Alle „uneigentlichen" Bildpunkte mit $x, y < 0$, $x > m - 1$, $y > n - 1$ sollen definitionsgemäß zur Menge $\bar{M}$ gehören. Ein Teil der $n \times m$ Bildpunkte soll die Menge M bilden

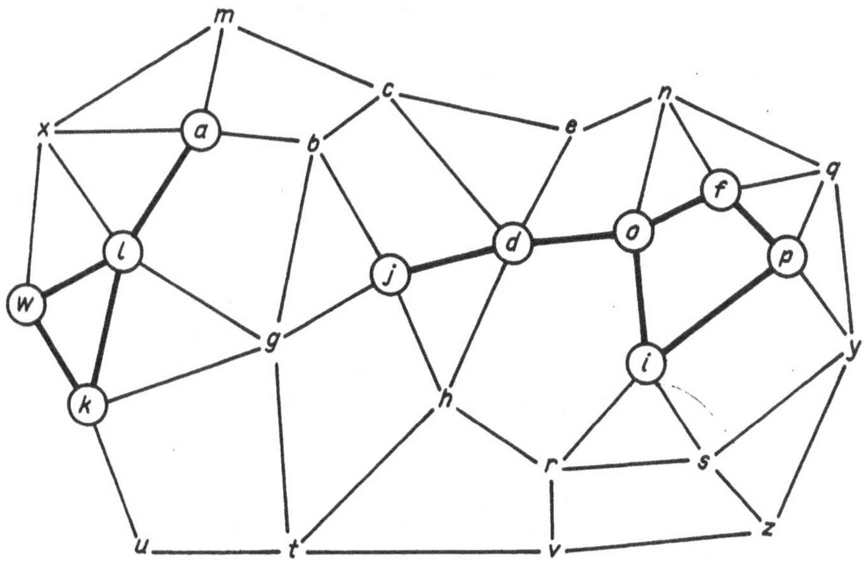

Abb. 1.3.1: Eine Nachbarschaftsstruktur $[P, N]$ mit $P = \{a, b, c, \dots, z\}$. Die Menge $M = \{a, d, f, i, j, k, l, o, p, w\}$ zerfällt in zwei Komponenten. Mit Hilfe des Algorithmus 1.3.1 können diese Komponenten auch ohne bildhafte Vorstellungen bestimmt werden.

(Binärbild). Man erarbeite ein Programm zur Bestimmung der mittleren „Größe" der Komponenten von M (d. h. der mittleren Anzahl von Bildpunkten je Komponente)!

1.3.2: Man behandle dasselbe Problem wie in Übung 1.3.1, aber mit den Bedingungen $(-1, y) = (m - 1, y)$ und $(x, -1) = (x, n - 1)$!

1.3.3: Es sei N die Nachbarschaftsmatrix einer Nachbarschaftsstruktur $[P, N]$. Weiter sei N^k des entsprechend den Regeln der Matrizenmultiplikation gebildete k-fache Produkt von N. Welche Bedeutung haben die Elemente der Matrix N^k bezüglich der Nachbarschaftsstruktur $[P, N]$?

1.4. Ränder und Kerne

Wenn auch in der Abb. 1.3.1 die Punkte in einer Ebene angeordnet und die Kanten als sich nicht kreuzende Strecken gezeichnet worden sind, müssen diese Dinge doch als nebensächlich angesehen werden. Vor allem muß man sich hüten, aus solchen Zeichnungen heraus etwas allgemeines beweisen zu wollen.

Für den Beweis der Behauptung „Es gibt Graphen $G_{P,N}$ mit Knoten vom Grade 3" reicht es aus, die Abb. 1.3.1 vorzuzeigen. Genauso ist diese Abbildung ein Gegenbeispiel für die Behauptung „Alle Graphen $G_{P,N}$ besitzen weniger als zehn Knoten". Aber die Aussage der Übung 1.1.2 (gerade Anzahl der Knoten mit ungeraden $v(p)$) läßt sich durch noch so viele positive Beispiele nicht beweisen. Und die Tatsache, daß wir für die Aussage der Übung 1.1.3 (kein $[P, N]$ mit sämtlich verschiedenen $v(p)$) kein Gegenbeispiel finden, ist ebenfalls kein Beweis, da wir ja immer nur eine endliche Anzahl von Graphen überprüfen können.

Wenn $x \in X$ ein Objekt ist und $B(x)$ eine Behauptung bzw. eine Aussage über das Objekt x, so bedeutet

$\forall x\, B(x)$ „Alle x besitzen die Eigenschaft B" und
$\exists x\, B'(x)$ „Es gibt (mindestens) ein x, das die Eigenschaft B' besitzt".

Im Sinne der vorstehenden Ausführungen kann man Existenzaussagen wie $\exists x\, B'(x)$ durch Beispiele beweisen, während das für Allaussagen wie $\forall x\, B(x)$ nicht möglich ist.

Wir müssen also von exakt formulierten Definitionen und Axiomen ausgehen und mit Hilfe logischer Schlußfolgerungen zeigen, daß man auf ihrer Grundlage die meist heuristisch gefundenen Sätze beweisen kann. Dabei resultiert die für uns maßgebende Heuristik aus der jahrelangen Entwicklung der digitalen Bildverarbeitung. Sie hat gezeigt, daß die in den Definitionen erklärten Begriffe und die in den Sätzen behaupteten Beziehungen zu den theoretischen Grundlagen der digitalen Bildverarbeitung gehören sollten.

Die mögliche Ausbreitung selbständiger mathematischer Überlegungen und Untersuchungen in die verschiedensten Richtungen wird in diesem Buch eingeengt und reguliert durch die Bedürfnisse der Praxis. Sie sind das Sieb, mit dem ich versucht habe, das Denkmögliche vom Erforderlichen zu trennen.

Definition 1.4.1: Ein Punkt $p \in M$ einer Teilmenge $M \subseteq P$ der Nachbarschaftsstruktur $[P, N]$ heißt *Kernpunkt von M*, falls $N(p) \subseteq M$. Ein Punkt $q \in M$, der kein Kernpunkt von M ist, heißt *Randpunkt von M*.

Definition 1.4.2: Die Menge $K(M)$ aller Kernpunkte von $M \subseteq P$ der Nachbarschaftsstruktur $[P, N]$ heißt *Kern von M*. Die Menge $R(M)$ aller Randpunkte von M heißt *Rand von M*.

Die leere Menge besitzt weder Randpunkte noch Kernpunkte, so daß $R(\emptyset) = K(\emptyset) = \emptyset$ gilt. Die Menge P der Nachbarschaftsstruktur $[P, N]$ besitzt nur Kernpunkte, weil für jeden Punkt $p \in P$ die Beziehung $N(p) \subseteq P$ gilt. Damit ist also $R(P) = \emptyset$ und $K(P) = P$. Für beliebige Mengen $M \subseteq P$ gilt $M = R(M) \cup K(M)$ und $R(M) \cap K(M) = \emptyset$, da sich die beiden Eigenschaften $p \in R(M)$ bzw. $p \in K(M)$ nach Definition 1.4.1 gegenseitig ausschließen.

Satz 1.4.1: Jede nichtleere echte Teilmenge $M \subset P$ einer zusammenhängenden Nachbarschaftsstruktur $[P, N]$ besitzt Randpunkte.

Beweis (indirekt mit Induktion):

- Wir nehmen an, daß M keine Randpunkte besitzt, d. h., $R(M) = \emptyset$ und $K(M) = M$.
- Wegen $M \subset P$ gibt es Punkte $q \in \bar{M}$.
- Wegen des Zusammenhangs von $[P, N]$ gibt es einen Weg $(p_1, \dots, p_n)$ in P von einem Punkt $p_1 \in M$ zu einem Punkt $p_n \in \bar{M}$.
- Es ist $p_1 \in K(M)$ als Induktionsvoraussetzung und $p_{i+1} \in N(p_i)$ für $i = 1, \dots, n-1$ wegen Definition 1.2.1.
- Mit $p_i \in K(M)$ folgt aus Definition 1.4.1 stets $N(p_i) \subseteq M$, so daß sich $p_{i+1} \in M$ ergibt.
- Auf Grund der Annahme $M = K(M)$ ist mit $p_i \in K(M)$ also auch $p_{i+1} \in K(M)$ für alle $i = 1, \dots, n-1$.
- Also ist auch $p_n \in K(M)$.
- Da dies Ergebnis ein Widerspruch zu $p_n \in \bar{M}$ ist, muß die Annahme $K(M) = M$ bzw. $R(M) = \emptyset$ falsch sein.

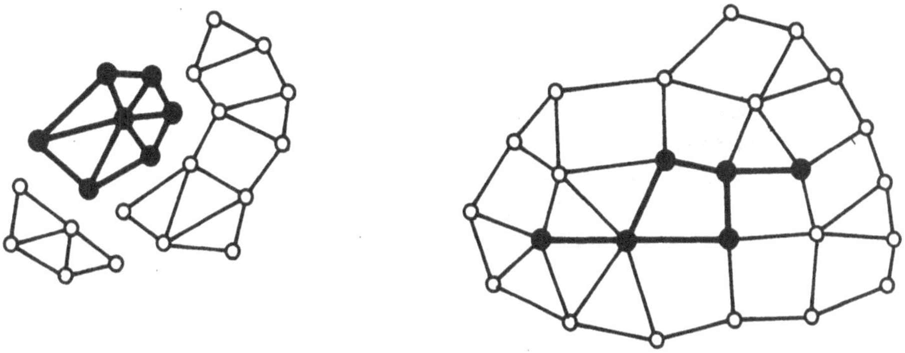

Abb. 1.4.1: In einer nichtzusammenhängenden Nachbarschaftsstruktur $[P, N]$ kann es nichtleere echte Teilmengen $M \subset P$ geben (ausgefüllte Punkte ●), die nur Kernpunkte enthalten (links). Es kann in Nachbarschaftsstrukturen nichtleere echte Teilmengen $M \subset P$ geben, die nur aus Randpunkten bestehen (rechts).

Der Beweis für diesen Satz wurde hier so ausführlich Schritt für Schritt durchgeführt, um ein Beispiel für den Gebrauch des bisher bereitgestellten Handwerkszeugs zu geben. Ganz wesentlich geht in den Beweis die Existenz eines Weges $(p_1, \dots, p_n)$ auf Grund des Zusammenhangs von $[P, N]$ ein. Wie Abb. 1.4.1 zeigt, kann es in nichtzusammenhängenden Nachbarschaftsstrukturen tatsächlich echte Teilmengen $M \subset P$ geben, die keine Randpunkte besitzen. Es ist aber auch zu erkennen, daß es jederzeit Mengen geben kann, die nur aus Randpunkten bestehen.

Die beiden folgenden Sätze erfordern für ihre uneingeschränkte Gültigkeit ebenfalls den Zusammenhang der jeweiligen Nachbarschaftsstruktur.

Satz 1.4.2: Jeder Punkt $p \in K(M)$ einer echten Teilmenge $M \subset P$ der zusammenhängenden Nachbarschaftsstruktur $[P, N]$ ist mit mindestens einem Punkt $q \in R(M)$ in M verbunden.

Beweis (direkt):

- Es sei $K_M(p)$ die Komponente von M, in der der Punkt $p \in K(M)$ liegt (siehe Gl. 1.2.1 und Definition 1.2.5).
- Wegen $K_M(p) \subseteq M$ und $M \subset P$ besitzt $K_M(p) \subset P$ nach Satz 1.4.1 Randpunkte $q \in R(K_M(p))$.
- Da $K_M(p)$ als Komponente von M zusammenhängend ist, gibt es entsprechend Definition 1.2.3 in $K_M(p)$ einen Weg von $p \in K_M(p)$ nach $q \in R(\overline{K_M(p)})$.
- Da $q \in R(K_M(p))$ ist, besitzt q mindestens einen Nachbarn r in $\overline{K_M(p)}$.
- Dieser Nachbar $r \in \overline{K_M(p)}$ muß auch in $\bar{M}$ liegen, da er sonst wegen $r \in N(q)$ zu $K_M(p)$ gehören würde.
- Der Punkt $q \in R(K_M(p))$ ist also auch Randpunkt von M, so daß es in $K_M(p)$ einen Weg von $p \in K(M)$ nach $q \in R(M)$ gibt.

Die Existenz von Randpunkten von $K_M(p)$ ergab sich in diesem Beweis aus Satz 1.4.1 und erfordert damit den Zusammenhang von $[P, N]$. Auch hier zeigt Abb. 1.4.1, daß in nichtzusammenhängenden Nachbarschaftsstrukturen der Satz 1.4.2 nicht erfüllt zu sein braucht.

Für die Randpunkte $r \in R(M)$ einer nichtleeren echten Teilmenge $M \subset P$ existiert keine zu Satz 1.4.2 analoge Aussage, da es Komponenten von M geben kann, die nur aus Randpunkten bestehen (s. Abb. 1.4.1).

Mit $M \subseteq P$ sind auch $R(M)$ und $K(M)$ Teilmengen von P, die entsprechend Definition

1.2.5 in Komponenten zerfallen können. Wir sprechen dann von *Randkomponenten* bzw. *Kernkomponenten* von M.

Satz 1.4.3: Wenn der Rand $R(M)$ einer nichtleeren echten Teilmenge $M \subset P$ einer zusammenhängenden Nachbarschaftsstruktur $[P, N]$ zusammenhängend ist, so ist auch M selbst zusammenhängend (Beweis in Übung 1.4.1).

Man kann leicht durch ein Gegenbeispiel zeigen, daß der Satz 1.4.3 in nichtzusammenhängenden Nachbarschaftsstrukturen nicht immer richtig zu sein braucht. Damit ist also die Forderung des Zusammenhangs von Nachbarschaftsstrukturen als wesentlich für das Auftreten weiterer Gesetzmäßigkeiten erkannt.

Das ist eine ganz allgemeine Erscheinung: Die Einschränkung des Gegenstandsbereiches einer Theorie (hier durch die Forderung nach Zusammenhang der Nachbarschaftsstrukturen) führt zu einer Erweiterung des Bestandes an allgemeingültigen Aussagen für den jeweiligen Gegenstandsbereich. Diese Erkenntnis wird sich auch durch die folgenden Definitionen und Sätze bestätigen lassen.

Definition 1.4.3: Es sei M eine Teilmenge $M \subseteq P$ einer Nachbarschaftsstruktur $[P, N]$. Punkte $q \in \bar{M}$, für die $N(q) \cap M \neq \emptyset$ gilt, heißen *Punktnachbarn von M*. Die Menge $N(M)$ aller Punktnachbarn von M ist die *Punktnachbarschaft von M*.

Die Definition 1.4.3 ist eine Verallgemeinerung der Definition 1.1.2. Tatsächlich stimmt für eine einpunktige Menge $\{p\}$ die Nachbarschaft $N(p)$ und die Punktnachbarschaft $N(\{p\})$ überein.

Wir haben die Begriffe „Punktnachbar" und „Punktnachbarschaft" einer Menge gewählt, weil Mengen nicht nur benachbarte Punkte, sondern auch benachbarte Mengen besitzen können (s. Abschnitt 1.5.). Für die Punktnachbarschaft von Teilmengen $M \subseteq P$ einer Nachbarschaftsstruktur $[P, N]$ gelten folgende Beziehungen (s. Übungen 1.4.2 und 1.4.3):

$$N(M) = R(\bar{M}) \quad \text{und} \quad R(M) = N(\bar{M})\,. \tag{1.4.1}$$

$$N(M) \cap M = \emptyset\,, \qquad N(K(M)) \subseteq R(M) \quad \text{und} \quad \overline{N(M)} = M \cup K(\bar{M})\,. \tag{1.4.2}$$

Anders als für die Sätze 1.4.1 bis 1.4.3 braucht für die Gültigkeit dieser Formeln der Zusammenhang der jeweiligen Nachbarschaftsstruktur nicht vorausgesetzt zu werden.

Übungen:

1.4.1: Es ist der Satz 1.4.3 zu beweisen!

1.4.2: Es sind die Beziehungen 1.4.1 zu beweisen!

1.4.3: Es sind die Beziehungen 1.4.2 zu beweisen!

1.4.4: Geben Sie ein Beispiel dafür an, daß $N(K(M))$ eine echte Teilmenge von $R(M)$ sein kann!

1.4.5: Es sei r die Anzahl der Randkomponenten und k die Anzahl der Kernkomponenten einer zusammenhängenden Menge $M \subset P$ der zusammenhängenden Nachbarschaftsstruktur $[P, N]$. Es sind Beispiele (r, k) für die Parameterkombinationen $(1, 0)$, $(1, 1)$, $(1, n)$, $(n, 1)$, (n, m) mit $n, m > 1$ zu geben! Zeigen Sie, daß die Kombinationen $(n, \emptyset)$ mit $n > 1$ nicht möglich sind!

1.5. Dilatation und Erosion

Die digitale Bildverarbeitung ist weniger eine „statische“ Wissenschaft — sozusagen eine „Picturologie“ — als vielmehr eine moderne Technik der Informationsverarbeitung. Das englische Wort *processing* bringt diesen dynamischen Charakter gut zum Ausdruck.

Ein Beispiel für das Verarbeiten von Informationen haben wir schon in Abschnitt 1.3. kennengelernt, als es um die Bestimmung von Komponenten ging. Entsprechend kann — ausgehend von den Eigenschaften der Kerne und Ränder von Mengen — auch die Bestimmung von $K(M)$ oder $R(M)$ in den Vordergrund der Betrachtungen rücken.

Wenn wir die Tätigkeit der Kernbildung oder der Randbildung betonen wollen, so kann das durch die Anwendung eines Kernbildungs-Operators $\mathbf{K}$ oder eines Randbildungs-Operators $\mathbf{R}$ auf eine Menge M ausgedrückt werden. Aus Abschnitt 1.4. übernehmen wir dementsprechend die folgenden Operatoren:

$$\begin{array}{ll} \mathbf{I} & \text{Identitätsoperator mit } \mathbf{I}M = M\,, \\ \mathbf{C} & \text{Komplementoperator mit } \mathbf{C}M = \bar{M}\,, \\ \mathbf{K} & \text{Kernbildungsoperator mit } \mathbf{K}M = K(M)\,, \\ \mathbf{R} & \text{Randbildungsoperator mit } \mathbf{R}M = R(M)\,, \\ \mathbf{N} & \text{Nachbarschaftsoperator mit } \mathbf{N}M = N(M)\,. \end{array} \tag{1.5.1}$$

In den Gln. (1.5.1) ist links die Anwendung eines Mengenoperators auf eine Menge symbolisiert, d. h. ein Prozeß der Verarbeitung von Informationen, die durch die spezielle Menge M und eine diese Menge enthaltende Nachbarschaftsstruktur $[P, N]$ vorgegeben sind. Auf der rechten Seite der Gleichungen stehen dann als Ergebnis der Verarbeitung wieder Mengen, deren Eigenschaften wir in Abschnitt 1.4. untersucht haben.

Die Gln. (1.4.1) als Beziehungen zwischen Mengen können nun auch als Operatorgleichungen ausgedrückt werden:

$$\mathbf{N} = \mathbf{RC} \quad \text{und} \quad \mathbf{R} = \mathbf{NC}\,. \tag{1.5.2}$$

Der Grund dafür ist, daß bei der Anwendung des einen oder des anderen Operator-Ausdrucks einer solchen Operatorgleichung auf beliebige Teilmengen $M \subseteq P$ einer Nachbarschaftsstruktur $[P, N]$ stets dasselbe Ergebnis folgt: Ob wir die Punktnachbarschaft $N(M)$ einer Menge M bestimmen oder von der Menge M erst das Komplement $\bar{M}$ bilden und dann von dieser neuen Menge den Rand $R(\bar{M})$ — in beiden Fällen ergibt sich dasselbe. Das unter diesem Gesichtspunkt Wesentliche steckt also in den Prozessen, nicht in den zu verarbeitenden Informationen. Und weil eine Gleichung wie $\mathbf{N}M = \mathbf{RC}M$ für beliebige Mengen gilt, kann in (1.5.2) die explizite Angabe einer Menge entfallen. Da die Menge M rechts vom Operatorenausdruck steht, ist die Reihenfolge der Anwendung der einzelnen Operatoren eindeutig festgelegt.

Definition 1.5.1: Die Menge $M \cup N(M)$ einer Menge $M \subseteq P$ der Nachbarschaftsstruktur $[P, N]$ wird als *dilatierte Menge* $D(M)$ bezeichnet. Sie wird durch Anwendung des *Dilatations-Operators* $\mathbf{D}$ auf M erhalten.

Definition 1.5.2: Die Menge $M - R(M)$ einer Menge $M \subseteq P$ der Nachbarschaftsstruktur $[P, N]$ wird als *erodierte Menge* $E(M)$ bezeichnet. Sie wird durch Anwendung des *Erosions-Operators* $\mathbf{E}$ auf M erhalten.

Die Begriffe der *Dilatation* und *Erosion* von Mengen spielen eine grundlegende Rolle in der *Mathematischen Morphologie.* Die Mathematische Morphologie ist die theoretische Basis für die digitale Bildverarbeitung, wie sie von Serra und seiner Schule in Fontainebleau seit fünfunzwanzig Jahren entwickelt und angewendet wurde. Sie geht aus von den Begriffen der sogenannten Minkowski-Addition bzw. Minkowski-Subtraktion von Punktmengen der reellen euklidischen Ebene, überträgt diese Begriffswelt auf Punktgitter mit Sechsernachbarschaft und realisiert entsprechende Bildoperationen schließlich auf dem Bildverarbeitungssystem TAS (Texture Analysing System).

Es ist jedoch für mich kein zwingender Grund zu erkennen, weshalb die Minkowski-Operationen der reellen euklidischen Ebene bzw. auch höherdimensionaler euklidischer Räume als Ausgangspunkt der Mathematischen Morphologie gewählt werden müssen. Sie sind wohl eher als heuristische Motivationen anzusehen. Die große Bedeutung der in Fontainebleau geleisteten Arbeit liegt in der Anwendung der Mathematischen Morphologie. Diese Anwendung aber ist stets für endliche und damit diskrete Nachbarschaftsstrukturen durchgeführt worden.

Für die Dilatation gilt wegen (1.4.1)

$$D(M) = M \cup N(M) = \overline{\bar{M} \cap \overline{N(M)}} = \overline{\bar{M} \cap (M \cup K(\bar{M}))} = \overline{K(\bar{M})}\,.$$

Die entsprechende Operatorgleichung ist also

$$\boldsymbol{D} = \boldsymbol{CKC} = \boldsymbol{CEC}\,.$$

Wir haben hier $\boldsymbol{K}$ durch den Erosionsoperator ersetzen können, weil wegen der Definitionen 1.4.2 und 1.5.2 die Beziehung $E(M) = M - R(M) = K(M)$ gilt. Da außerdem stets $\bar{\bar{M}} = M$ ist, können wir die obige Operatorgleichung von links oder rechts mit dem Operator $\boldsymbol{C}$ multiplizieren und die Beziehung $\boldsymbol{CC} = \boldsymbol{I}$ ausnutzen:

$$\boldsymbol{CD} = \boldsymbol{EC} \quad \text{und} \quad \boldsymbol{DC} = \boldsymbol{CE}\,. \tag{1.5.3}$$

Im Gegensatz zum Operator $\boldsymbol{C}$ besitzen die Operatoren $\boldsymbol{D}$ und $\boldsymbol{E}$ keine Inversen. Es ist zwar $\boldsymbol{C}^{-1} = \boldsymbol{C}$, aber es existiert kein Operator $\boldsymbol{D}^{-1}$ bzw. $\boldsymbol{E}^{-1}$. Der Grund dafür liegt

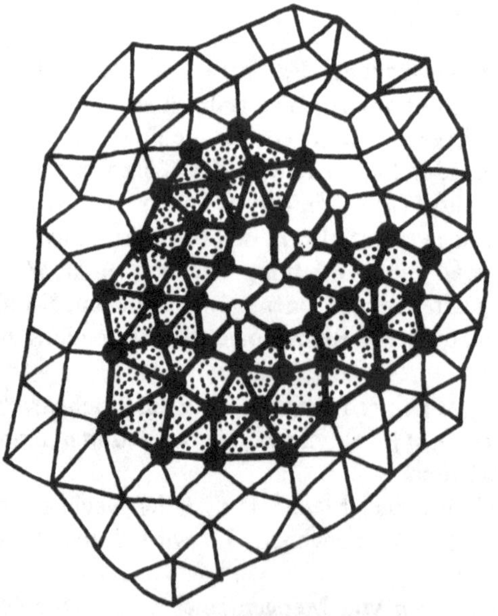

Abb. 1.5.1: Die beiden Mengen M (ausgefüllte Punkte ●) und M' (ausgefüllte Punkte ● und leere Punkte ○) besitzen dieselbe dilatierte Menge $D(M) = D(M')$.

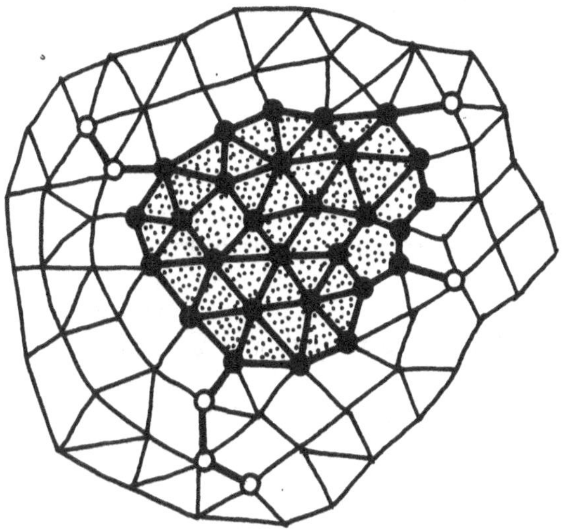

Abb. 1.5.2: Die beiden Mengen M (ausgefüllte Punkte ●) und M' (ausgefüllte Punkte und leere Punkte ○) besitzen dieselbe erodierte Menge $E(M) = E(M')$.

in der Tatsache, daß weder durch $\boldsymbol{D}$ noch durch $\boldsymbol{E}$ eine eineindeutige Abbildung aus der Menge P^* aller Teilmengen von P in P^* realisiert wird (Abb. 1.5.1/2). Wenn jedoch zwischen zwei Operatoren mit Hilfe von $\boldsymbol{C}$ Beziehungen wie in (1.5.3) hergestellt werden können, dann wollen wir diese beiden Operatoren als zueinander *dual* bezeichnen.

Die dilatierte Menge $D(M)$ enthält die Menge M als Teilmenge. Diese Tatsache gilt auch für mehrfache Dilatationen $D(D(M)) = \boldsymbol{D}^2M$ usw. Entsprechend ist die erodierte Menge $E(M)$ stets eine Teilmenge von M. Wir erhalten also die Inklusionskette

$$\ldots \subseteq \boldsymbol{E}^2M \subseteq \boldsymbol{E}M \subseteq M \subseteq \boldsymbol{D}M \subseteq \boldsymbol{D}^2M \subseteq \ldots .$$

Diese Kette bricht spätestens ab, wenn in zusammenhängenden Nachbarschaftsstrukturen durch die fortgesetzte Dilatation die Menge P erreicht wurde, weil $D(P) = P$ gilt. Durch die fortgesetzte Erosion wird irgendwann einmal die leere Menge erreicht, so daß auch hier mit $E(\emptyset) = \emptyset$ ein Abbruch der Inklusionskette auftritt.

Definition 1.5.3: Die zu $S(M) = E(D(M))$ führende Operation wird als *Schließung* bzw. *Closing* bezeichnet. Für den Schließungs-Operator gilt $\boldsymbol{S} = \boldsymbol{ED}$.

Definition 1.5.4: Die zu $O(M) = D(E(M))$ führende Operation wird als *Öffnung bzw. Opening* bezeichnet. Für den Öffnungs-Operator gilt $\boldsymbol{O} = \boldsymbol{DE}$.

Sowohl die Einführung dieser beiden Operationen als auch die — besonders für $O(M)$ nicht sehr glückliche — Wahl der Bezeichnungen ist durch die Praxis der digitalen Bildverarbeitung motiviert. Wenn eine Menge M dilatiert wird, so können „kleine" Lücken und Spalten „geschlossen" werden. Ein Beispiel dafür ist in Abb. 1.5.1 gegeben. Die nachfolgende Erosion stellt dann im wesentlichen die ursprüngliche Menge wieder her. Aber die „Lücken und Spalten" bleiben geschlossen, so daß eine „Verbesserung" des optischen Eindruckes erreicht wurde: Die Menge $S(M)$ sieht „schöner" aus als die Menge M.

Die Bezeichnung „Öffnung" ist offensichtlich als Gegenstück zur „Schließung" gewählt worden. Auch durch die Öffnung kann eine *Bildverbesserung* erreicht werden. Die Erosion beseitigt isolierte Punkte und dünne „Ausstülpungen" der ursprünglichen Menge, die durch die nachfolgende Dilatation nicht wieder restauriert werden (Abb. 1.5.2).

Abb. 1.5.2 zeigt, daß im allgemeinen $S(M) \neq O(M)$ gilt. Diese Verschiedenartigkeit können wir noch genauer fassen, indem wir mit der Beziehung $N(K(M)) \subseteq R(M)$ aus (1.4.2) die Inklusion

$$\begin{aligned} O(M) &= D(E(M)) = E(M) \cup N(E(M)) \\ &= K(M) \cup N(K(M)) \subseteq K(M) \cup R(M) = M \end{aligned}$$

beweisen. Wenn nun $O(M)$ stets eine Teilmenge von M ist, dann ist das Komplement $\overline{O(M)}$ eine Obermenge des Komplements $\bar{M}$. Wegen der in (1.5.3) zum Ausdruck kommenden Dualität zwischen $\boldsymbol{D}$ und $\boldsymbol{E}$ gilt $\boldsymbol{CO} = \boldsymbol{CDE} = \boldsymbol{ECE} = \boldsymbol{EDC} = \boldsymbol{SC}$, d. h. auch eine Dualität zwischen $\boldsymbol{O}$ und $\boldsymbol{S}$. Also folgt aus $\overline{O(M)} = \boldsymbol{COM} \supseteq \boldsymbol{C}M = \bar{M}$ auch $\boldsymbol{SC}M = \boldsymbol{S}\bar{M} \supseteq \bar{M}$ für beliebige Mengen $\bar{M}$, insbesondere auch für das Komplement von $\bar{M}$. Also ergibt sich insgesamt

$$O(M) = D(E(M)) \subseteq M \subseteq E(D(M)) = S(M)\,. \tag{1.5.4}$$

Die Dualitätsbedingungen

$$\boldsymbol{CO} = \boldsymbol{SC} \quad \text{und} \quad \boldsymbol{OC} = \boldsymbol{CS} \tag{1.5.5}$$

sind im Gegensatz zur Mengeninklusion (1.5.4) Operatorgleichungen. Sie werden erst dann zu Gleichungen zwischen Mengen, wenn wir die Operatoren auf Mengen anwenden.

Wenn wir mehr als zwei Dilatations- bzw. Erosionsoperatoren abwechselnd miteinander verknüpfen, so werden wir zu weiteren Operatorgleichungen geführt. Es sei $M' = E(M)$ eine Menge von Punkten der Nachbarschaftsstruktur $[P, N]$. Wir können M' nicht beliebig wählen, wie das Beispiel in Abb. 1.5.1 zeigt. M' muß sich vielmehr als Ergebnis der Erosion einer Menge darstellen lassen. Die Nachbarschaft von M' ist wegen $E(M) = K(M)$ und (1.4.2) eine Teilmenge von $R(M)$. Jeder Punkt von $N(K(M)) = N(E(M))$ besitzt sowohl Nachbarn in $K(M)$ als auch in $\bar{M}$. Daher ist $R(K(M) \cup N(K(M))) = R(D(K(M))) = N(K(M))$. Wenn wir also die Menge $D(K(M))$ erodieren, erhalten wir wieder $K(M)$. Aus $E(D(E(M))) = E(M)$ folgen also die Operatorgleichungen

$$\boldsymbol{EDE} = \boldsymbol{E} \quad \text{und} \quad \boldsymbol{DED} = \boldsymbol{D}\,. \tag{1.5.6}$$

Die zweite dieser Gleichungen ergibt sich aus der ersten wegen $\boldsymbol{CEDEC} = \boldsymbol{CEC} = \boldsymbol{D}$. Die linke Seite läßt sich nämlich umformen in $\boldsymbol{DCDCD} = \boldsymbol{DECCD} = \boldsymbol{DED}$. Mit Hilfe von (1.5.6) können komplizierte Operatorenfolgen vereinfacht werden. Speziell gilt

$$\begin{aligned} &\boldsymbol{OO} = \boldsymbol{DEDE} = \boldsymbol{D}(\boldsymbol{EDE}) = \boldsymbol{DE} = \boldsymbol{O} \quad \text{und} \\ &\boldsymbol{SS} = \boldsymbol{EDED} = \boldsymbol{E}(\boldsymbol{DED}) = \boldsymbol{ED} = \boldsymbol{S}\,. \end{aligned} \tag{1.5.7}$$

Wegen der Gültigkeit der Gln. (1.5.7) sind die Operatoren für Opening und Closing typische Projektions-Operatoren, für die stets $\boldsymbol{P}^2 = \boldsymbol{PP} = \boldsymbol{P}$ gilt. Der einzige Projektions-Operator, der ein Inverses besitzt, ist der Identitätsoperator $\boldsymbol{I}$. Denn aus $\boldsymbol{P}^2\boldsymbol{P}^{-1} = \boldsymbol{PP}^{-1} = \boldsymbol{I}$ folgt $\boldsymbol{P} = \boldsymbol{I}$.

Für die digitale Bildverarbeitung ist bedeutsam, daß die mehrfache Anwendung des Öffnens bzw. des Schließens wegen (1.5.7) zu keiner weiteren Verbesserung des optischen Bildeindruckes führt. Um auch größere Lücken schließen zu können, müßte mehrmals hintereinander dilatiert werden, und um größere Störungen beseitigen zu können, muß man mehrmals hintereinander erodieren.

Wir erhalten damit Operator-Ausdrücke wie $\boldsymbol{EEDD}$ oder $\boldsymbol{DDEE}$, die wir nicht weiter vereinfachen können. Sie sind Closing- bzw. Opening-Operatoren zweiter Stufe bzw. im Fall von $\boldsymbol{E}^n\boldsymbol{D}^n$ und $\boldsymbol{D}^n\boldsymbol{E}^n$ n-ter Stufe.

Übungen:

1.5.1: Die Operatoren-Ausdrücke ***CECKCSC*** und ***EDCDCDKCEDCD*** sind zu vereinfachen!

1.5.2: Es ist zu beweisen, daß die Operatoren ***OS*** und ***SO*** zueinander dual sind!

1.5.3: Zeigen Sie, daß die Opening- und Closing-Operatoren zweiter Stufe Projektions-Operatoren sind!

1.5.4: In Bildern mit der Nachbarschaftsstruktur entsprechend Übung 1.3.2 sollen Dilatationen und Erosionen durchgeführt werden. Schreiben Sie zwei entsprechende Prozeduren DILA und EROS!

1.6. Benachbarte und getrennte Mengen

Wir haben in den bisherigen Abschnitten gesehen, welche Fülle von Beziehungen die Einführung einer irreflexiven und symmetrischen Relation — einer Nachbarschaftsrelation — in eine Punktmenge geliefert hat. Mit dem Algorithmus 1.3.1 konnte sogar schon ein erstes grundlegendes Verfahren der digitalen Bildverarbeitung angegeben werden. Und die in Abschnitt 1.5. eingeführten Operatoren finden ihre unmittelbare praktische Anwendung auf dem Gebiet der Bildverbesserung.

Jetzt gehen wir über die Nachbarschaft von Punkten hinaus und untersuchen die Nachbarschaft von Mengen. Wir knüpfen damit an die Definition 1.2.4 an, mit der die Zerlegung einer Punktmenge in Gebiete eingeführt wurde.

Definition 1.6.1: Zwei Mengen $M_1 \subset P$ und $M_2 \subset P$ einer Nachbarschaftsstruktur $[P, N]$ heißen *mengenbenachbart*, wenn $M_1 \cap M_2 = \emptyset$ gilt und wenn es ein Paar benachbarter Punkte $(p, q) \in N$ gibt mit $p \in M_1$ und $q \in M_2$. Die beiden Mengen M_1 bzw. M_2 sind dann *Mengennachbarn* voneinander. Die Menge der zu M benachbarten Mengen heißt *Mengennachbarschaft* $\mathcal{N}(M)$.

Zwei mengenbenachbarte Mengen müssen also immer disjunkt sein. Diese Forderung ist eine Verallgemeinerung von Definition 1.1.2, wonach zwei Punkte nur dann Nachbarn sein können, wenn $p_1 \neq p_2$ gilt bzw. $\{p_1\} \cap \{p_2\} = \emptyset$. Die Relation der Mengennachbarschaft ist wie die der Nachbarschaftsrelationen in Punktmengen irreflexiv und symmetrisch.

In Abb. 1.6.1 ist für eine sehr einfache Nachbarschaftsstruktur $[P, N]$ die für die zusammenhängenden Teilmengen $M \subset P$ gültige Nachbarschaftsstruktur dargestellt. Die Teilmenge $\{a, b\}$ besitzt die Punktnachbarn c und d, so daß sich für die Punktnachbarschaft von $\{a, b\}$ entsprechend Definition 1.4.3 einfach $N(\{a, b\}) = \{c, d\}$ ergibt. Die Mengennachbarn von $\{a, b\}$ sind aber $\{c\}$, $\{d\}$ und $\{c, d\}$, so daß wir die Mengennachbarschaft $\mathcal{N}(\{a, b\}) = \{\{c\}, \{d\}, \{c, d\}\}$ erhalten.

Die Punktnachbarschaft und die Mengennachbarschaft einer Menge sind also deutlich voneinander zu unterscheiden. Es gilt aber stets, daß die Punktnachbarschaft $N(M)$ eine — nicht notwendig zusammenhängende — zu M benachbarte Menge ist. Sie ist damit ein Element der Mengennachbarschaft von M, d. h., $N(M) \in \mathcal{N}(M)$.

Da auch die Relation der Mengennachbarschaft eine Nachbarschaftsrelation ist — diesmal auf der Menge der Teilmengen von P — gelten alle bisher untersuchten Gesetz-

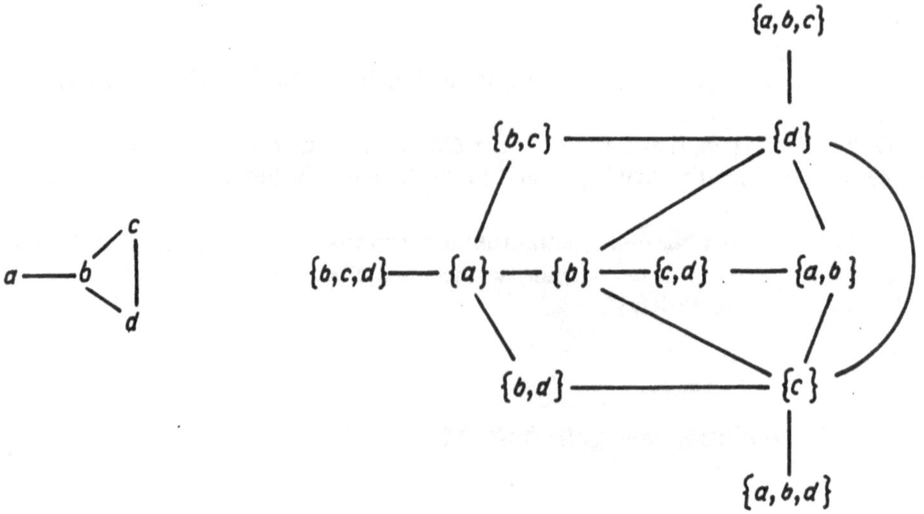

Abb. 1.6.1: Die zusammenhängenden Teilmengen $M \subset P$ der Nachbarschaftsstruktur $[P, N]$ mit $P = \{a, b, c, d\}$ bilden ebenfalls eine Nachbarschaftsstruktur.

mäßigkeiten auch für Mengennachbarschaftsstrukturen. Insbesondere kann man eine Mengennachbarschaftsstruktur als primär ansehen und darauf eine Mengenmengennachbarschaftsstruktur aufbauen.

Eine solche sich aufeinander hierarchisch aufbauende Folge von Nachbarschaftsstrukturen besitzt keine obere Grenze. Sie ist für die praktische Anwendung auch uninteressant. Von Bedeutung ist lediglich die erste Stufe, nämlich die Nachbarschaftsstruktur der Menge der zusammenhängenden Teilmengen von P oder — noch spezieller — die Nachbarschaftsstruktur der Menge der Gebiete einer Zerlegung von P (s. Definition 1.2.4). Die Nachbarschaftsstrukturen dieser ersten Stufe werden benötigt, wenn es um Probleme der *Bildsegmentierung* geht.

Definition 1.6.2: Zwei disjunkte Mengen $M_1 \subset P$ und $M_2 \subset P$ einer Nachbarschaftsstruktur $[P, N]$ heißen *getrennt*, wenn sie nicht mengenbenachbart sind.

Für zwei getrennte Mengen M_1 und M_2 gibt es also kein benachbartes Punktepaar $\{p, q\}$ mit $p \in M_1$ und $q \in M_2$. Diese Aussage läßt sich nicht umkehren: $M_1 = \{p\}$ und $M_2 = \{p\}$ besitzen kein benachbartes Punktepaar, sind aber nicht voneinander getrennt, da sie nicht disjunkt sind. Mathematisch können wir die Definition 1.6.2 dementsprechend folgendermaßen zusammenfassen:

$$M_1 \cap (M_2 \cup N(M_2)) = \emptyset \quad \text{bzw.}$$
$$M_2 \cap (M_1 \cup N(M_1)) = \emptyset\,. \qquad (1.6.1)$$

Diese beiden Gleichungen sind einander äquivalent (siehe Übung 1.6.1). Ihre Aussage wird in Abb. 1.6.2 an einem einfachen Beispiel demonstriert. Einige der aus dieser Abbildung ablesbaren Beziehungen über Mengennachbarschaft und Mengentrennung können als Sätze verallgemeinert werden:

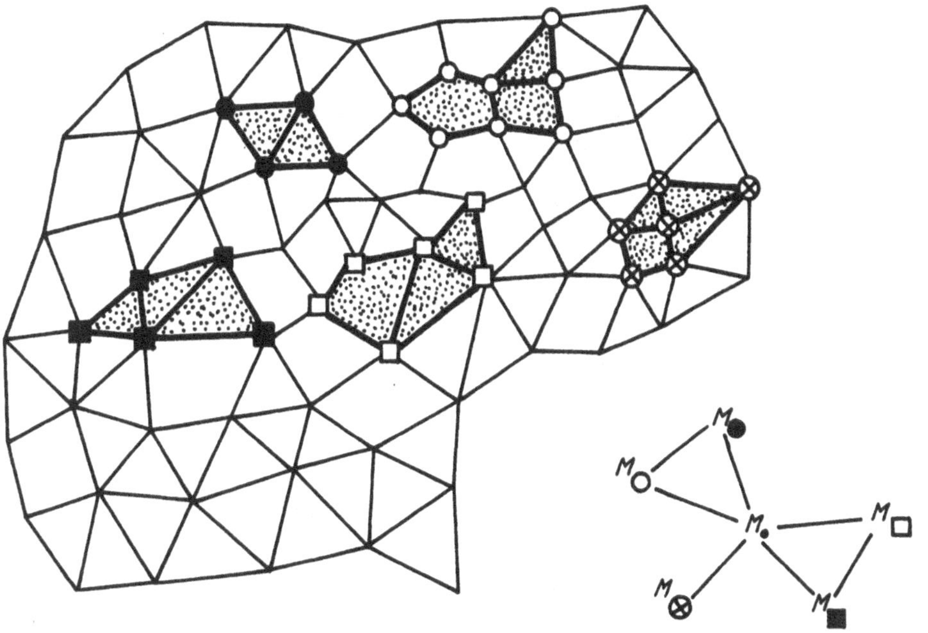

Abb. 1.6.2: In der Nachbarschaftsstruktur $[P, N]$ ist eine Zerlegung in die Gebiete $M_{\circ}$, $M_{\bullet}$ usw. vorgenommen worden. Mengennachbarschaft und Mengentrennung sind aus der Mengennachbarschaftsstruktur ersichtlich.

Satz 1.6.1: Zwei verschiedene Komponenten einer Menge $M \subseteq P$ der Nachbarschaftsstruktur $[P, N]$ sind stets voneinander getrennt.

Beweis (indirekt):

— Annahme: Die Komponenten $K_1, K_2 \subset M$ sind nicht voneinander getrennt.

— Entsprechend der Definition 1.2.5 sind K_1 und K_2 maximale zusammenhängende Teilmengen von M.

— Es kann also keinen Punkt $p \in M$ geben, der in $N(K_1)$ oder in $N(K_2)$ liegt, d. h. $K_1 \cap N(K_2) = \emptyset$ und $K_2 \cap N(K_1) = \emptyset$.

— Aus der Annahme würde ein Weg von $p \in K_1$ nach $q \in K_2$ in M folgen, so daß es ein $p' \in K_1$ und ein $q' \in K_2$ mit $(p', q') \in N$ geben müßte.

— Das ist aber ein Widerspruch zu $K_1 \cap N(K_2) = \emptyset$, also ist die Annahme falsch.

Satz 1.6.2: Jede Komponente einer echten Teilmenge $M \subset P$ der zusammenhängenden Nachbarschaftsstruktur $[P, N]$ ist mit mindestens einer der Komplementärkomponenten von M mengenbenachbart.

Beweis (direkt):

— Eine Komponente K von $M \subset P$ ist eine nichtleere echte Teilmenge von P und besitzt wegen Satz 1.4.1 Randpunkte.

— Nach Definition 1.4.1 besitzt ein Randpunkt $p \in K$ mindestens einen Nachbarn $q \in \bar{K}$.

— Die Punktnachbarn von $K \subseteq M$ müssen zu $\bar{M}$ gehören, so daß $q \in \bar{M}$.

— Wenn $q \in \bar{M}$, dann muß q in einer Komplementärkomponente C von M liegen.

— Da $p \in K$, $q \in C$ und $(p, q) \in N$ gilt, sind K und C nach Definition 1.6.1 mengenbenachbart.

Die Beweise für die folgenden drei Sätze werden in den Übungen zu diesem Abschnitt geführt:

Satz 1.6.3: Ein Gebiet $G \subset P$ der zusammenhängenden Nachbarschaftsstruktur $[P, N]$ ist mit allen seinen Komplementärkomponenten mengebenachbart.

Satz 1.6.4: Jede Komplementärkomponente eines Gebietes $G \subset P$ der zusammenhängenden Nachbarschaftsstruktur $[P, N]$ besitzt nur eine einzige Komplementärkomponente.

Satz 1.6.5: Der Kern $K(M)$ einer Menge $M \subset P$ der Nachbarschaftsstruktur $[P, N]$ ist von der Komplementärmenge $\bar{M}$ getrennt.

Mit diesen Sätzen haben wir scheinbar die strategische Linie verlassen, nur das Erforderliche zu untersuchen. Doch soll eine Strategie nicht ausarten zur Prinzipienreiterei. Denn gerade bei der Erforschung mathematischer Strukturen ist es möglich, daß erst nach einem langen Weg wieder Berührungspunkte zur Praxis zu erkennen sind (s. Kapitel 2.).

Übungen:

1.6.1: Es ist die Äquivalenz der beiden Aussagen (1.6.1) zu beweisen!

1.6.2: Zeigen Sie, daß die durch eine Zerlegung der zusammenhängenden Nachbarschaftsstruktur $[P, N]$ erzeugte Mengennachbarschaftsstruktur ebenfalls zusammenhängend ist!

1.6.3: Es ist der Satz 1.6.3 zu beweisen!

1.6.4: Es ist der Satz 1.6.4 zu beweisen!

1.6.5: Es ist der Satz 1.6.5 zu beweisen!

1.7.* Reguläre Färbungen

Die Nachbarschaftsstrukturen $[P, N]$ als ungerichtete Graphen ohne Schlingen und Mehrfachkanten bzw. als endliche Mengen P mit einer irreflexiven symmetrischen Relation N bieten der Mathematik ein unbegrenztes Betätigungsfeld. Dabei bestimmt die konkrete Interpretation des abstrakten Modells, welche der vielen Gesetzmäßigkeiten dieser Strukturen für die Praxis von Bedeutung sind. Falls wir die Elemente von P als Bildpunkte ansehen, ist zum Beispiel die Bestimmung der Komponenten von Teilmengen $M \subseteq P$ relevant (Abschnitt 1.3.).

Interpretieren wir die Elemente von P jedoch als Länder (siehe Übung 1.2.5) oder als Gebiete einer Zerlegung (siehe Definition 1.2.4 und Abschnitt 1.6.), so wird die Färbung der Länder bzw. Gebiete Gegenstand der Untersuchung sein können. Das Problem, wieviel Farben zur regulären Färbung einer Nachbarschaftsstruktur ausreichend sind, ist damit besonders für die *Bildsegmentierung* von Interesse.

Definition 1.7.1: Eine Nachbarschaftsstruktur $[P, N]$ heißt *regulär gefärbt*, wenn benachbarte Punkte $p, q \in P$ stets unterschiedliche Farben besitzen. Sie heißt *regulär zerlegt*, wenn P derart aus disjunkten Teilmengen aufgebaut ist, daß benachbarte Punkte $p, q \in P$ stets zu verschiedenen Teilmengen gehören.

Wir werden die beiden Begriffe der regulären Färbung und der regulären Zerlegung als Synonyme benutzen. Ihre Äquivalenz ist unmittelbar einleuchtend, da eine eineindeutige Zuordnung zwischen den Teilmengen der Zerlegung und den Farben der Färbung hergestellt werden kann.

Definition 1.7.2: Als *chromatische Zahl* $c = c[P, N]$ einer Nachbarschaftsstruktur $[P, N]$ wird die kleinste Anzahl von Farben bezeichnet, mit der $[P, N]$ regulär gefärbt werden kann.

Es ist klar, daß $c[P, N]$ mindestens 1 ist. Ein $c = 1$ reicht dann aus, wenn die Nachbarschaftsstruktur nur aus isolierten Punkten besteht — ein für praktische Zwecke recht uninteressanter Fall. Für die Nachbarschaftsrelation gilt dabei $N = \emptyset$. Sobald aber N nichtleer ist, sind mindestens zwei Farben für eine reguläre Färbung erforderlich.

Andererseits gilt $c[P, N] \leqq \varepsilon$ mit $\varepsilon = \text{card}(P)$, da höchstens der Fall eintreten kann, daß jeder Punkt $p \in P$ seine eigene Farbe besitzt. Die Notwendigkeit für die Gleichheit $c[P, N] = \varepsilon$ besteht bei vollständigen Nachbarschaftsstrukturen, bei denen jeder Punkt mit allen anderen benachbart ist (Abb. 1.7.1).

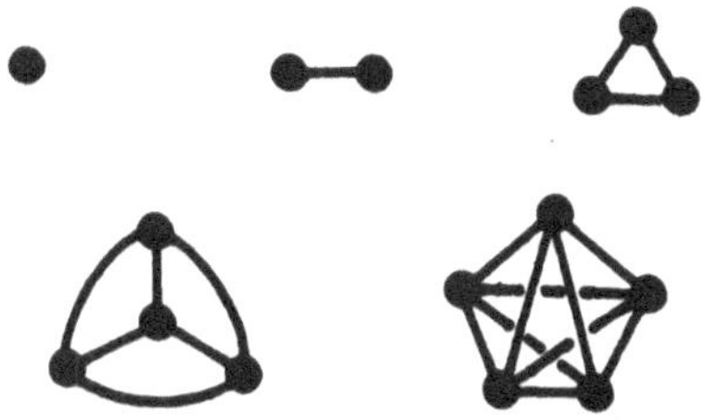

Abb. 1.7.1: Bei vollständigen Nachbarschaftsstrukturen $[P, N]$ mit $\varkappa = \varepsilon(\varepsilon - 1)/2$ gilt die Beziehung $c[P, N] = \varepsilon$ für die chromatische Zahl c.

Diese so einfachen Definitionen lassen ein mathematisches Problem entstehen, dessen allgemein zufriedenstellende Lösung bis heute nicht gelungen ist: Es soll gezeigt werden, daß jede endliche Landkarte mit höchstens vier Farben regulär gefärbt werden kann. Das ist das seit über 100 Jahren bekannte Vierfarbenproblem. Wir werden es in Kapitel 2 noch eingehender untersuchen, wenn die dafür notwendigen Begriffe zur Verfügung gestellt worden sind.

Hier wollen wir eine allgemeinere Fragestellung formulieren: Wie kann man ohne die (praktisch nicht realisierbare) systematische Durchmusterung aller Färbemöglichkeiten die chromatische Zahl einer Nachbarschaftsstruktur bestimmen oder zumindest abschätzen? Und es entsteht auch das praktische Problem, eine Nachbarschaftsstruktur mit Hilfe eines algorithmischen Verfahrens optimal regulär zu färben. Das Optimalitätskriterium ist dadurch gegeben, daß die Anzahl der benötigten Farben möglichst klein sein soll.

Beide Probleme stehen in enger Wechselwirkung: Die praktischen Bemühungen zur regulären Färbung liefern heuristische Hinweise für die theoretische Untersuchung der Gesetzmäßigkeiten der regulären Färbung. Und die erkannten theoretischen Gesetzmäßigkeiten werden ihrerseits die Struktur der Färbe-Algorithmen beeinflussen.

Beginnen wir also mit den praktischen Versuchen. Ein beliebiger erster Punkt $p \in P$ muß mit einer ersten Farbe gefärbt werden. Alle seine Nachbarn $q \in N(p)$ müssen dann wegen der geforderten Regularität irgendeine andere Farbe besitzen. Dabei ist es sinnvoll, die Punkte der Nachbarschaft $N(p)$ mit möglichst wenig Farben regulär zu färben, da ja eine minimal notwendige Anzahl von Farben angestrebt wird.

Das Problem der optimalen regulären Färbung ist somit von der Menge P auf die Teilmenge $N(p)$ übertragen worden. Wenn $N(p)$ nicht nur aus isolierten Punkten besteht, ist also keine Lösung des Problems erreicht worden, sondern lediglich eine Reduktion.

Die Punkte von $N(p)$ sind im allgemeinen Fall untereinander benachbart, so daß eine „Teilnachbarschaftsstruktur“ entsteht. Diese Teilnachbarschaftsstruktur enthält alle Punkte von $N(p)$ und alle Kanten von $[P, N]$, die durch Punkte von $N(p)$ festgelegt sind.

Definition 1.7.3: Eine Nachbarschaftsstruktur $[M, N_M]$ mit $M \subseteq P$ und $N_M = (M \times M) \cap N$ heißt *durch M erzeugte Teilnachbarschaftsstruktur* von $[P, N]$.

Die Nachbarschaft $N(p) = P'$ eines ersten gefärbten Punktes $p \in P$ erzeugt also eine Nachbarschaftsstruktur $[P', N']$, die Teilnachbarschaftsstruktur von $[P, N]$ ist. Um eine reguläre Färbung von $[P', N']$ zu erreichen, greifen wir einen zweiten Punkt $p' \in P' = N(p)$ heraus und färben mit einer zweiten Farbe. Alle Punkte $q \in N(p) \cap N(p')$, die gleichzeitig Nachbarn von p und Nachbarn von p' sind, müssen dann unbedingt eine Farbe erhalten, die von den ersten beiden Farben verschieden ist. Die Teilmenge $N(p) \cap N(p') = P''$ erzeugt wieder eine Teilnachbarschaftsstruktur, die regulär zu färben ist. Das Problem wird stufenweise reduziert, bis eine Teilnachbarschaftsstruktur übrigbleibt, die nur noch aus isolierten Punkten besteht.

Die hier skizzierte Problemreduzierung ist eine Rekursion, weil jedesmal ein gleichartiges Problem entsteht — wenn auch auf niederer Stufe. Eine „Entkopplung“ der Stufen, wie es bei der „vollständigen Induktion“ möglich ist, kann im allgemeinen Fall nicht vorgenommen werden. Das gerade ist die Schwierigkeit, der man sich bei der Problematik der regulären Färbung von Nachbarschaftsstrukturen stellen muß.

In der Menge aller endlichen zusammenhängenden Nachbarschaftsstrukturen läßt sich eine „konstruktive Ordnung“ herstellen: Wir legen fest, daß eine Nachbarschaftsstruktur $[P, N]$ dann Vorgänger einer Nachbarschaftsstruktur $[P', N']$ ist, wenn $[P, N]$ aus $[P', N']$ durch Streichen einer Kante oder durch Entfernen eines Punktes mit dem Nachbarschaftsgrad 1 sowie der zugehörigen Kante entsteht (s. Abb. 1.7.2). Dieses Ordnungsschema ist aber dem Problem der regulären Färbbarkeit nicht angepaßt, weil die beiden möglichen

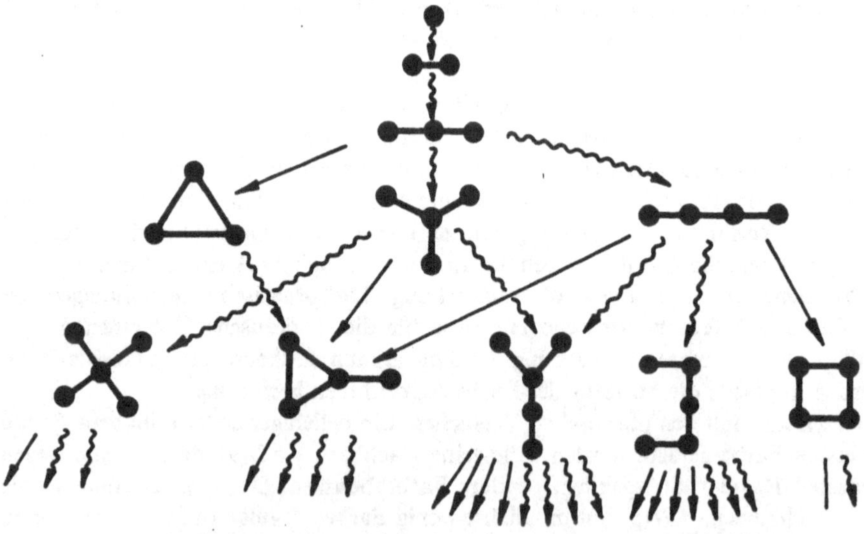

Abb. 1.7.2: In der Menge aller endlichen zusammenhängenden Nachbarschaftsstrukturen kann eine Ordnungsbeziehung eingeführt werden. Die Nachbarschaftsstruktur $[P', N']$ ist Nachfolger von $[P, N]$, wenn sie durch Hinzufügen einer Kante (→) oder durch Hinzufügen eines Punktes und einer Kante (⇝) aus $[P, N]$ entstanden ist.

Konstruktionsschritte keinen Schluß auf die Änderung der chromatischen Zahl gestatten.

Für die praktische Anwendung werden wir jetzt ein Verfahren angeben, das in vielen Fällen eine optimale reguläre Färbung liefert. Es beruht im Grunde darauf, daß gleichgefärbte Punkte nicht benachbart sein dürfen. Also wählen wir eine möglichst große Anzahl von Punkten $p, p', \ldots \in P$ aus, die untereinander nicht benachbart sind und die Menge $M = \{p, p', \ldots\}$ bilden. Diese Punkte können mit einer ersten Farbe gefärbt werden. Die durch $\bar{M}$ erzeugte Teilnachbarschaftsstruktur wird gleichermaßen behandelt. Stufenweise reduziert sich die noch verbleibende Punktanzahl, so daß das Verfahren nach endlich vielen Schritten abbricht (Abb. 1.7.3).

Algorithmus 1.7.1: Reguläre Färbung einer Nachbarschaftsstruktur $[P, N]$

1. Es ist eine Nachbarschaftsstruktur $[P, N]$ gegeben. Wir setzen $1 \to k$ und $\emptyset \to Q$.
2. Wenn P leer ist, gehe zu 5!
3. Wähle einen Punkt $p \in P$ (und färbe ihn mit der Farbe k)!
4. Bilde die Menge $Q \cup N(p) \to Q$!
   Streiche p und alle $q \in N(p)$ in P! Gehe zu 2!
5. Wenn Q leer ist, gehe zu 7!
6. Bilde die Mengen $Q \to P$ und $(Q \times Q) \cap N \to N$ (und damit die reduzierte Nachbarschaftsstruktur $[P, N]$)!
   Setze $1 + k \to k$ und $\emptyset \to Q$!
   Gehe zu 2!
7. Die ursprüngliche Nachbarschaftsstruktur ist in k Mengen zerlegt, die aus isolierten Punkten bestehen.

Das Problem der regulären Färbung bzw. Zerlegung von Nachbarschaftsstrukturen läßt sich auch mit Hilfe der in Abschnitt 1.3. eingeführten Nachbarschaftsmatrix formulieren. Wir ordnen die Zeilen und Spalten einer Nachbarschaftsmatrix so um, daß auf der Hauptdiagonalen möglichst große Nullmatrizen auftreten. Die zu jeweils einer Nullmatrix gehörenden Punkte können dann alle die gleiche Farbe erhalten, da sie nicht miteinander benachbart sind (Tab. 1.7.1).

Damit ist das geometrische Problem in ein algebraisches Problem überführt worden. Einerseits ist ein Verfahren anzugeben, das eine möglichst optimale Nullmatrixform liefert. Andererseits ergibt sich die chromatische Zahl einer Nachbarschaftsstruktur aus der minimal möglichen Zahl von Null-Untermatrizen entlang der Hauptdiagonale der Nachbarschaftsmatrix.

Der Algorithmus 1.7.1 erlaubt es, eine Abschätzung der chromatischen Zahl einer Nachbarschaftsstruktur anzugeben, die einfach durchzuführen ist. Dazu nehmen wir an, daß uns die Nachbarschaftsgrade $v(p)$ aller Punkte der Nachbarschaftsstruktur bekannt sind (s. Definition 1.1.4).

Satz 1.7.1: Es sei $v_{\max}$ der maximale Nachbarschaftsgrad einer Nachbarschaftsstruktur $[P, N]$, d. h. $v_{\max} = \max\limits_{p \in P} (v(p))$.

Dann gilt $c[P, N] \leqq v_{\max} + 1$.

Beweis (direkt):

— Wir wählen einen ersten Punkt p mit $v(p) = v_{\max}$ und färben ihn mit der ersten Farbe (Schritt 3 des Algorithmus 1.7.1).

— Die Nachbarn $q \in N(p)$, die eine andere Farbe erhalten müssen und in der Menge Q enthalten sind, besitzen in der durch Q erzeugten Teilnachbarschaftsstruktur ein $v(q) < v_{\max}$.

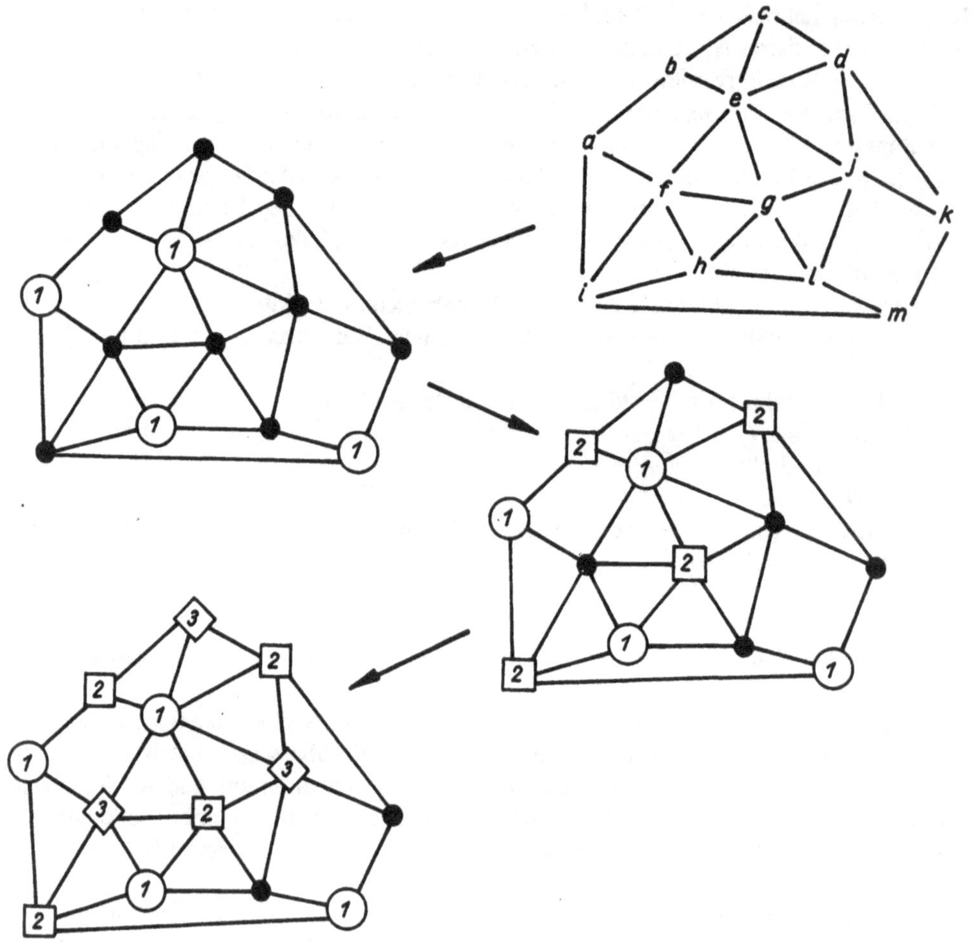

Abb. 1.7.3: Die disjunkten Teilmengen $M_{\circ}$, $M_{\bullet}$, ... $\subset P$ bestehen jeweils aus isolierten Punkten. Damit kann die Nachbarschaftsstruktur $[P, N]$ mit vier Farben regulär gefärbt werden. Die Zerlegung von P erfolgte mit Hilfe des Algorithmus 1.7.1.

— Wenn es noch Punkte p mit $v(p) = v_{max}$ gibt, können sie zu den bisher mit der ersten Farbe gefärbten Punkten nicht benachbart sein. Sie können also ebenfalls mit der ersten Farbe gefärbt werden (Schritt 3).
— Wenn wir Schritt 5 des Algorithmus 1.7.1 erreichen, kann in Q höchstens der Nachbarschaftsgrad $v_{max} - 1$ auftreten.
— Es kann also höchstens die Folge v_{max}, $v_{max} - 1, \ldots, 1, 0$ für die maximalen Nachbarschaftsgrade der Mengen Q in Schritt 5 realisiert sein.
— Also bricht das Verfahren nach höchstens $v_{max} + 1$ Schritten ab, so daß k höchstens den Wert $v_{max} + 1$ annehmen kann.

Es gibt Nachbarschaftsstrukturen, in denen $c = v_{max} + 1$ gilt (s. Abb. 1.7.1). Eine „Umkehrung" $c[P, N] \geqq v_{min} + 1$ des Satzes 1.7.1 ist aber nicht möglich. Das wird durch das folgende Beispiel gezeigt: Es sei eine ringförmige Nachbarschaftsstruktur mit 8 Punkten und 8 Kanten gegeben, so daß $v(p) = 2$ für alle Punkte gilt. Weitere 6 Punkte sollen jeweils

Tab. 1.7.1: Ursprüngliche und umgeordnete Nachbarschaftsmatrix entsprechend Abb. 1.7.3

	a	*b*	*c*	*d*	*e*	*f*	*g*	*h*	*i*	*j*	*k*	*l*	*m*
a	.	1	1	.	.	1	1	.	.	.	.	.	.
b	1	.	1	.	1	.	.	.	.	.	.	.	.
c	1	1	.	1	1	.	1	.	.	.	1	.	.
d	.	.	1	.	1	.	.	.	.	1	1	.	.
e	.	1	1	1	.	1	.	.	1	1	.	.	.
f	1	.	.	.	1	.	1	1	1	.	.	.	.
g	1	.	1	.	.	1	.	1	.	.	.	.	1
h	.	.	.	.	.	1	1	.	1	.	.	1	.
i	.	.	.	.	1	1	.	1	.	1	.	1	.
j	.	.	.	1	1	.	.	.	1	.	1	1	.
k	.	.	1	1	.	.	.	.	.	1	.	.	1
l	.	.	.	.	.	.	.	1	1	1	.	.	1
m	.	.	.	.	.	.	1	.	.	.	1	1	.

	a	*e*	*h*	*m*	*b*	*d*	*g*	*i*	*c*	*f*	*j*	*k*	*l*
a	.	.	.	.	1	.	1	.	1	1	.	.	.
e	.	.	.	.	1	1	.	1	1	1	1	.	.
h	.	.	.	.	.	.	1	1	.	1	.	.	1
m	.	.	.	.	.	.	1	.	.	.	.	1	1
b	1	1	.	.	.	.	.	.	1	.	.	.	.
d	.	1	.	.	.	.	.	.	1	.	1	1	.
g	1	.	1	1	.	.	.	.	1	1	.	.	.
i	.	1	1	.	.	.	.	.	.	1	1	.	1
c	1	1	.	.	1	1	1	.	.	.	.	1	.
f	1	1	1	.	.	.	1	1	.	.	.	.	.
j	.	1	.	.	.	1	.	1	.	.	.	1	1
k	.	.	.	1	.	1	.	.	1	.	1	.	.
l	.	.	1	1	.	.	.	1	.	.	1	.	.

mit den 8 Punkten des Ringes verbunden werden, aber untereinander nicht benachbart sein. Für alle 14 Punkte der so entstandenen Nachbarschaftsstruktur hat der Nachbarschaftsgrad den Wert 8, so daß $v_{\min} = 8$ ist. Aber es reichen bereits 3 Farben aus, um diese Nachbarschaftsstruktur regulär zu färben.

Übungen:

1.7.1: Man zeige, daß die chromatische Zahl einer durch $M \subseteq P$ erzeugten Teilnachbarschaftsstruktur $[M, N_M]$ die Bedingung $c[M, N_M] \leqq c[P, N]$ erfüllt!

1.7.2: Man führe das in Abb. 1.7.2 angegebene Konstruktionsprinzip noch einen Schritt weiter! Wieviel zusammenhängende Nachbarschaftsstrukturen mit 5 Kanten gibt es?

2. Orientierte Nachbarschaftsstrukturen

Eine Fläche — z. B. ein Blatt Schreibpapier — besitzt zwei Seiten. Man kann die eine Seite als die linke oder obere, die andere als die rechte oder untere bezeichnen. Wenn man am Rand der Fläche entlangläuft und damit auf dem Rand eine Richtung auszeichnet, ist auch die „obere“ bzw. „untere“ Seite der Fläche eindeutig festgelegt: Die Fläche ist *orientiert* worden.

Es war eine der grundlegenden Entdeckungen in der Topologie, als Möbius (1790—1868) im Jahre 1858 das nach ihm benannte Band einführte und an diesem Beispiel die Existenz nichtorientierbarer Flächen nachwies: Wenn man ein schmales Rechteck bezüglich der Längsachse um 180° verdreht und an den Schmalseiten zusammenklebt, erhält man ein Modell des Möbiusschen Bandes. Dies Band besitzt nur eine Seite.

In Weiterführung der Möbiusschen Untersuchungen entwickelte sich die kombinatorische Topologie als selbständiger Zweig der Mathematik. Sie fand ihre Anwendung in der Theorie der Polyeder. Aber die kombinatorische Topologie hat sich nie ganz von Stetigkeitsbegriffen losgesagt, obwohl die „Punkte“, „Kanten“ und „Flächen“ als eigenständige geometrische Objekte angesehen werden sollten. Das vorliegende Kapitel soll dagegen den Begriff der Orientierung endlicher Nachbarschaftsstrukturen ganz ohne infinitesimale Hilfsmittel darstellen.

Im ersten Kapitel waren die Begriffe der Nachbarschaft eines Punktes und der Kante als Punktepaar grundlegend. Hier werden nun der Nachbarschaftszyklus eines Punktes eingeführt sowie die Masche als zyklische Anordnung von Punkten. Die Maschen sind damit einerseits besondere Objekte der theoretischen Untersuchung und andererseits — als Liste von Punkten — der rechentechnischen Behandlung leicht zugänglich.

Zwischen der Anzahl ε der Punkte, der Anzahl $\varkappa$ der ungerichteten Kanten und der Anzahl μ der Maschen einer zusammenhängenden orientierten Nachbarschaftsstruktur besteht die Beziehung $\varepsilon - \varkappa + \mu \leqq 2$. Die Eulersche Charakteristik $\chi = \varepsilon - \varkappa + \mu$ ist eine wichtige quantitative Eigenschaft solcher Strukturen. Speziell sind die durch $\chi = 2$ ausgezeichneten planaren Strukturen die Grundlage fast aller Verfahren der digitalen Bildverarbeitung. Insbesondere ergibt sich das Konturfolgeverfahren aus der Untersuchung der Randmaschen von Teilstrukturen.

2.1. Nachbarschaftszyklen und Maschen

Da wir in unseren weiteren Untersuchungen stets die Gültigkeit des Endlichkeitsaxioms voraussetzen, können die Mengen $N(p)$, d. h. die Nachbarschaften der Punkte $p \in P$ von Nachbarschaftsstrukturen $[P, N]$ explizit aufgeschrieben werden. In Abb. 2.1.2 gilt

z. B. $N(d) = \{c, e, h, j, o\}$. Da aber eine Menge nur als Gesamtheit ihrer Elemente definiert ist, sind die Schreibweisen $N(d) = \{e, j, o, h, c\}$ oder $N(d) = \{o, c, j, e, h\}$ genauso berechtigt.

In allen bisherigen Überlegungen (einschließlich der für den Algorithmus 1.3.1) haben wir Kenntnis darüber benötigt, welche Punkte der Punktmenge P in der Nachbarschaft $N(p)$ eines der Punkte $p \in P$ enthalten sind. Aus diesem Grunde konnten wir in den Schritten 3 und 6 des Algorithmus 1.3.1 auch die Formulierung „wähle o. B. d. A. einen Punkt ..." verwenden.

Wir haben im ersten Kapitel gesehen, welche Fülle von Eigenschaften in einer Punktmenge P untersucht werden können, wenn durch die irreflexive und symmetrische Nachbarschaftsrelation N in P eine Struktur eingeführt wird. Während ursprünglich die Punkte p nur die einzige Eigenschaft $p \in P$ besaßen, wurden sie durch $N \subset P \times P$ miteinander in Beziehung gesetzt.

Selbstverständlich würde jede andere in P eingeführte Relation ebenfalls Beziehungen zwischen den Elementen von P und damit neuartige Eigenschaften liefern. Daß wir gerade die Nachbarschaftsrelation ausgewählt haben, liegt an der praktischen Bedeutung der dadurch entstehenden speziellen Struktur für die digitale Bildverarbeitung.

Wir können nun erwarten, daß bei einer Strukturierung der Mengen $N(p)$ weitere neue Gesetzmäßigkeiten auftreten werden. Aus der Vielfalt möglicher Strukturen wählen wir die einer *zyklischen Ordnung*: Alle Elemente von $N(p)$ werden in einem einzigen „Ring" aneinandergereiht, so daß jedes Element einen eindeutig bestimmten Nachfolger und einen eindeutig bestimmten Vorgänger besitzt.

In Abb. 2.1.1 sind für $N(d) = \{c, e, h, j, o\}$ aus Abb. 2.1.2 einige der möglichen zyklischen Anordnungen dargestellt. Dabei sind z. B. die beiden Anordnungen $\langle c, o, h, e, j\rangle$ und

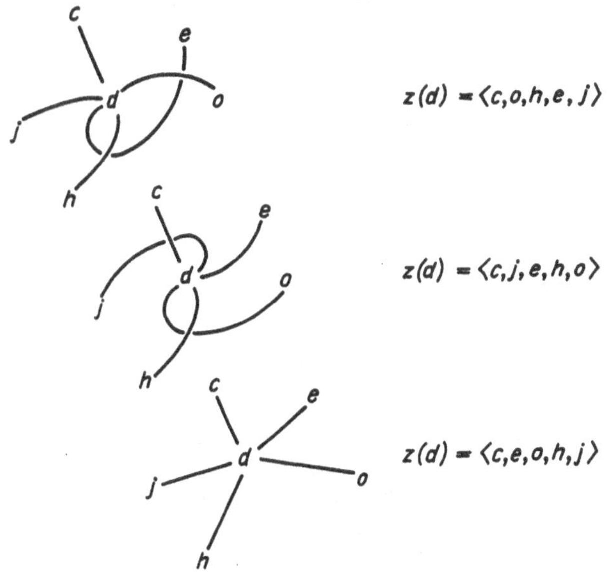

Abb. 2.1.1: Die Elemente der Nachbarschaft $N(d) = \{c, e, h, j, o\}$ können unterschiedlich zyklisch geordnet werden. Die von d ausgehenden Kanten geben in der zeichnerischen Darstellung die Reihenfolge der Nachbarn an.

$\langle h, e, j, c, o \rangle$ gleichbedeutend, da es bei einer zyklischen Anordnung kein eindeutig festgelegtes „erstes Element" gibt.

Wenn n Elemente in $N(p)$ enthalten sind, gibt es $(n-1)!$ unterschiedliche zyklische Anordnungen. Wir können nämlich irgendein Element herausgreifen und es vorläufig als erstes Element ansehen. Dann kann man die restlichen $n-1$ Elemente in $(n-1)!$ verschiedenen Anordnungen an dies erste Element anfügen. Jede dieser Anordnungen unterscheidet sich von allen anderen. Und da die Anordnungen zyklisch sein sollen, können wir die vorläufige Auswahl des ersten Elementes wieder zurücknehmen.

Definition 2.1.1: Für jeden Punkt $p \in P$ der Nachbarschaftsstruktur $[P, N]$ sei eine zyklische Anordnung aller seiner $v = v(p)$ Nachbarn $q \in N(p)$ gegeben. Der Zyklus $z(p) = \langle q_1, \dots, q_v \rangle$ heißt *Nachbarschaftszyklus.*

Für die zeichnerischen Darstellungen der Nachbarschaftszyklen wollen wir vereinbaren, daß die von einem Punkt $p \in P$ ausgehenden und zu seinen Nachbarn $q \in N(p)$ verlaufenden gerichteten Kanten (p, q) im Uhrzeigersinn aufeinander folgen sollen.

Damit erübrigt sich eine Numerierung der Kanten, die außerdem ein „erstes" Element auszeichnen würde. Durch diese Festlegung haben wir uns für eine der beiden möglichen Orientierungen „im Uhrzeigersinn" bzw. „entgegen dem Uhrzeigersinn" entschieden.

Wenn ein Punkt p nur einen einzigen Nachbarn q besitzt, so ist $z(p) = \langle q \rangle$, d. h., auf q folgt bei dieser zyklischen Anordnung sofort wieder q. Wenn p keinen Nachbarn besitzt, so ist $z(p) = \langle\ \rangle$ ein *leerer Zyklus.* In diesem Fall ist p ein isolierter Punkt (s. Definition 1.1.2).

Definition 2.1.2: Es sei $Z = \{z(p)/p \in P\}$ die Menge aller Nachbarschaftszyklen der Nachbarschaftsstruktur $[P, N]$. Wir bezeichnen Z als *Orientierung* von $[P, N]$ und das Tupel $[P, N, Z]$ als *orientierte Nachbarschaftsstruktur.*

Wenn allen Punkten $p \in P$ ein Nachbarschaftszyklus zugeordnet wird, so sagen wir auch, daß der Nachbarschaftsstruktur $[P, N]$ eine *Orientierung aufgeprägt* wird. Da die $z(p)$ völlig unabhängig voneinander gewählt werden können, gibt es zu jeder Nachbarschaftsstruktur

$$m = \prod_{p \in P} (v(p) - 1)!$$

mögliche Orientierungen. Für die Nachbarschaftsstruktur aus Abb. 2.1.2 ist die dort angegebene Orientierung nur eine von

$$\begin{aligned} m &= 1! \cdot (2!)^7 \cdot (3!)^{15} \cdot (4!)^3 \\ &= 2^7 \cdot 6^{15} \cdot 24^3 = 2^{21} \cdot 3^{18} \approx 8.3 \cdot 10^{17} \end{aligned}$$

Möglichkeiten.

Durch die zyklische Anordnung der Nachbarn jedes Punktes $p \in P$ wird auch in die Menge der gerichteten Kanten $(p, q) \in N$ eine gewisse Ordnung eingeführt: Wenn wir in Abb. 2.1.2 vom Punkt r ausgehend den Punkt i erreicht haben, so ist der nächste auf r folgende Nachbar von i der Punkt o, da i den Nachbarschaftszyklus $z(i) = \langle s, r, o, p \rangle$ besitzt. Wir gelangen also von i nach o. Da im Nachbarschaftszyklus $z(o) = \langle i, d, n, f \rangle$ auf i der Punkt d folgt, gelangen wir von o nach d.

Analog zu diesem Beispiel können wir für jede gerichtete Kante $(p, q) \in N$ einer orientierten Nachbarschaftsstruktur $[P, N, Z]$ eindeutig eine „folgende" Kante festlegen.

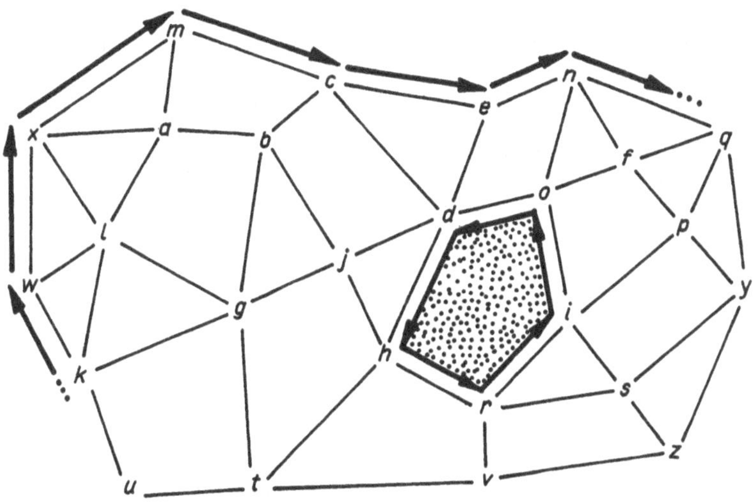

Abb. 2.1.2: Eine orientierte Nachbarschaftsstruktur $[P, N, Z]$ mit $P = \{a, b, \ldots, z\}$ und einer durch den Uhrzeigersinn gegebenen Anordnung der Nachbarn jedes Punktes.

Definition 2.1.3: In einer orientierten Nachbarschaftsstruktur $[P, N, Z]$ sei $z(p) = \langle \ldots r, s \ldots \rangle$ der Nachbarschaftszyklus eines Punktes $p \in P$. Dann wird die Kante (r, p) als *Vorgänger* der Kante (p, s) und die Kante (p, s) als *Nachfolger* der Kante (r, p) bezeichnet.

Ausgehend von einer Kante (r, p), findet man also eine nachfolgende Kante, die wieder einen Nachfolger besitzt usw. Es ergibt sich damit eine unendliche Folge von Kanten. Da die Kante (r, p) einen Vorgänger besitzt und dieser Vorgänger wiederum einen Vorgänger, ist auch die der Kante (r, p) vorangehende Folge von Kanten unbegrenzt. So hat z. B. die Kante (m, c) in Abb. 2.1.2 die nachfolgenden Kanten (c, e), (e, n) ... und die vorangehenden Kanten ... (w, x), (x, m).

Da entsprechend Definition 2.1.3 der zweite Punkt der Kante (r, p) mit dem ersten Punkt der nachfolgenden Kante (p, s) übereinstimmt, können wir statt der Kantenfolge auch die Folge der jeweils übereinstimmenden Punkte aufschreiben. Statt der Kantenfolge ... (w, x), (x, m), (m, c), (c, e), (e, n) ... ergibt sich einfacher ... w, x, m, c, e, n ... als Punktfolge.

Definition 2.1.4: Durch jede Kante (p, q) einer orientierten Nachbarschaftsstruktur $[P, N, Z]$ wird eindeutig eine unendliche Kantenfolge erzeugt, der eineindeutig eine unendliche Punktfolge entspricht. Diese Punktfolge heißt der *durch die Kante* (p, q) *erzeugte orientierte Weg*.

Die beiden gerichteten Kanten $(p, q) \in N$ und $(q, p) \in N$ entsprechen der ungerichteten Kante $\{p, q\}$. Im allgemeinen sind die von den Kanten (p, q) und (q, p) erzeugten orientierten Wege voneinander verschieden.

Da P wegen des Endlichkeitsaxioms nur endlich viel Punkte enthält, gibt es auch in N nur endlich viel gerichtete Kanten. Es können in einer durch die Kante (p, q) erzeugten unendlichen Kantenfolge nicht ständig neue Kanten auftreten. Sowohl bei den (p, q) nachfolgenden Kanten als auch bei den (p, q) vorangehenden Kanten muß irgendwann einmal eine Kante wiederholt auftreten. Ab dieser Stelle ist wegen der Eindeutigkeit der Festlegung von Kantenvorgänger und Kantennachfolger die Kantenfolge periodisch.

Ebenfalls ist es wegen dieser Eindeutigkeit unmöglich, daß in der Kantenfolge eine „Verzweigung" auftritt. Daher muß die Menge der vorangehenden Kanten mit der Menge der nachfolgenden Kanten übereinstimmen. Also ist durch jede Kante (p, q) einer orientierten Nachbarschaftsstruktur eindeutig eine periodische Kantenfolge festgelegt.

Auch der dieser Kantenfolge entsprechende orientierte Weg muß periodisch sein. Er kann also durch die Angabe einer einzigen Periode charakterisiert werden. Da es gleichgültig ist, bei welchem Punkt des Weges die Periode ihren Anfang hat, wird sie wieder durch einen Zyklus beschrieben.

Definition 2.1.5: Der durch eine Kante (p, q) einer orientierten Nachbarschaftsstruktur $[P, N, Z]$ erzeugte periodische orientierte Weg wird eindeutig durch einen Zyklus $m = \langle \ldots p, q \ldots \rangle$ beschrieben. Dieser Zyklus wird als *Masche* bezeichnet. Die Periodenlänge $\lambda(m)$ heißt *Maschenlänge.*

Wir fassen die bisherigen Überlegungen folgendermaßen zusammen:

Satz 2.1.1: In endlichen orientierten Nachbarschaftsstrukturen $[P, N, Z]$ ist jeder orientierte Weg periodisch und kann damit durch eine Masche beschrieben werden. Die Nachbarschaftsstruktur besitzt nur endlich viel Maschen.

Die endliche Maschenzahl ergibt sich sofort aus dem Endlichkeitsaxiom, da endlich viel Kanten nur endlich viel voneinander verschiedene orientierte Wege erzeugen können.

Aus unseren Überlegungen folgt, daß die Menge der gerichteten Kanten eindeutig auf die Menge der Maschen abgebildet werden kann bzw. daß die Menge der gerichteten Kanten entsprechend der Maschenzugehörigkeit der einzelnen Kanten in disjunkte Teilmengen zerlegt wird. Eine solche eindeutige Zuordnung zu den Maschen ist für die Punkte einer Nachbarschaftsstruktur nicht möglich. Durch einen Punkt $p \in P$ können auch mehrere Maschen verlaufen. Lediglich bei $\nu(p) = 1$ bzw. $N(p) = \{q\}$ ist der Punkt p stets eindeutig der Masche $\langle \ldots q, p, q \ldots \rangle$ zugeordnet.

Für den Fall $\nu(p) = 0$, d. h. für isolierte Punkte, müssen wir noch eine gesonderte Festlegung treffen: Wir hatten einem isolierten Punkt bereits den leeren Nachbarschaftszyklus $z(p) = \langle\ \rangle$ zugeordnet. Dementsprechend kann ein isolierter Punkt p in keiner unendlichen Kantenfolge und damit in keinem unendlichen Weg liegen. Es gibt nur den Punkt p und sonst nichts.

Definition 2.1.6: Einen isolierten Punkt $p \in P$ der orientierten Nachbarschaftsstruktur $[P, N, Z]$ ist die aus einem Punkt bestehende *isolierte Masche* $m = \langle p \rangle$ zugeordnet mit der Maschenlänge $\lambda(m) = 0$.

Da jede gerichtete Kante einer orientierten Nachbarschaftsstruktur $[P, N, Z]$ genau einmal in genau einer Masche auftritt, muß die Anzahl aller in Maschen von $[P, N, Z]$ auftretenden Kanten der Anzahl aller gerichteten Kanten von $[P, N, Z]$ entsprechen. Es ergibt sich also der folgende *Maschensatz*:

Satz 2.1.2: In einer orientierten Nachbarschaftsstruktur $[P, N, Z]$ gilt stets

$$\sum_{m \in M} \lambda(m) = 2\varkappa$$

mit M als Menge aller Maschen und $\varkappa$ als Anzahl der ungerichteten Kanten von $[P, N, Z]$.

Dieser Satz ist das Analogon zum Knotensatz 1.1.1. In den Übungsaufgaben wird gezeigt, wie man auch aus dem Maschensatz weitere Schlußfolgerungen ziehen kann. Da wir für beide Sätze nur das Endlichkeitsaxiom als Voraussetzung annahmen, gelten sie für alle orientierten Nachbarschaftsstrukturen ohne jede Ausnahme. Deshalb bezeichnen wir die Formeln der Sätze 1.1.1 und 2.1.2 auch als *erste* bzw. *zweite topologische Grundgleichung* der digitalen Bildverarbeitung.

Mit μ als Anzahl aller Maschen einer orientierten Nachbarschaftsstruktur erhalten wir aus Satz 2.1.2 sofort die *mittlere Maschenlänge*

$$\bar{\lambda} = \frac{1}{\mu} \Sigma \lambda(m) = \frac{2\varkappa}{\mu}. \tag{2.1.1}$$

Für zusammenhängende Nachbarschaftsstrukturen, die aus mehr als zwei Punkten bestehen, ist stets $\lambda(m) \geqq 3$, so daß auch $\bar{\lambda} \geqq 3$ und $\mu \leqq 2\varkappa/3$ folgt. Da andererseits stets $\varkappa \leqq \varepsilon(\varepsilon - 1)/2$ gilt, kann die Anzahl der Maschen einer Nachbarschaftsstruktur mit ε Punkten nie den Wert von $\varepsilon(\varepsilon - 1)/3$ übersteigen.

Übungen:

2.1.1: Es ist mit Hilfe des Maschensatzes zu beweisen, daß die Anzahl der Maschen mit ungerader Maschenlänge in einer beliebigen orientierten Nachbarschaftsstruktur stets eine gerade Zahl ist!

2.1.2: Es ist zu zeigen, daß es im Unterschied zum Ergebnis der Übung 1.1.3 orientierte Nachbarschaftsstrukturen geben kann, für die alle Maschen paarweise unterschiedliche Längen besitzen!

2.1.3: Diskutieren Sie die Eigenschaften der orientierten Nachbarschaftsstrukturen mit $\mu = 1$!

2.1.4: Welche Maschenlängen treten in den orientierten Nachbarschaftsstrukturen der Abbildung 1.7.1 auf?

2.2. Eulersche Charakteristik

In diesem Abschnitt werden wir eine wichtige numerische Beziehung zwischen den Anzahlen der Punkte, Kanten und Maschen in orientierten Nachbarschaftsstrukturen herleiten. Um dabei eine schwerfällige Ausdrucksweise zu vermeiden, führen wir einen neuen Begriff ein.

Definition 2.2.1: Eine endliche orientierte Nachbarschaftsstruktur $\Gamma = [P, N, Z]$ heißt *Struktur*.

Zur numerischen Charakterisierung von Strukturen $[P, N, Z]$ haben wir bisher folgende Bezeichnungen kennengelernt:

- ε Anzahl der Punkte, d. h. card (P).
- $\varkappa$ Anzahl der ungerichteten Kanten, d. h. card $(N)/2$.
- μ Anzahl der Maschen bei gegebener Orientierung Z einschließlich der den isolierten Punkten p zugeordneten isolierten Maschen $\langle p \rangle$.
- $\nu(p)$ Anzahl der Nachbarn des Punktes $p \in P$, d. h. card $(N(p))$.
- $\lambda(m)$ Länge der Masche m bzw. Anzahl der Punkte der Masche m (mit $\lambda = 0$ für die isolierten Maschen).

Für einige der einfachsten Strukturen sind in Abb. 2.2.1 die Werte von ε, $\varkappa$ und μ angegeben. Sie demonstrieren die Gültigkeit der bisher abgeleiteten Ungleichungen $\varkappa \leqq \varepsilon(\varepsilon - 1)/2$ bzw. $\mu \leqq \varepsilon(\varepsilon - 1)/3$ für $\varepsilon \geqq 3$. Diese Beispiele lassen aber auch die Vermutung zu, daß für zusammenhängende Strukturen die Ungleichung $\varepsilon - \varkappa + \mu \leqq 2$ bestehen könnte.

Struktur	ε	$\varkappa$	μ	$\varepsilon - \varkappa + \mu$
	1	0	1	2
	2	1	1	2
	3	2	1	2
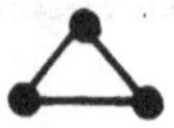	3	3	2	2
	4	3	1	2
	4	4	2	2
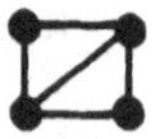	4	5	3	2
	4	6	4	2
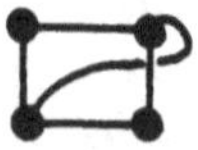	4	5	1	0
	4	6	2	0
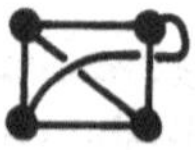	4	6	2	0
	5	9	2	-2
	5	10	3	-2

Abb. 2.2.1: Für jede zusammenhängende Struktur gilt die Beziehung $\varepsilon - \varkappa + \mu \leqq 2$.

Natürlich liefert jedes beliebig weit fortgesetzte Überprüfen anderer Beispiele keinen Beweis für diese Vermutung. Es könnte ja unter den weitaus mehr noch nicht untersuchten Strukturen sich eine befinden, die die Ungleichung nicht erfüllt. Deshalb müssen wir einen exakten Beweis liefern, der sich nur auf die bisher gegebenen Definitionen und auf die bisher als richtig erkannten Sätze stützt.

Beim Zeichnen der Beispiele aus Abb. 2.2.1 wird konstruktiv vorgegangen, indem eine bereits vorliegende Struktur Γ punktweise und kantenweise erweitert wird. Dabei gibt es folgende (nicht voneinander unabhängige) Elementarschritte:

Fall 1: Wir fügen zu der bisherigen Struktur Γ einen einzelnen isolierten Punkt hinzu. Die dadurch entstehende neue Struktur Γ' besitzt dann die gleiche Kantenzahl $\varkappa' = \varkappa$, eine Punktanzahl $\varepsilon' = \varepsilon + 1$ und entsprechend Definition 2.1.6 auch eine erhöhte Maschenanzahl $\mu' = \mu + 1$. Der Wert des Ausdrucks $\varepsilon - \varkappa + \mu$ hat sich damit um 2 erhöht.

Fall 2: Wir fügen zu der Struktur Γ einen neuen Punkt q hinzu. Damit bei zusammenhängenden Strukturen der Zusammenhang gewahrt bleibt, wird der neue Punkt durch eine Kante an irgendeinen Punkt p der bisherigen Struktur „angebunden" (Abb. 2.2.2). Da q nun ein neuer Nachbar von p ist, muß q irgendwo in den bisherigen Nachbarschaftszyklus $z(p) = \langle \ldots r, s \ldots \rangle$ eingefügt werden. Es entsteht der neue Nachbarschaftszyklus $z'(p) = \langle \ldots r, q, s \ldots \rangle$. Der Nachbarschaftszyklus von q ist $z(q) = \langle p \rangle$. Die Kante (r, p) tritt nur in einer einzigen Masche m von Γ auf. Also wird durch das Einfügen von q und der neuen Kanten (p, q) und (q, p) nur diese eine Masche m beeinflußt. Aus $m = \langle \ldots r, p, s \ldots \rangle$ entsteht die neue Masche $m' = \langle \ldots r, p, q, p, s \ldots \rangle$. Daher erhalten wir für die erweiterte Struktur $\varepsilon' = \varepsilon + 1$, $\varkappa' = \varkappa + 1$, $\mu' = \mu$, und der Wert des Ausdrucks $\varepsilon - \varkappa + \mu$ wird nicht geändert.

Fall 3: Wir fügen zur bestehenden Struktur Γ eine neue Kante $\{p, q\}$ hinzu, die zwischen zwei bisher nicht benachbarten Punkten p und q einer Masche m verlaufen soll (Abb. 2.2.3). Dazu muß p in den Nachbarschaftszyklus von q und q in den Nachbarschaftszyklus von p eingeordnet werden:
$z(p) = \langle \ldots r, s \ldots \rangle$ geht über in $z'(p) = \langle \ldots r, q, s \ldots \rangle$, $z(q) = \langle \ldots u, v \ldots \rangle$ geht über in $z'(q) = \langle \ldots u, p, v \ldots \rangle$. Die bisherige Masche sei $m = \langle \ldots r, p, s \ldots u, q, v \ldots \rangle$. Wegen der beiden neuen Nachbarschaftszyklen $z'(p)$ und $z'(q)$ entstehen aus m zwei neue Maschen $m_1' = \langle \ldots r, p, q, v \ldots \rangle$ und $m_2' = \langle \ldots u, q, p, s \ldots \rangle$. Die neue Kante $\{p, q\}$ wird zweimal durchlaufen, und andere Maschen werden nicht beeinflußt. Wir erhalten für die neue

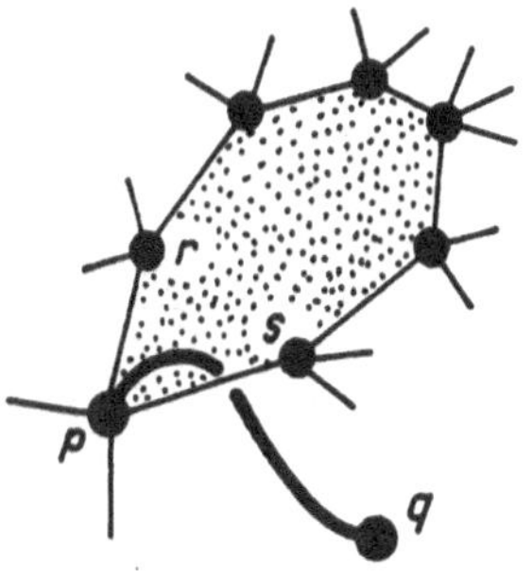

Abb. 2.2.2: Wenn eine zusammenhängende Struktur um einen neuen Punkt q erweitert werden soll, so muß q durch eine Kante an irgendeinen Punkt p der bisherigen Struktur „angehängt" werden (Fall 2).

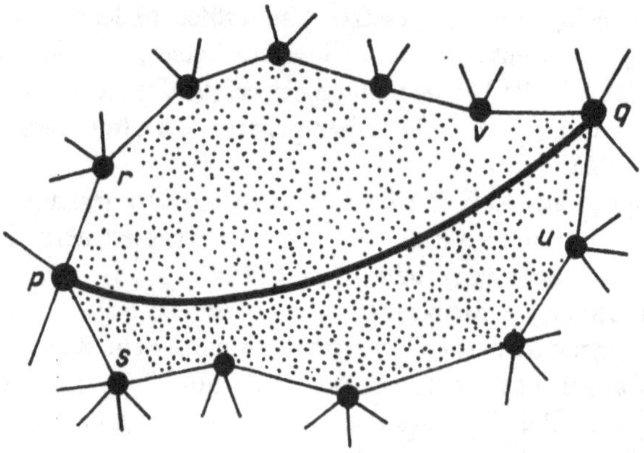

Abb. 2.2.3: Wenn eine Struktur um eine neue Kante $\{p, q\}$ erweitert werden soll, so kann diese Kante „innerhalb" einer der bisherigen Maschen verlaufen (Fall 3).

Struktur Γ' also $\varepsilon' = \varepsilon$, $\varkappa' = \varkappa + 1$ und $\mu' = \mu + 1$. Der Wert des Ausdrucks $\varepsilon - \varkappa + \mu$ wird nicht geändert.

Fall 4: Wir fügen wieder eine Kante $\{p, q\}$ in die Struktur Γ ein. Aber die beiden Punkte p und q sollen in verschiedenen Maschen $m_1 = \langle ... r, p, s ... \rangle$ und $m_2 = \langle ... u, q, v ... \rangle$ vorliegen (Abb. 2.2.4). Auf Grund der neuen Nachbarschaftszyklen $z'(p)$ und $z'(q)$ liefert die Kante (p, q) die Masche $m' = \langle ... r, p, q, v ... u, q, p, s ... \rangle$. Die gleiche Masche wird auch durch die Kante (q, p) erzeugt, so daß die beiden bisherigen Maschen m_1 und m_2 zu einer Masche m' zusammengefaßt werden. Für die Struktur Γ' ergibt sich $\varepsilon' = \varepsilon$, $\varkappa' = \varkappa + 1$, $\mu' = \mu - 1$. Der Wert des Ausdrucks $\varepsilon - \varkappa + \mu$ wird also um 2 erniedrigt.

Eigentlich wären nur die Konstruktionsfälle 1, 3 und 4 notwendig. Beim Aufbau zusammenhängender Strukturen würde dann jedoch ein ständiger Wechsel zwischen nichtzusammenhängenden Strukturen (Fall 1) und zusammenhängenden Strukturen (Fall 3 und Fall 4) auftreten. Das kann durch Fall 2 vermieden werden, der eine Zusammenfassung von Fall 1 und Fall 4 darstellt.

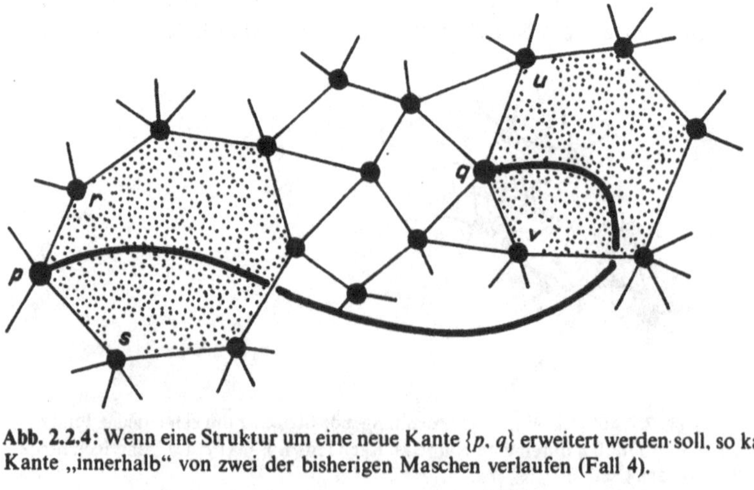

Abb. 2.2.4: Wenn eine Struktur um eine neue Kante $\{p, q\}$ erweitert werden soll, so kann diese Kante „innerhalb" von zwei der bisherigen Maschen verlaufen (Fall 4).

Tab. 2.2.1: Konstruktive und destruktive Möglichkeiten zur Veränderung einer Struktur und Änderungen des Wertes der Eulerschen Charakteristik

Konstruktiver Aufbau			Destruktiver Abbau		
Operator	Bedeutung	$\Delta\chi$	Operator	Bedeutung	$\Delta\chi$
F_1	isolierten Punkt hinzufügen	+2	F_1^{-1}	isolierten Punkt streichen	−2
F_2	Punkt und Kante hinzufügen	0	F_2^{-1}	Punkt und Kante streichen	0
F_3	Kante in eine Masche einfügen	0	F_3^{-1}	Kante streichen, die zwei Maschen angehört	0
F_4	Kante in zwei Maschen einfügen	−2	F_4^{-1}	Kante streichen, die einer Masche angehört	+2

Definition 2.2.2: Die für jede Struktur $\Gamma = [P, N, Z]$ existierende Zahl $\chi = \varepsilon - \varkappa + \mu$ heißt *Eulersche Charakteristik* $\chi = \chi(\Gamma)$ der Struktur.

So wie man — ausgehend von einem einzigen Punkt — jede Struktur durch die Konstruktionsschritte 1 bis 4 aufbauen kann, kann man eine bestehende Struktur durch die inversen Schritte auch abbauen. Die beim Abbau auftretenden Veränderungen der Eulerschen Charakteristik nehmen in jedem Fall das entgegengesetzte Vorzeichen an. In Tab. 2.2.1 sind die entsprechenden Konstruktionsoperatoren F_i bzw. die Destruktionsoperatoren F_i^{-1} zusammengestellt.

Wie Abbildung 2.2.1 zeigt, besitzen die einfachsten zusammenhängenden Strukturen ein $\chi = 2$. Jede beliebige endliche zusammenhängende Struktur läßt sich nun mit Hilfe der Operatoren F_2, F_3 und F_4 aus diesen einfachsten Strukturen aufbauen. Dabei kann die Eulersche Charakteristik nur gleich bleiben oder in Schritten von —2 abnehmen. Also folgt

Satz 2.2.1: Die Eulersche Charakteristik $\chi = \varepsilon - \varkappa + \mu$ einer zusammenhängenden Struktur Γ erfüllt die Ungleichung $\chi(\Gamma) \leqq 2$.

Diese für die Theorie der Nachbarschaftsstrukturen grundlegende Erkenntnis wollen wir als *Eulerschen Satz* bezeichnen. Knotensatz 1.1.1, Maschensatz 2.1.2 und Eulerscher Satz liefern uns viele weitere Resultate, die für die digitale Bildverarbeitung von Bedeutung sind. Aus dem Eulerschen Satz folgt beispielsweise sofort, daß bei einem $\chi(\Gamma) > 2$ die Struktur Γ aus mindestens zwei nicht miteinander zusammenhängenden Teilstrukturen bestehen muß.

Leonhard Euler (15.4. 1707—18. 9. 1783) prägte durch sein Wirken die mathematisch-physikalische Entwicklung des gesamten 18. Jahrhunderts (Mechanik, Analysis, Variationsrechnung, Zahlentheorie und Funktionentheorie). Sein Einfluß ist bis in die heutige Zeit spürbar. Auf einigen Fachgebieten benutzen wir fast unverändert die Eulersche Darstellungsweise und Terminologie (z. B. in der Trigonometrie). Euler lebte und arbeitete in Petersburg (1727—1741), Berlin (1741—1766) und wieder in Petersburg (1766—1783). Sein Werk umfaßt über 700 Zeitschriftenartikel, 40 Bücher, viele Preisschriften und Tausende von Briefen. Er heiratete zweimal und hatte 13 Kinder. Obwohl er 1735 ein Auge verlor und 1766 völlig erblindete, verfaßte er in seinen letzten 17 Lebensjahren noch rund 400 Arbeiten, die er seinen Söhnen und Schülern diktierte.

Bereits 1735 hat Euler gezeigt, daß es unmöglich ist, die „sieben Brücken von Königsberg" hintereinander genau je einmal zu überschreiten. Und er verallgemeinerte diese

Erkenntnis zu einer topologischen Gesetzmäßigkeit: Wenn es mehr als zwei Gebiete gibt, für welche die Anzahl der Zugangsbrücken ungerade ist, so existiert kein Weg der verlangten Art (wie würde der Satz mit Hilfe der Definition 1.1.4 ausgedrückt werden können?). Im Jahre 1758 formulierte er den Satz 2.2.1 für konvexe Polyeder bzw. für die entsprechenden Projektionen solcher Polyeder auf eine umgebende Kugeloberfläche. Obgleich diese Ergebnisse abseits seiner Hauptinteressen lagen, wurde er damit zu einem der Begründer topologischen Denkens.

Wenn wir eine aus zwei oder mehr nicht miteinander zusammenhängenden Komponenten $\Gamma_1, \dots, \Gamma_k$ bestehende Struktur Γ betrachten, so gilt für jede der zusammenhängenden Teilstrukturen der Eulersche Satz $\chi(\Gamma_i) \leqq 2$. Die Addition dieser k Ungleichungen liefert dann den

Satz 2.2.2: Die Eulersche Charakteristik einer aus k nicht miteinander zusammenhängenden Teilstrukturen bestehenden Struktur Γ genügt der Ungleichung $\varkappa(\Gamma) = \varepsilon - \varkappa + \mu \leqq 2k$.

Für eine aus nur einem einzigen Punkt bestehende Struktur gilt $\chi = 2$. Wegen der aus Tab. 2.2.1 folgenden Werte $\Delta\chi = -2, 0, +2$ läßt sich schlußfolgern, daß es nur „gerade" Strukturen gibt: Die Eulersche Charakteristik $\chi = \varepsilon - \varkappa + \mu$ ist stets eine gerade Zahl.

Durch Umorientierung eines Nachbarschaftszyklus $z(p)$ einer Struktur Γ entsteht im allgemeinen eine neue Struktur Γ'. Diese Umorientierung kann mit Hilfe der Operatoren der Tab. 2.2.1 erfolgen. Als ersten Teilschritt entfernen wir eine Kante $\{p, q\}$ aus Γ, wobei $\Delta\chi = 0, +2$ sein wird. Dann fügen wir diese Kante $\{p, q\}$ wieder ein, indem die teilweise Umorientierung des Nachbarschaftszyklus $z(p)$ berücksichtigt wird. Dabei ist $\Delta\chi = -2, 0$. Schritt für Schritt kann so der neue Nachbarschaftszyklus $z'(p)$ erhalten werden. Im Ergebnis der gesamten Umorientierung der Struktur haben sich ε und $\varkappa$ nicht verändert. Da die Eulersche Charakteristik $\chi = \varepsilon - \varkappa + \mu$ sich aber nur um einen geradzahligen Wert verändert haben kann, gilt das ebenfalls für die Anzahl der Maschen.

Satz 2.2.3: Eine vorgegebene Nachbarschaftsstruktur $[P, N]$ gehört unabhängig von ihrer Orientierung entweder in die Klasse der Strukturen mit gerader Maschenanzahl oder in die Klasse der Strukturen mit ungerader Maschenanzahl.

Bei gegebener Punktanzahl ε und Kantenanzahl $\varkappa$ wird die minimal mögliche Maschenanzahl μ den Wert 1 oder den Wert 2 annehmen, je nachdem $\varepsilon - \varkappa$ ungerade oder gerade ist. Die Kantenanzahl kann aber höchstens den Maximalwert $\varepsilon(\varepsilon - 1)/2$ erreichen:

Definition 2.2.3: Eine Nachbarschaftsstruktur mit ε Punkten und $\varkappa = \varepsilon(\varepsilon - 1)/2$ Kanten heißt *vollständig*. Eine orientierte vollständige Nachbarschaftsstruktur wird als *vollständige Struktur* bezeichnet.

Übungen:

2.2.1: Durch Anwendung der inversen Operatoren aus Tab. 2.2.1 ist die Struktur (5, 10, 3) der Abb. 2.2.1 schrittweise zu vereinfachen, wobei der Zusammenhang gewährleistet bleiben sein soll! Wie verändert sich μ, wenn nur Kanten gestrichen werden?

2.2.2: Es sei eine vollständige Nachbarschaftsstruktur $[P, N]$ gegeben mit $\varkappa = \varepsilon(\varepsilon - 1)/2$ und $v(p) = \varepsilon - 1$. Geben Sie eine untere Grenze für die Eulersche Charakteristik der daraus zu erhaltenden Strukturen $[P, N, Z]$ an!

2.2.3: Zeigen Sie, daß vollständige Nachbarschaftsstrukturen mit Punktanzahlen $\varepsilon = 4n$ oder $\varepsilon = 4n + 3$ nie derart orientiert werden können, daß alle Kanten in einer einzigen Masche enthalten sind!

2.3. Teilstrukturen

In Definition 1.7.3 wurden durch $M \subseteq P$ erzeugte Teilnachbarschaftsstrukturen eingeführt. Dies Konzept kann auch für orientierte Nachbarschaftsstrukturen beibehalten werden. Allerdings muß dann festgelegt werden, wie die Nachbarschaftszyklen zu behandeln sind.

Definition 2.3.1: Es sei $\Gamma = [P, N, Z]$ eine Struktur und $M \subseteq P$. Dann heißt $z_M(p) = \langle q'_1, \ldots, q'_m \rangle$ mit $p, q'_1, \ldots, q'_m \in M$ *reduzierter Nachbarschaftszyklus* bezüglich M, falls $\langle q'_1, \ldots, q'_m \rangle$ ein Teilzyklus von $z(p) = \langle q_1, \ldots, q_n \rangle$ ist und alle Punkte $q'_i \in N(p) \cap M$ enthält.

In Abb. 2.3.1 ist der Inhalt dieser Definition veranschaulicht: Aus dem Nachbarschaftszyklus $z(p) = \langle a, b, c, d, e, f, g, h, i \rangle$ werden alle Punkte gestrichen, die nicht in der Menge M enthalten sind. Das sind die Punkte a, d, e, g und h. Die verbleibenden Punkte bilden bei ungeänderter Reihenfolge den reduzierten Nachbarschaftszyklus $z_M(p) = \langle b, c, f, i \rangle$. Auf diese Weise können die $z_M(p)$ für alle $p \in M$ gebildet werden.

Definition 2.3.2: Es sei $\Gamma = [P, N, Z]$ eine Struktur und $M \subseteq P$. Dann heißt die Struktur $\Gamma_M = [M, N_M, Z_M]$ mit $N_M = N \cap (M \times M)$ und $Z_M = \{z_M(p) \mid p \in M\}$ die *durch M erzeugte Teilstruktur* von Γ. Dafür schreiben wir $\Gamma_M \subseteq \Gamma$.

Jede Teilstruktur Γ_M kann aus Γ durch Anwendung der inversen Operatoren F_i^{-1} der Tab. 2.2.1 erhalten werden, indem man alle Punkte $p \in \bar{M}$ streicht und ebenfalls alle Kanten $\{p, q\}$ mit $p \in \bar{M}$ oder $q \in \bar{M}$. Die Eulersche Charakteristik wird beim Übergang von Γ zu Γ_M im allgemeinen gleich bleiben, größer oder kleiner werden. Wenn aber Γ und Γ_M zusammenhängend sind, braucht man den Operator F_1^{-1} nicht anzuwenden, so daß $\Delta\chi \geqq 0$ ist.

Satz 2.3.1: Es sei $\Gamma = [P, N, Z]$ eine zusammenhängende Struktur. Dann gilt für jede zusammenhängende Teilstruktur $\Gamma_M \subseteq \Gamma$ die Beziehung $\chi(\Gamma_M) \geqq \chi(\Gamma)$.

Satz 2.3.2: Es sei $G \subset P$ ein Gebiet der zusammenhängenden Struktur $\Gamma = [P, N, Z]$. Die Komplementärkomponenten von G seien $C_1, C_2, \ldots, C_n$. Wenn $\chi(\Gamma_G) = \chi(\Gamma)$ gilt, dann ist $\chi(\Gamma_C) = 2$ für jede durch eine Komplementärkomponente C erzeugte Teilstruktur.

Beweis (direkt):

— Wegen Satz 1.6.3 ist G mit der Komplementärkomponente C benachbart, d. h., es gibt mindestens eine Kante $\{p, q\}$ mit $p \in G$ und $q \in C$.

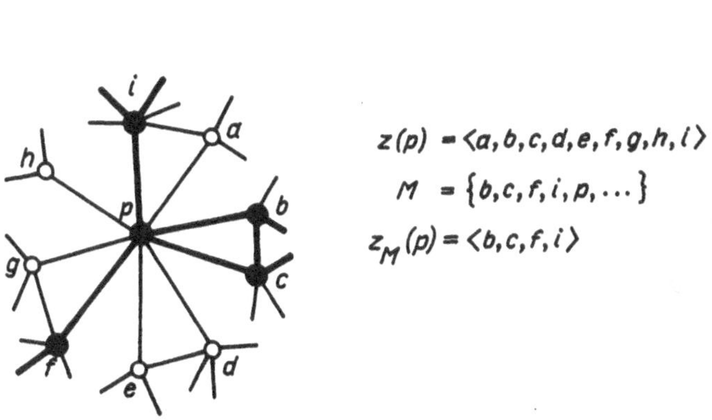

Abb. 2.3.1: Veranschaulichung zur Definition 2.3.1 des reduzierten Nachbarschaftszyklus.

— Es sei $\Gamma_{G,C}$ die nichtzusammenhängende Teilstruktur von Γ, die aus den beiden Teilstrukturen Γ_G und Γ_C besteht. Dann gilt in Analogie zu Satz 2.2.2 die Beziehung $\chi(\Gamma_{G,C}) = \chi(\Gamma_G) + \chi(\Gamma_C)$.
— Durch Einfügen der Γ_G und Γ_C verbindenden Kante $\{p, q\}$ entsteht eine zusammenhängende Teilstruktur Γ_{G+C}.
— Da Γ_G und Γ_C keine gemeinsamen Maschen besitzen, kann Γ_{G+C} nur durch Anwendung des Operators F_4 der Tabelle 2.2.1 aus $\Gamma_{G,C}$ entstehen.
— Es gilt also $\chi(\Gamma_{G+C}) = \chi(\Gamma_{G,C}) - 2$.
— Γ_{G+C} ist eine zusammenhängende Teilstruktur von Γ, so daß aus $\Gamma_G \subset \Gamma_{G+C} \subset \Gamma$ nach Satz 2.3.1 die Beziehung $\chi(\Gamma_G) \geqq \chi(\Gamma_{G+C}) \geqq \chi(\Gamma)$ folgt. Wegen der Voraussetzung $\chi(\Gamma_G) = \chi(\Gamma)$ ist dann aber auch $\chi(\Gamma_G) = \chi(\Gamma_{G+C})$.
— Aus $\chi(\Gamma_{G+C}) = \chi(\Gamma_{G,C}) - 2 = \chi(\Gamma_G) + \chi(\Gamma_C) - 2$ ergibt sich sofort $\chi(\Gamma_C) = 2$.

Da dieser Satz später noch eine wichtige Rolle spielen wird, soll sein Inhalt etwas ausführlicher erläutert werden: Die Tab. 2.2.1 zeigt, daß die Eulersche Charakteristik zusammenhängender Strukturen umso kleiner wird, je komplizierter die Strukturen werden. Wir nehmen einmal an, daß der Grad der Kompliziertheit einer Struktur Γ durch $\chi(\Gamma)$ angegeben wird. Die „unkompliziertesten" Strukturen besitzen demnach ein $\chi = 2$. Der Satz 2.3.2 sagt dann folgendes aus: Wenn eine zusammenhängende Teilstruktur Γ_G einer zusammenhängenden Struktur Γ genauso kompliziert ist wie Γ, dann sind die einzelnen komplementären Teilstrukturen Γ_C „völlig unkompliziert".

Die Umkehrung des Satzes 2.3.2 ist im allgemeinen nicht richtig: Aus der Existenz einer zusammenhängenden Teilstruktur Γ_C mit $\chi(\Gamma_C) = 2$ folgt nicht notwendig die Existenz einer zusammenhängenden Teilstruktur Γ_G mit $\chi(\Gamma_G) = \chi(\Gamma)$. Das kann bereits durch ein einziges Beispiel gezeigt werden (Abb. 2.3.2).

Ich muß zugeben, daß der Satz 2.3.2 sich nicht so folgerichtig aus dem bisher Gesagten ergibt, wie es in anderen Fällen war. Vom heuristischen Standpunkt her müßte man schon eine große Vielfalt von Strukturen und Teilstrukturen untersucht und jedesmal die Eulersche Charakteristik bestimmt haben, ehe die Aussage des Satzes als Vermutung aufgestellt werden könnte. Mir wurde diese Eigenschaft orientierter Nachbarschaftsstrukturen erst klar, als ich die Probleme der Abschnitte 2.6. und 3.3. untersuchte.

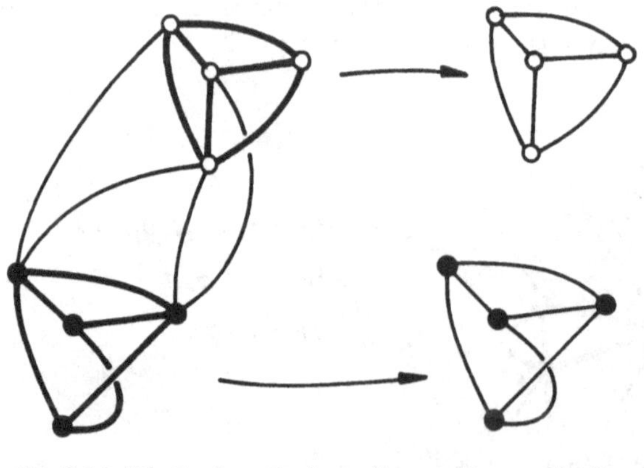

Abb. 2.3.2: Die Struktur Γ mit $\varepsilon = 8$, $\varkappa = 16$, $\mu = 6$ besitzt ein $\chi(\Gamma) = -2$. Die Teilstruktur $\Gamma_{\circ}$ mit $\varepsilon = 4$, $\varkappa = 6$, $\mu = 4$ besitzt ein $\chi = 2$. Für die Eulersche Charakteristik der Teilstruktur $\Gamma_{\bullet}$ mit $\varepsilon = 4$, $\varkappa = 6$, $\mu = 2$ ergibt sich jedoch $-2 < \chi(\Gamma_{\bullet}) < 2$.

Nunmehr kann ich aber sagen — hinterher ist alles leichter — daß sich doch ein theoretisch fundierter Zugang hätte finden lassen. Aus Satz 2.3.1 fließen nämlich weitere Fragen wie etwa:

— Können alle Teilstrukturen einer Zerlegung (siehe Definition 1.2.4) ein $\chi(\Gamma_M) > \chi(\Gamma)$ besitzen?
— Wodurch ist eine Teilstruktur mit $\chi(\Gamma_M) = \chi(\Gamma)$ ausgezeichnet?
— Kann es in einer Zerlegung mehrere Teilstrukturen mit $\chi(\Gamma_M) = \chi(\Gamma)$ geben?

Das Formulieren solcher Fragen und ihre Beantwortung sind typisch für den deduktiven Charakter der Mathematik: Man erweitert den Bestand an Erkenntnissen über die jeweiligen Strukturen, indem man neue Begriffe einführt und deren Zusammenhang mit bisher Bekanntem untersucht. Als grundlegende Methode dafür ist das logische Schließen anzusehen.

Eine „reine Deduktion" gibt es dabei wohl kaum. Angenommen, wir wollten die Theorie der Nachbarschaftsstrukturen ohne praktischen Bezug, ohne Heuristik, ohne Induktion entwickeln. Der Ausgangspunkt wäre entsprechend dem Endlichkeitsaxiom eine endliche Punktmenge. Wie könnte man dann deduktiv die folgenden Entscheidungen treffen?

— In P wird eine irreflexive und symmetrische Relation N eingeführt (statt irgendeiner anderen Relation).
— Auf der Grundlage der Nachbarschaftsrelation wird die Äquivalenzrelation des Verbundenseins definiert.
— Es wird eine optimale reguläre Färbung einer Nachbarschaftsstruktur gefordert.
— In den Mengen $N(p)$ wird eine zyklische Ordnung festgelegt (es hätte auch eine andere Relation sein können).

Wenn man sich nur um das theoretische Beweisen dessen bemüht, was man durch Probieren entdeckt zu haben glaubt, wird man meist verzagen. Die Theorie entwickelt ihre Stärke erst im Allgemeinen, so daß man oft weit über ein spezielles praktisches Ergebnis hinausgehen muß, um einen Beweis zu finden.

Verschreibt man sich aber völlig der reinen Deduktion, so besteht die Möglichkeit, daß man lediglich „kunstgewerbliche" Resultate produziert — schöne mathematische Sätze ohne praktische Verwendbarkeit. Wir haben selbstverständlich das Recht auch auf mathematische Schönheit. Darin sehe ich eher die Bedeutung des „ausufernden" mathematischen Denkens als in den wenigen immer wieder zitierten Beispielen, die eine viel später gefundene praktische Anwendung demonstrieren.

Doch kehren wir zurück zum Satz 2.3.2. Wenn man die Argumentation des Beweises auf eine zweite Kante $\{p, q\}$ mit $p \in G$ und $q \in C$ anwendet, kann nur $\Delta\chi = 0$ auftreten, weil aus $\Gamma_G \subseteq \Gamma_{G+C} \subseteq \ldots \subseteq \Gamma_{G \cup C}$ und $\chi(\Gamma_G) = \ldots = \chi(\Gamma_{G \cup C})$ die Gleichheit der Eulerschen Charakteristiken aller Teilstrukturen zwischen Γ_G und $\Gamma_{G \cup C}$ folgt.

Das Einfügen weiterer Kanten kann also nur durch den Operator F_3 der Tabelle 2.2.1 geschehen. Daraus aber folgt, daß für alle weiteren Kanten $\{p, q\}$ die Punkte $p \in G$ und $q \in C$ in jweils der gleichen Masche liegen müssen. Diese Aussage gilt unabhängig von der Reihenfolge, in der wir die Kanten $\{p, q\}$ zwischen G und C einfügen. Also müssen alle Randpunkte r von C mit $N(r) \cap G \neq \emptyset$ bezüglich der Teilstruktur Γ_G in einer einzigen Masche liegen.

Untersuchen wir zum Schluß dieses Abschnitts noch die Zerlegungen von Strukturen, die den Zerlegungen von Nachbarschaftsstrukturen entsprechen sollen (s. Definition 1.2.4):

Jedes Gebiet G einer Zerlegung der Punktmenge P einer Struktur $\Gamma = [P, N, Z]$ liefert eine Teilstruktur Γ_G. Für beliebige Zerlegungen gilt dann

Satz 2.3.3: Es sei $\Gamma = [P, N, Z]$ eine zusammenhängende Struktur und $P = \bigcup_i G_i$ eine Zerlegung von P. Dann gilt die strenge Ungleichung

$$\sum_i \chi(\Gamma_{G_i}) > \chi(\Gamma) .$$

Der Beweis für diesen Satz kann geführt werden, indem man von einer zusammenhängenden Struktur Γ ausgeht, die in zwei nicht miteinander zusammenhängende Teilstrukturen Γ_1 und Γ_2 zerlegt wird. Es ist dann in jedem Fall $\chi(\Gamma_1) + \chi(\Gamma_2) > \chi(\Gamma)$. Denn wenn wir aus den Teilstrukturen Γ_1 und Γ_2 durch Einfügen von Kanten wieder Γ herstellen wollen, so muß — da Γ_1 und Γ_2 nicht miteinander zusammenhängen — mindestens einmal der Operator F_4 der Tab. 2.2.1 angewendet werden. Da der Satz 2.3.3 demnach für jede „Zweierzerlegung" gilt, ist er auch für beliebige Zerlegungen in $k \geqq 2$ Teilstrukturen gültig.

2.4. Randmaschen

Am Schluß des Abschnitts 2.3 wurde gesagt, daß alle Randpunkte spezieller Gebiete C in genau einer Masche von Γ_C liegen, so daß diese Masche als „Randmasche" bezeichnet werden könnte. Dieser Begriff soll im vorliegenden Abschnitt verallgemeinert und präzisiert werden.

Beim Übergang von einer Struktur $\Gamma = [P, N, Z]$ zu einer durch eine Teilmenge $M \subset P$ erzeugten Teilstruktur Γ_M werden aus Γ Punkte und Kanten gestrichen und reduzierte Nachbarschaftszyklen erzeugt (s. Definition 2.3.1/2). Ein Punkt $p \in P$ oder eine Kante $\{p, q\}$ der Struktur Γ können in der Teilstruktur Γ_M enthalten sein oder nicht. Aber alle Punkte und Kanten von Γ_M sind in Γ enthalten.

Für die Maschen trifft die letzte Behauptung nicht zu: Eine Masche von Γ_M kann — aber muß nicht — in Γ enthalten sein (Abb. 2.4.1). Deshalb können wir die Maschen von Γ_M in zwei Teilklassen einordnen:

Definition 2.4.1: Es sei Γ_M die durch $M \subset P$ erzeugte Teilstruktur der Struktur $\Gamma = [P, N, Z]$. Diejenigen Maschen von Γ_M, die auch in Γ auftreten, heißen *Kernmaschen von Γ_M bezüglich Γ*. Die Maschen von Γ_M, die in Γ nicht auftreten, heißen *Randmaschen von Γ_M bezüglich Γ*.

Wenn wir $M = P$ setzen, so stimmen Γ_M und Γ überein, so daß nach der gegebenen Definition eine beliebige Struktur $\Gamma = \Gamma_P = [P, N, Z]$ keine Randmaschen enthält. Das entspricht der Aussage $R(P) = \emptyset$ aus Abschnitt 1.4. Da andererseits jede Teilstruktur eine Struktur ist, würde folgen, daß es auch in Teilstrukturen keine Randmaschen gibt — ein offensichtlicher Widerspruch zum Beispiel der Abb. 2.4.1.

Dieser Widerspruch ist nur dadurch zu lösen, daß bei der Definition von Kernmaschen und Randmaschen der Bezug auf eine umfassendere Struktur berücksichtigt wird. Nur in diesem relativen Sinn können auch Kern- und Randpunkte einer Menge unterschieden werden. Es mußten deshalb in Definition 2.4.1 die Formulierungen „... Kernmaschen ... bezüglich ..." und „... Randmaschen ... bezüglich ..." verwendet werden. Die Eigenschaft

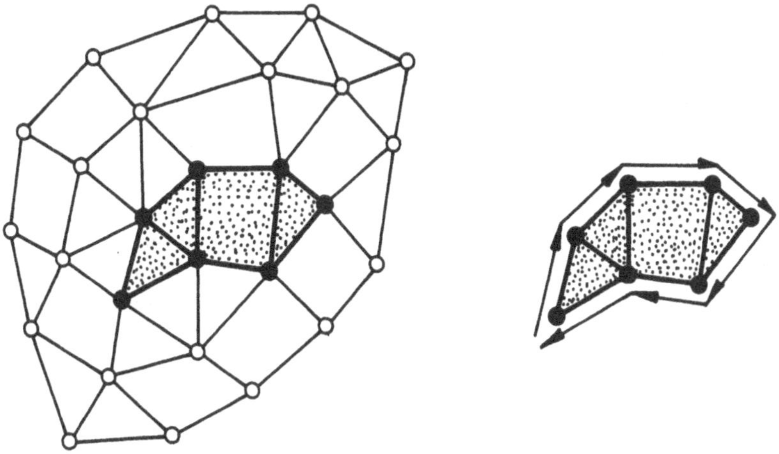

Abb. 2.4.1: Eine durch $M \subset P$ erzeugte Teilstruktur (●) einer Struktur (○, ●) kann Maschen enthalten, die auch in der Struktur vorhanden sind (Kernmaschen von M). Die Teilstruktur kann aber auch Maschen besitzen, die in der Struktur nicht auftreten (Randmaschen von M).

einer Masche, Kernmasche oder Randmasche einer Struktur zu sein, tritt nur in Erscheinung, wenn diese Struktur als Teilstruktur einer umfassenderen Struktur angesehen wird.

Besonders deutlich wird das Gesagte für einen isolierten Punkt p. Wenn $N(p) = \emptyset$ gilt, so ist diesem Punkt entsprechend Definition 2.1.6 eine isolierte Masche $\langle p \rangle$ zugeordnet. Wenn aber $p \in M$ mit $N(p) \cap M = \emptyset$ in P nicht isoliert war, so ist die ihm in Γ_M zugeordnete isolierte Masche gleichzeitig isolierte Randmasche von Γ_M.

Da in den meisten Fällen die umfassendere Struktur Γ vorgegeben ist, werden wir das Wort „bezüglich" weglassen können, ohne Mißverständnisse befürchten zu müssen. Wir sprechen dann einfach von Kernmaschen bzw. Randmaschen der Struktur Γ_M bzw. sogar von Kernmaschen bzw. Randmaschen der Menge M.

Satz 2.4.1: Es sei $\Gamma = [P, N, Z]$ eine Struktur und $M \subset P$. Dann enthält jede Randmasche der Teilstruktur Γ_M mindestens einen Punkt des Randes $R(M)$.

Beweis (indirekt):

— Für isolierte Randmaschen ist der Satz nach Definition 2.1.6 erfüllt.

— Annahme: Für alle Punkte $q_1, \dots, q_m$ einer nichtisolierten Randmasche $\langle q_1, \dots, q_m \rangle$ der Teilstruktur Γ_M soll $q_i \in K(M)$ gelten.

— Nach Definition 1.4.1 gilt dann $N(q_i) \subseteq M$.

— Also stimmt nach Definition 2.3.1 der reduzierte Nachbarschaftszyklus $z_M(q_i)$ mit dem Nachbarschaftszyklus $z(q_i)$ überein.

— Da das für alle Punkte q_i der Randmasche gelten muß, wird durch die Kante (q_i, q_{i+1}) sowohl in Γ_M als auch in Γ derselbe orientierte Weg (s. Definition 2.1.4) und damit dieselbe Masche erzeugt.

— Also wäre die Masche $\langle q_1, \dots, q_m \rangle$ nach Definition 2.4.1 eine Kernmasche von Γ_M im Widerspruch zur Annahme.

Satz 2.4.2: Es sei $\Gamma = [P, N, Z]$ eine Struktur und $M \subset P$. Dann ist jeder Randpunkt $r \in R(M)$ in mindestens einer Randmasche der Teilstruktur Γ_M enthalten.

Beweis (direkt):

— Es sei $r \in R(M)$ und $N(r) \cap M \neq \emptyset$.

- Dann gibt es im Nachbarschaftszyklus $z(r) = \langle ... p, q ... \rangle$ mindestens einen Wechsel von einem Punkt $p \in \bar{M}$ zu einem Punkt $q \in M$.
- Der reduzierte Nachbarschaftszyklus ist entweder $z_M(r) = \langle q \rangle$ oder $z_M(r) = \langle ... s, q ... \rangle$ mit $s \in M$.
- Also gibt es in Γ_M eine Masche $\langle ... q, r, q, ... \rangle$ oder eine Masche $\langle ... s, r, q, ... \rangle$.
- In jedem Fall tritt diese Masche in Γ nicht auf, da dort durch die Kante (r, q) die Masche $\langle ... p, r, q ... \rangle$ erzeugt wird.
- Also ist die Masche $\langle ... r, q ... \rangle$ in Γ_M nach Definition 2.4.1 eine Randmasche.

In der Diskussion zu Definition 2.4.1 ist schon gezeigt worden, daß einem isolierten Punkt $p \in M$, der in P nicht isoliert ist, eine isolierte Randmasche $\langle p \rangle$ zugeordnet wird. Diese Festlegung ergänzt die Aussage des Satzes 2.4.2 für Randpunkte $r \in R(M)$ mit $z_M(r) = \langle\ \rangle$.

Die Randmaschen der Teilstruktur Γ_M einer Struktur Γ sind etwas qualitativ Neues, das erst durch die „Einbettung“ von Γ_M in Γ in Erscheinung tritt. Diese Eigenschaft haben sie gemein mit den Randpunkten einer Menge $M \subset P$. Ein Randpunkt $r \in R(M)$ besitzt nach Definition 1.4.1 in seiner Nachbarschaft $N(r)$ mindestens einen Punkt $q \in \bar{M}$. Sobald also eine gerichtete Kante (p, q) mit $p \in M$ und $q \in \bar{M}$ auftritt, verläuft durch den Punkt p mindestens eine Randmasche (bei $N(p) \subseteq \bar{M}$ und $N(p) \neq \emptyset$ eine isolierte Randmasche).

Definition 2.4.2: Es sei $\Gamma = [P, N, Z]$ eine Struktur und $M \subset P$. Eine gerichtete Kante $(p, q) \in N$ mit $p \in M$ und $q \in \bar{M}$ heißt *Randpaar der Menge M*. Wenn (p, q) ein Randpaar von M ist, heißt $\{p, q\}$ eine *Randkante von M*.

Jedes Randpaar der Menge M kann als Ausgangspunkt für die Konstruktion einer Randmasche von M dienen (s. Abschnitt 2.5): Wenn alle Kanten (p, q) mit $q \in N(p)$ Randpaare sind, dann gehört zum Punkt $p \in M$ die isolierte Randmasche $\langle p \rangle$. Andernfalls wird im Nachbarschaftszyklus $z(p)$ mindestens ein Wechsel von einem $q \in \bar{M}$ zu einem $p' \in M$ auftreten. Die in M durch die Kante (p, p') erzeugte Masche wird in der Struktur Γ nicht auftreten, so daß sie eine Randmasche von M ist.

Die $q_j \in N(p) \cap \bar{M}$ bilden im Nachbarschaftszyklus $z(p) = \langle ... q_j, q_j', p' ... \rangle$ zusammenhängende Gruppen, die durch einen Nachbarn $p' \in N(p) \cap M$ abgeschlossen werden. Damit entstehen auch Gruppen von Randpaaren im „Zyklus $\langle ... (p, q_j), (p, q_j'), (p, p') ... \rangle$ der von p ausgehenden Kanten“. Die Randpaare einer solchen Gruppe können eindeutig der die

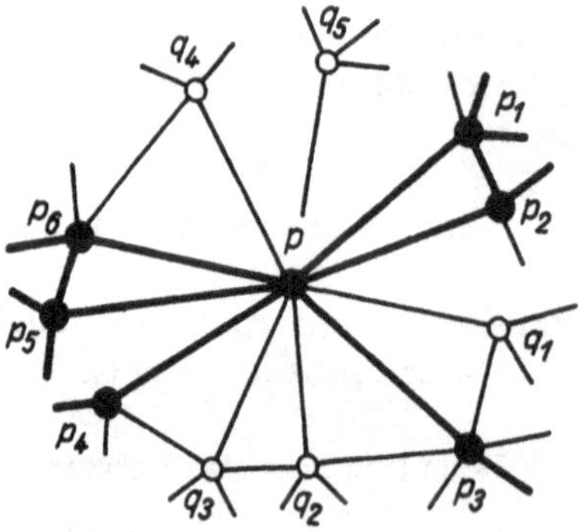

Abb. 2.4.2: Der Punkt $p \in M$ besitzt den Nachbarschaftszyklus $z(p) = \langle p_1, p_2, q_1, p_3, q_2, q_3, p_4, p_5, p_6, q_4, q_5 \rangle$ mit $p_i \in M$ und $q_j \in \bar{M}$. Die Randpaare (p, q_4) und (p, q_5) sind Ausgangspunkt für die Konstruktion der Randmasche $\langle ... p, p_1 ... \rangle$. Genauso führt (p, q_1) zu der Randmasche $\langle ... p, p_3 ... \rangle$, und die Randpaare (p, q_2) bzw. (p, q_3) führen zu der Randmasche $\langle ... p, p_4 ... \rangle$.

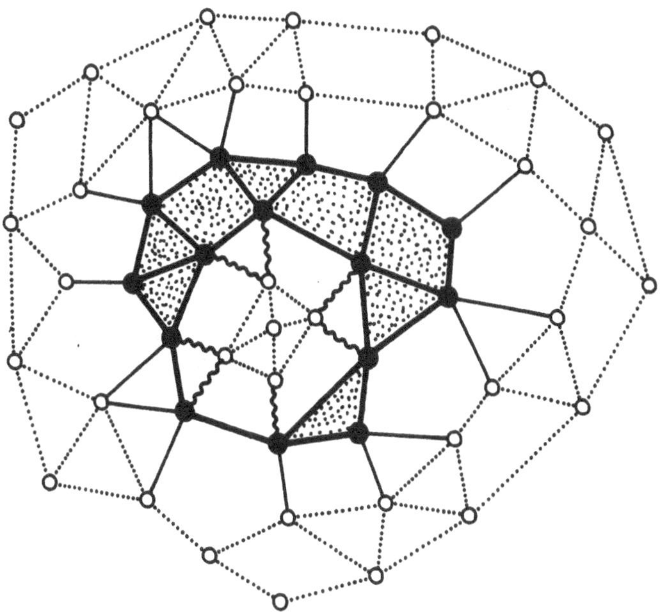

Abb. 2.4.3: Die Menge $M_\bullet$ besitzt zwei Randmaschen und acht Kernmaschen. Der einen Randmasche sind 16 Randkanten ●—○ und der anderen Randmasche sieben Randkanten ●〰○ zugeordnet.

Gruppe abschließenden Kante (p, p') zugeordnet werden (Abb. 2.4.2). Diese Kante (p, p') erzeugt ihrerseits eine Randmasche von M, so daß man die Randpaare der (p, p') vorausgehenden Gruppe ebenfalls eindeutig dieser Randmasche zuordnen kann (Abb. 2.4.3).

Definition 2.4.3: Im Nachbarschaftszyklus $z(p) = \langle \dots q_1, \dots, q_n, p' \dots \rangle$ mit $p, p' \in M$ und $q_1, \dots q_n \in \bar{M}$ sei $(q_1, \dots, q_n)$ eine ununterbrochene Folge und m die durch (p, p') erzeugte Randmasche. Dann heißen alle Randpaare $(p, q_1), \dots, (p, q_n)$ bzw. alle Randkanten $\{p, q_1\}, \dots, \{p, q_n\}$ *der Randmasche m zugeordnet.*

Da alle Punkte der Masche $\langle \dots p_i, p_{i+1} \dots \rangle$ einer Teilstruktur Γ_M Elemente von M sind und $p_{i+1} \in N(p_i)$ gilt, gehören alle Punkte einer Masche von Γ_M zu genau einer Komponente von M. Diese Aussage gilt insbesondere auch für die Punkte der Randmaschen von Γ_M. Wie bereits einfache Beispiele zeigen, braucht eine ähnliche Gesetzmäßigkeit für die Punkte $q_j \in \bar{M}$ der einer Randmasche zugeordneten Randpaare (p_i, q_j) jedoch nicht zu gelten. Diese „Gegenpunkte" q_j können auch verschiedenen Komplementärkomponenten von M angehören (s. Abbildung 2.6.4).

Eine Menge $M \subset P$ der Struktur $\Gamma = [P, N, Z]$ hängt mit der Komplementärmenge $\bar{M}$ über ihre Randkanten zusammen. Dabei entspricht jedem Randpaar (p, q) der Menge M ein Randpaar (q, p) der Menge $\bar{M}$.

Wenn wir alle Randkanten einer Menge $M \subset P$ streichen, so kommen die beiden Operatoren F_3^{-1} und F_4^{-1} der Tab. 2.2.1 in Anwendung. Falls die ursprüngliche Struktur Γ zusammenhängend war, so wird die durch Streichen aller Randkanten entstehende Struktur Γ' nicht mehr zusammenhängend sein. Nach Satz 2.3.3 muß sich damit die Eulersche Charakteristik mindestens um den Wert 2 erhöht haben.

Was aber geschieht, wenn die Streichung nur mit den einer einzigen Randmasche von Γ_M zugeordneten Randkanten vorgenommen wird? Dabei braucht die Struktur Γ noch nicht zu zerfallen, so daß Satz 2.3.3 nicht angewendet werden kann. Trotzdem gilt dann der folgende *Randmaschensatz*.

Satz 2.4.3: Es sei $\Gamma = [P, N, Z]$ eine Struktur und $M \subset P$. Wenn alle einer Randmasche von Γ_M zugeordneten Randkanten aus N gestrichen werden, entsteht die Teilstruktur Γ'. Es gilt dann die strenge Ungleichung $\chi(\Gamma') > \chi(\Gamma)$.

Die Teilstruktur Γ' ist keine „erzeugte" Teilstruktur entsprechend Definition 2.3.2. In Γ' sind ja weiterhin alle Punkte Γ enthalten. Da aber beim Streichen von Kanten nur die Operatoren F_3^{-1} und F_4^{-1} in Anwendung kommen, gilt auch für solche Teilstrukturen $\chi(\Gamma') \geqq \chi(\Gamma)$.

Es sei nun $\{p, q\}$ die letzte Kante, die im Streichungsprozeß noch zu beseitigen ist (Abb. 2.4.4). Die Randmasche $\langle ... r, p, s ...\rangle$ von M besitzt nur noch das zugeordnete Randpaar (p, q) mit $p \in M$ und $q \in \bar{M}$. Diese Struktur bezeichnen wir mit Γ''. Es gilt $\chi(\Gamma'') \geqq \chi(\Gamma)$. In Γ'' gibt es die Masche $\langle ... u, q, p, s, ... r, p, q, v ...\rangle$. Beim Streichen der Kante $\{p, q\}$ entstehen daraus die beiden Maschen $\langle ... r, p, s ...\rangle$ und $\langle ... u, q, v ...\rangle$.

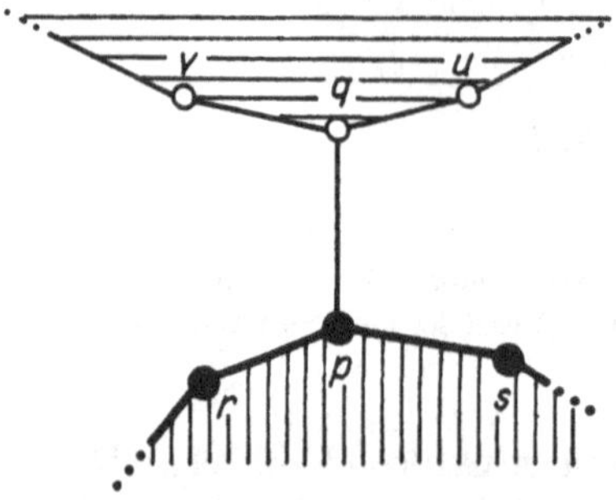

Abb. 2.4.4: Darstellung der für den Beweis des Satzes 2.4.3 charakteristischen Endsituation.

Also ist in diesem letzten Schritt des Streichungsprozesses $\Delta\mu = +1$ und $\Delta\varkappa = -1$, so daß $\Delta\chi = 2$ resultiert. Da nun $\chi(\Gamma') = \chi(\Gamma'') + 2$ gilt, ist die Aussage des Satzes 2.4.3 bewiesen. Selbstverständlich kann ein $\Delta\chi = 2$ auch schon bei der Streichung der ersten Randkanten aufgetreten sein. Aber für diesen Fall kann man nicht allgemein zeigen, daß die Kanten (p, q) und (q, p) zu einer einzigen Masche gehören.

Wenn nun eine Teilmenge M insgesamt r Randmaschen besitzt, so kann das in Satz 2.4.3 betrachtete Streichen aller Randkanten für jede dieser Randmaschen durchgeführt werden. Jedesmal erhöht sich dabei die Eulersche Charakteristik mindestens um den Wert 2. Also folgt

Satz 2.4.4: Es sei $\Gamma = [P, N, Z]$ eine Struktur und $M \subset P$. Die Teilstruktur Γ_M besitze r Randmaschen. Wenn alle Kanten $\{p, q\}$ mit $p \in M$ und $q \in \bar{M}$ aus Γ gestrichen werden, gilt für die entstehende Teilstruktur Γ' stets $\chi(\Gamma') \geqq \chi(\Gamma) + 2r$.

Übungen:

2.4.1: Es ist zu untersuchen, ob eine echte Teilstruktur Γ_M der Struktur $\Gamma = [P, N, Z]$ mit $M \subset P$ immer Kernmaschen bzw. immer Randmaschen besitzt!

2.4.2: Es ist zu zeigen, daß mit $\nu_M(p) = \text{card}(N(p) \cap M)$ durch den Punkt $p \in M$ in der Teilstruktur Γ_M höchstens $\nu_M(p)$ verschiedene Maschen verlaufen können!

2.4.3: Geben Sie ein Beispiel dafür an, daß durch einen Kernpunkt $p \in K(M)$ einer Teilstruktur Γ_M genau $\nu_M(p)$ Randmaschen verlaufen können!

2.5. Bestimmung von Randmaschen

Ähnlich wie wir in Abschnitt 1.3. einen Algorithmus zur Bestimmung der Komponenten einer Menge $M \subset P$ dargestellt haben, soll hier nun ein prinzipielles Verfahren für die Ermittlung der Randmaschen einer Menge $M \subset P$ angegeben werden. Dabei brauchen wir nur zusammenhängende Mengen M bzw. Gebiete G zu betrachten, da die Randmaschen verschiedener Komponenten einer Menge nichts miteinander zu tun haben. Wir behandeln einführend ein einfaches Beispiel.

Vorgegeben sei eine Struktur $\Gamma = [P, N, Z]$ mit $P = \{a, b, c, \dots, k\}$. Die Teilmenge $G = \{a, b, e, f, g, j\}$ erzeugt die Teilstruktur Γ_G. Sie besitzt die vier Randpunkte b, e, j, g (s. Abbildung 2.5.1). Für jeden Randpunkt können seine nicht in G liegenden Nachbarn bestimmt werden, so daß sich sechs Randpaare (b, i), (e, c), (e, k), (j, k), (j, h), (g, d) für G ergeben.

Jedes der Randpaare kann zur Initialisierung der Konstruktion einer Randmasche herangezogen werden. Dem Randpaar (e, c) entspricht der Randpunkt $e \in R(G)$ mit dem Nachbarschaftszyklus $z(e) = \langle b, c, k, j, f \rangle$. Nach den Nachbarn $c, k \in \bar{G}$ tritt in $z(e)$ der Nachbar $j \in G$ auf. Also erzeugt die Kante (e, j) die Randmasche $m = \langle e, j, g, a, b \rangle$.

Da wir sowohl vom Randpaar (e, c) als auch vom Randpaar (e, k) ausgehend die Randmasche m konstruieren können, sind (e, c) und (e, k) dieser Randmasche zugeordnet (s. Definition 2.4.3). Auch wenn wir eins der anderen vier Randpaare als Ausgangspunkt wählen, wird die Randmasche m erhalten. Da es keine weiteren Randpaare gibt, besitzt G nur diese eine Randmasche.

Wenn die Randmaschen eines Gebietes $G \subset P$ rechentechnisch bestimmt werden sollen, müssen wir wie in Abschnitt 1.3. voraussetzen, daß die Menge P und die Nachbarschaftsrelation $N \subseteq P \times P$ in irgendeiner Form im Speicher des Computers abgelegt sind (listenmäßig, tabellarisch ...). Zusätzlich müssen jetzt aber noch die Nachbarschaftszyklen vorgegeben sein. Das kann durch eine spezielle Darstellung der Nachbarschaftsbeziehungen erreicht werden:

Der Punkt	besitzt die zyklisch geordneten Nachbarn
a	b, f, g
b	e, a, i
c	i, k, e
.	.
.	.
.	.
.	.
j	f, e, k, h, g
k	j, e, c, h .

Die Liste der Punkte von P enthält für jeden Punkt also noch eine zyklisch geordnete „Unterliste“, in der alle Nachbarn dieses Punktes aufgeführt sind.

Der Algorithmus zur Bestimmung der Randmaschen einer Menge G läuft folgendermaßen ab:

Algorithmus 2.5.1: Bestimmung der Randmaschen einer Teilmenge $G \subset P$ einer Struktur $\Gamma = [P, N, Z]$.

1. Gegeben sind Γ und G.
   Wenn G leer ist oder nur aus einem isolierten Punkt besteht, gehe zu 10!

2. Für jeden Punkt $p \in G$ sind alle Nachbarn $q \in \bar{G} \cap N(p)$ festzustellen und die Randpaare (p, q) sind in eine Liste L einzutragen!
3. Wenn die Liste L leer ist, gehe zu 10!
4. Wähle o. B. d. A. ein Randpaar (p, q) aus L und streiche es in L! Setze $(p, q) \to (p_0, q_0)$! Es beginnt die Konstruktion einer Randmasche, deren erster Punkt p_0 ist.
5. Bestimme im Nachbarschaftszyklus $z(p)$ den auf q folgenden Nachbarn r von p!
   Wenn $r \in G$ gehe zu 7!
6. Sonst liefert das Randpaar (p, r) die gleiche Randmasche wie (p, q). Streiche (p, r) in der Liste L, setze $r \to q$ und gehe zu 5!
7. Die Kante (p, r) ist Kante der aktuellen Randmasche, so daß r ein weiterer Punkt der Randmasche ist. Bestimme im Nachbarschaftszyklus $z(r)$ den auf p folgenden Nachbarn s von r! Wenn $s \in G$ setze $(r, s) \to (p, r)$ und gehe zu 7!
8. Sonst ist (r, s) ein weiteres der aktuellen Randmasche zugeordnetes Randpaar. Streiche (r, s) in der Liste L! Setze $(r, s) \to (p, q)$! Wenn $(p, q) \neq (p_0, q_0)$ gehe zu 5!
9. Sonst ist das erste Randpaar der Randmasche wieder erreicht. Damit ist die Randmasche $\langle p_0 \ldots \rangle$ vollständig bestimmt. Gehe zu 3!
10. Alle Randmaschen von G sind ermittelt.

Wir legen beispielhaft die Struktur der Abb. 2.5.1 zugrunde. Dann ergeben sich mit diesem Algorithmus die in Tab. 2.5.1 aufgeführten Teilschritte. Im wesentlichen wechseln sich die Teilschritte 5/6 und die Teilschritte 7/8 miteinander ab, je nachdem der nächste Punkt im Nachbarschaftszyklus ein Punkt aus $\bar{G}$ oder aus G ist. Da in den Teilschritten 6 und 8 jedesmal genau ein Element der Liste L gestrichen wird, ist der Aufwand für den Algorithmus 2.5.1 proportional der Anzahl der Randpaare von G.

Aufwendige Schritte sind die Bestimmung des nächsten folgenden Punktes in einem Nachbarschaftszyklus und das Streichen eines Randpaares in der Liste L. Außerdem muß festgestellt werden, ob ein Punkt zur Menge G gehört oder nicht. Der Aufwand zur Durchführung dieser Teilaufgaben ist proportional zur Größe der Liste L bzw. der Menge G. Es ist also zu fordern, daß durch geeignete rechentechnische Maßnahmen dieser Aufwand weitgehend reduziert wird.

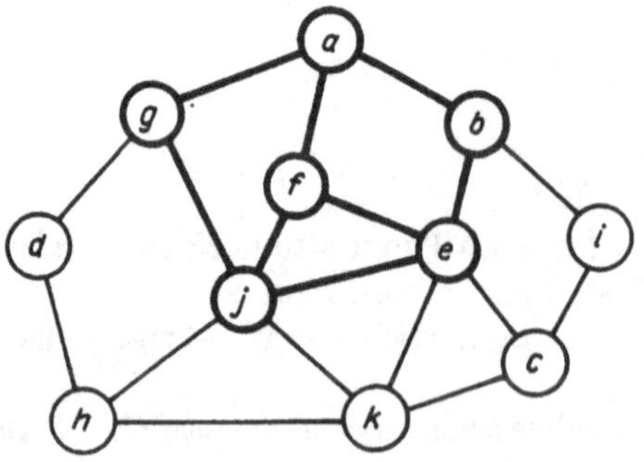

Abb. 2.5.1: Eine Struktur $\Gamma = [P, N, Z]$ mit $P = \{a, \ldots, k\}$. Die Menge $G = \{a, b, e, e, f, g, j\}$ bestimmt eine Teilstruktur Γ_G, die eine Randmasche $m = \langle a, b, e, j, g \rangle$ besitzt.

Tab. 2.5.1: Beispiel für die Wirkungsweise des Algorithmus 2.5.1 anhand der Abb. 2.5.1

1. $G = \{a, b, e, f, g, j\}$
2. $L = \{(b, i), (e, c), (e, k), (j, k), (j, h), (g, d)\}$
4. $(p, q) = (p_0, q_0) = (e, c)$
   $m = \langle e \rangle$

---

5. $(p, q) = (e, c)$
   $z(e) = \langle b, c, k, j, f \rangle$
   $r = k \notin G$
6. $L = \{(b, i), (j, k), (j, h), (g, d)\}$

---

5. $(p, q) = (e, k)$
   $z(e) = \langle b, c, k, j, f \rangle$
   $r = j \in G$
7. $m = \langle e, j \rangle$
   $z(j) = \langle f, e, k, h, g \rangle$
   $s = k \notin G$
8. $L = \{(b, i), (j, h), (g, d)\}$

---

5. $(p, q) = (j, k)$
   $z(j) = \langle f, e, k, h, g \rangle$
   $r = h \notin G$
6. $L = \{(b, i), (g, d)\}$

---

5. $(p, q) = (j, h)$
   $z(j) = \langle f, e, k, h, g \rangle$
   $r = g \in G$
7. $m = \langle e, j, g \rangle$
   $z(g) = (a, j, d \rangle$
   $s = d \notin G$
8. $L = \{(b, i)\}$

.... usw.

Der Algorithmus 2.5.1 ist der zweite grundlegende Algorithmus der digitalen Bildverarbeitung. Er ist prinzipiell auf beliebige orientierte Nachbarschaftsstrukturen anwendbar. Auf seiner Grundlage baut sich das effektive Konturfolgeverfahren auf, das in fast allen Bildverarbeitungssystemen implementiert ist.

Übungen:

2.5.1: Wieviel Randmaschen besitzt die Menge $P = M \cup \bar{M}$ aus Abb. 1.2.1? Wieviel Randmaschen besitzt die Menge $M \subset P$ bzw. $\bar{M} \subset P$?

2.5.2: Welche Randmaschen besitzt die Menge $M \subset P$ aus Abb. 1.3.1?

2.5.3: In einem x-y-Koordinatensystem ist für jeden Punkt $p = (x, y)$ mit ganzzahligen Koordinatenwerten der Nachbarschaftszyklus durch $z(p) = \langle (x - 1, y), (x, y - 1), (x + 1, y), (x, y + 1) \rangle$ gegeben. Den Punkten sind Funktionswerte 1 oder 0 zugeordnet, die die Zugehörigkeit zu einer Menge M bzw. $\bar{M}$ charakterisieren. Es sei M eine endliche Menge und $(p, q) = ((x_0, y_0), (x_0 - 1, y_0))$ ein Randpaar mit $p \in M$ und $q \in \bar{M}$. Geben Sie einen Algorithmus an, der die durch (p, q) erzeugte Randmasche von M ermittelt!

2.5.4: Welche Änderungen sind am Algorithmus der Übung 2.5.3 vorzunehmen, wenn der Nachbarschaftszyklus eines Punktes p durch $z(p) = \langle(x - 1, y), (x, y + 2), (x, y - 1), (x + 1, y + 1), (x + 1, y)\rangle$ festgelegt ist?

2.6. Planare Strukturen

In Abschnitt 2.2. haben wir gefunden, daß für jede zusammenhängende Struktur $\Gamma = [P, N, Z]$ die Eulersche Charakteristik die Bedingung $\chi(\Gamma) \leqq 2$ erfüllt. Wodurch sind nun die „extremalen" zusammenhängenden Strukturen mit $\chi = 2$ vor den anderen Strukturen ausgezeichnet?

Eine zusammenhängende Struktur Γ mit $\chi(\Gamma) = 2$ kann nach Tab. 2.2.1 nur dann aus einer einfacheren zusammenhängenden Struktur Γ' mit $\chi(\Gamma') = 2$ entstanden sein, wenn lediglich die Konstruktionsoperatoren $\boldsymbol{F}_2$ und $\boldsymbol{F}_3$ zur Anwendung kommen.

Wenn wir von der einfachsten zusammenhängenden Struktur mit $\chi = 2$, d. h. dem einzelnen Punkt ausgehen, können bei einer zeichnerischen Darstellung der durch $\boldsymbol{F}_2$ und $\boldsymbol{F}_3$ bewirkten Konstruktionsschritte die neuen Kanten so in die Zeichenebene eingetragen werden, daß keine Schnittpunkte mit bereits vorhandenen Kanten entstehen.

Daraus schlußfolgern wir, daß zusammenhängende Strukturen mit $\chi = 2$ stets eine zeichnerische Darstellung ohne „sich schneidende Kanten" zulassen. Die die Kanten repräsentierenden Linien treffen sich nur in den Punkten.

Selbstverständlich ist es oft gar nicht so einfach, diese kreuzungsfreie Darstellung zu finden — selbst wenn man weiß, daß sie existiert (Abb. 2.6.1). Und umgekehrt: hat man nach vielen Darstellungsversuchen keine kreuzungsfreie Zeichnung erhalten, ist das noch lange kein Beweis dafür, daß eine derartige Zeichnung nicht existiert.

Solch Beweis kann nur erbracht werden, indem man $\chi = \varepsilon - \varkappa + \mu < 2$ nachweist. Die

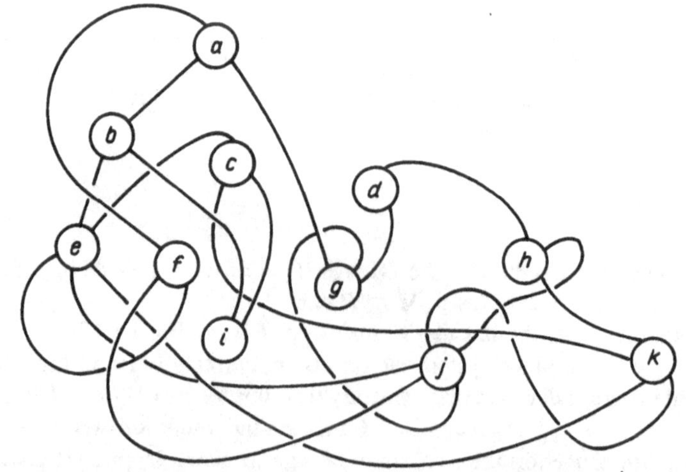

Abb. 2.6.1: Der hier dargestellte Nachbarschaftsgraph $G_{P,N}$ ist planar, d. h., er kann mit ungeänderten Nachbarschaftszyklen kreuzungsfrei in der Ebene dargestellt werden. Er entspricht in seiner topologischen Struktur der orientierten Nachbarschaftsstruktur aus Abb. 2.5.1.

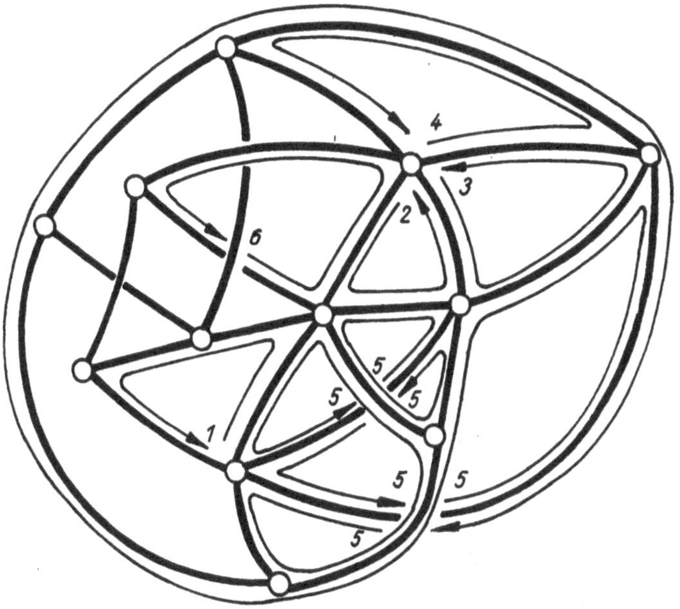

Abb. 2.6.2: Die hier dargestellte Struktur besitzt $\mu = 8$ Maschen. Da $\varepsilon = 12$ und $\varkappa = 24$ ist, folgt $\chi = \varepsilon - \varkappa + \mu = -4$, so daß es keine Möglichkeit gibt, bei ungeänderten Nachbarschaftszyklen eine kreuzungsfreie Zeichnung zu erhalten.

Anzahl ε der Punkte ist durch P gegeben und die Anzahl $\varkappa$ der Kanten durch N. Um die Anzahl μ der Maschen zu bestimmen, können wir eine Modifikation des Algorithmus 2.5.1 verwenden.

Man geht aus von der Menge bzw. Liste N aller gerichteten Kanten. Dann wählt man irgendeine Kante $(p, q) \in N$ aus und markiert sie besonders (die gerichtete Kante $(q, p) \in N$ ist natürlich weiterhin unmarkiert). Anschließend bestimmt man entsprechend der vorgegebenen Orientierung Z alle Nachfolger der Kante (p, q) und markiert sie ebenfalls. Wenn man dabei eine bereits markierte Kante vorfindet, ist eine der Maschen der Struktur gefunden worden. Das Verfahren ist insgesamt beendet, sobald alle gerichteten Kanten markiert sind bzw. alle ungerichteten Kanten eine Doppelmarkierung tragen (s. Abb. 2.6.2).

Nehmen wir an, daß uns nicht die Orientierung Z, sondern nur die Nachbarschaftsrelation N wichtig erscheint. Dann kann man natürlich auch versuchen, eine kreuzungsfreie Zeichnung durch Veränderung der Nachbarschaftszyklen zu erreichen. Doch es gibt auch Fälle, wo selbst dies Herangehen versagt. Die „einfachen“ Strukturen aus Abb. 2.6.3 lassen auch bei beliebigen Orientierungen keine kreuzungsfreie Zeichnung zu (s. Übung 2.6.1).

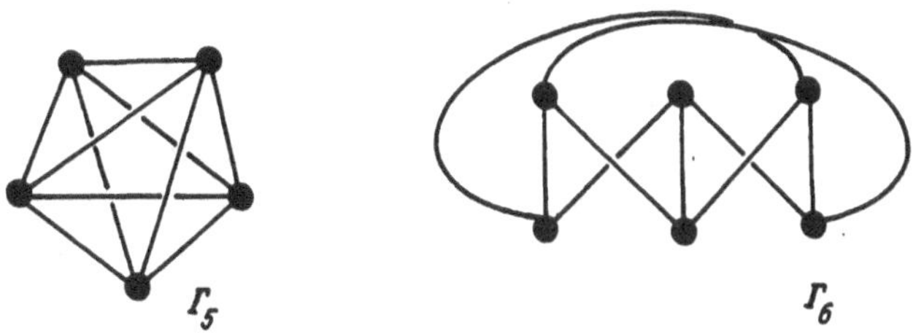

Abb. 2.6.3: Diese beiden Strukturen Γ_5 bzw. Γ_6 sind bei beliebiger Orientierung (d. h. Wahl der Nachbarschaftszyklen) nicht ohne Kantenkreuzungen in der Ebene darstellbar.

Definition 2.6.1: Eine zusammenhängende Struktur $\Gamma = [P, N, Z]$ mit der Eulerschen Charakteristik $\chi(\Gamma) = 2$ heißt *planar*.

Die Wahl der Bezeichnung für Strukturen mit $\chi(\Gamma) = 2$ ist nach den voranstehenden Ausführungen verständlich. Sie ist aber nicht „umfassend". Denn eine planare Struktur läßt sich nicht nur in einem Gebiet der Ebene, sondern auch auf allen diesem Gebiet topologisch äquivalenten Zeichenflächen kreuzungsfreie darstellen (Kugeloberfläche, Oberfläche eines Hühnereis, vom Wind zerbeultes Fahnentuch ...).

Satz 2.6.1: Zusammenhängende Teilstrukturen planarer Strukturen sind wieder planar.

Beweis (direkt):

— Für eine zusammenhängende Teilstruktur Γ' einer zusammenhängenden Struktur Γ gilt nach Satz 2.3.1 die Beziehung $\chi(\Gamma') \geqq \chi(\Gamma)$.

— Nach dem Eulerschen Satz 2.2.1 gilt für zusammenhängende Strukturen Γ' stets $\chi(\Gamma') \leqq 2$.

— Wegen der Voraussetzung der Planarität von Γ folgt also aus $2 = \chi(\Gamma) \leqq \chi(\Gamma') \leqq 2$ die Behauptung $\chi(\Gamma') = 2$.

Dieser Satz bringt für Nachbarschaftsgraphen $G_{P,N}$ zum Ausdruck, daß jeder Teilgraph eines planaren Nachbarschaftsgraphen wieder planar ist. Damit in Zusammenhang wurde 1930 von KURATOWSKI gezeigt, daß ein Graph genau dann nicht planar ist, wenn er einen der beiden Graphen aus Abb. 2.6.3 (bei beliebiger Orientierung) als Teilgraphen enthält.

Der Kuratowskische Satz ist in umgekehrter Richtung leicht verständlich: Den beiden Graphen der Abb. 2.6.3 entspricht bei beliebiger Orientierung ein $\chi_0 < 2$. Also muß bei konstruktivem Aufbau einer G_5 bzw. G_6 umfassenden zusammenhängenden und beliebig orientierten Struktur Γ mit Hilfe der Operatoren F_2, F_3, F_4 stets ein $\chi(\Gamma) \leqq \chi_0 < 2$ entstehen. Wenn schon G_5 und G_6 nichtplanar sind, dann kann für jeden umfassenden Graphen die „Nichtplanarität" nur noch stärker ausgeprägt sein.

Genauso, wie man Strukturen mit $\chi = 2$ als planare Strukturen hervorhebt, könnte man auch Strukturen mit $\chi = 0$ oder beliebiger anderer Eulerscher Charakteristik als etwas Besonderes ansehen: So lassen sich alle Strukturen Γ mit $\chi(\Gamma) = 0$ kreuzungsfrei auf der Oberfläche eines Torus (Kreisring, Kreiswulst) bzw. auf dieser Oberfläche topologisch äquivalenten Flächen zeichnen. Wir würden damit unser Interesse verstärkt den *toroidalen* Graphen zuwenden.

Die Bedeutung der planaren Strukturen resultiert in erster Linie jedoch nicht aus der Möglichkeit der kreuzungsfreien Darstellung auf dem Zeichenpapier. Das ist nur ein ästhetisches Problem. Bei der rechentechnischen Untersuchung von Strukturen gibt es nämlich gar keine Kanten im Sinne von gezeichneten Linien. Eine gerichtete Kante ist im Computer einfach nur ein geordnetes Punktpaar (p, q) und eine ungerichtete Kante eine zweipunktige Menge $\{p, q\}$. Wie also sollte die Rechenmaschine das Kreuzen von Kanten feststellen können?

Die Bedeutung der planaren Strukturen resultiert in erster Linie aus der generellen Gültigkeit des folgenden *Trennungssatzes*:

Satz 2.6.2: Es sei $\Gamma = [P, N, Z]$ eine zusammenhängende planare Struktur und G ein Gebiet mit $G \subset P$. Wenn alle einer einzigen Randmasche von G zugeordneten Randkanten aus Γ gestrichen werden, zerfällt Γ in mindestens zwei Teilstrukturen, die nicht miteinander zusammenhängen.

Beweis (direkt)

— Es sei Γ' die durch Streichen der Randkanten aus entstandene Struktur.

— Nach Satz 2.4.3 gilt die strenge Ungleichung $\chi(\Gamma') > \chi(\Gamma)$.
— Da nach Voraussetzung $\chi(\Gamma) = 2$ ist, muß wegen des Eulerschen Satzes 2.2.1 für die Struktur Γ' die Beziehung $\chi(\Gamma') \geqq 4$ gelten.
— Wegen Satz 2.6.1 müssen alle beim Streichen der Randkanten eventuell entstandenen k Teilstrukturen planar sein, so daß $\chi(\Gamma') = 2k$ gilt.
— Also folgt $k \geqq 2$.

Dieser Trennungssatz ist das „diskrete“ Gegenstück zum Jordanschen Kurvensatz der reellen Ebene. Der französische Mathematiker JORDAN (1838—1922) bewies, daß jede einfach geschlossene Kurve der zweidimensionalen euklidischen Ebene diese in genau zwei Gebiete zerlegt und mit der Begrenzung der beiden Gebiete identisch ist. Diese Gesetzmäßigkeit wird durch die topologische Struktur der Ebene und ihr äquivalenter Flächen bedingt. Auf der Oberfläche eines Torus kann man eine einfach geschlossene Kurve zeichnen, ohne daß die Oberfläche in zwei getrennte Gebiete zerlegt wird.

Anders als der Jordansche Kurvensatz besagt der diskrete Trennungssatz für planare Strukturen, daß durch eine Randmasche eine Zerlegung in *mindestens* zwei Gebiete erzielt wird. Die Randmasche ist dabei nur die Begrenzung eines dieser Gebiete, da im Diskreten jedes Gebiet seinen eigenen Rand (Abb. 2.6.4) besitzt. Dagegen gilt auch im Diskreten, daß es in nichtplanaren Strukturen Randmaschen geben kann, die die Struktur nicht in Teilstrukturen zerlegen (Abb. 2.6.5).

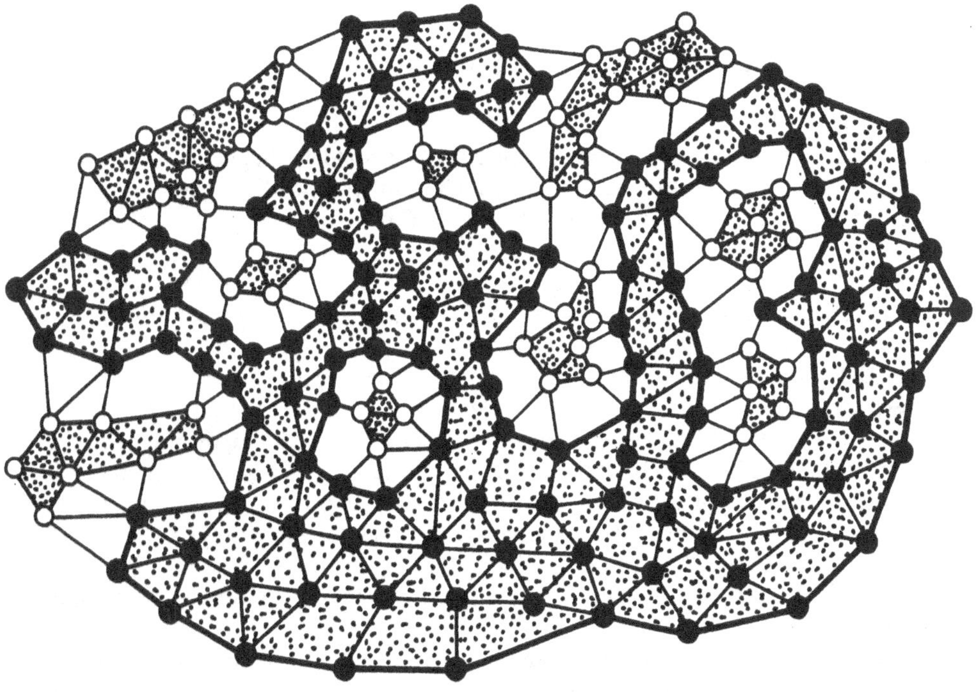

Abb. 2.6.4: Jede Randmasche eines Gebietes $G_\bullet$ einer zusammenhängenden planaren Struktur zerlegt die Struktur in mindestens zwei nicht miteinander zusammenhängende Teilstrukturen. Die den Komplementärkomponenten des Gebietes entsprechenden Teilstrukturen besitzen jeweils ihre eigenen Randmaschen. Die Zuordnung der Komplementärkomponenten zu den Randmaschen des Gebietes ist eindeutig.

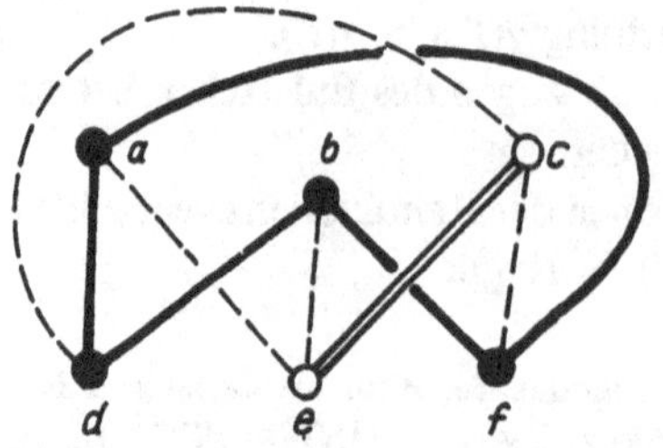

Abb. 2.6.5: In dieser nichtplanaren Struktur zerlegt die Randmasche $\langle a, d, b, f \rangle$ des Gebietes $\{a, b, d, f\}$ die Struktur nicht in Teilstrukturen. Das Streichen der zugeordneten Randkanten $\{a, e\}$ und $\{f, c\}$ führt nicht zur Trennung von G und $\bar{G} = \{e, c\}$.

Übungen:

2.6.1: Es ist zu beweisen, daß die Graphen aus Abb. 2.6.3 unabhängig von der jeweils gewählten Orientierung keine kreuzungsfreie zeichnerische Darstellung in der Ebene zulassen!

2.6.2: Warum kann es keine zusammenhängenden Strukturen mit $\varepsilon = \varkappa = \mu$ geben?

2.7. Randmaschen planarer Strukturen

In planaren Strukturen besitzen Randmaschen die besondere Eigenschaft, die Struktur zu zerlegen. Das gilt auch für nichtzusammenhängende planare Strukturen, die im Trennungssatz 2.6.2 nicht gesondert aufgeführt wurden. Der Trennungssatz ist der für $\chi(\Gamma) = 2$ spezialisierte Randmaschensatz 2.4.3.

Definition 2.7.1: Es sei $\Gamma = [P, N, Z]$ eine planare Struktur und $M \subset P$. Die im Trennungssatz 2.6.2 betrachtete Streichung aller einer Randmasche von M zugeordneten Randkanten heißt *Trennung durch die Randmasche.*

Diese Definition ist eng verbunden mit dem Begriff der getrennten Mengen. Wir hatten in Abschnitt 1.6. gezeigt, daß in zusammenhängenden Nachbarschaftsstrukturen jede Komponente von M mit mindestens einer ihrer Komplementärkomponenten benachbart ist (Satz 1.6.2). Es gibt danach also mindestens eine Kante $\{p, q\}$ mit $p \in M$ und $q \in \bar{M}$. Wenn solche Randkanten gestrichen werden, können Komponenten und Komplementärkomponenten genauso voneinander getrennt sein, wie es für die Komponenten untereinander von vornherein der Fall ist (Satz 1.6.1).

Im vorliegenden Abschnitt sollen nun die durch Randmaschen bewirkten Trennungen in planaren Strukturen näher untersucht werden.

Satz 2.7.1: Es sei $\Gamma = [P, N, Z]$ eine planare Struktur und $G \subset P$ ein Gebiet. Durch jede Randmasche von G wird mindestens eine Komplementärkomponente $C \subseteq \bar{G}$ des Gebietes von G getrennt.

Beweis (direkt):

— Da bei der Trennung durch die Randmasche nur Kanten $\{p, q\}$ mit $p \in G$ und $q \in \bar{G}$ gestrichen wurden, kann weder in G noch in $\bar{G}$ eine Trennung erfolgt sein.

- Die vom Trennungssatz 2.6.2 geforderte Zerlegung von Γ kann also nur zwischen G und $\bar{G}$ erfolgt sein.
- Die Komponenten von $\bar{G}$ (d. h. die Komplementärkomponenten von G) sind nach Satz 1.6.1 voneinander getrennt und nach Satz 1.6.3 mit G benachbart.
- Die „sternförmige" Mengennachbarschaftsstruktur von G mit seinen Komplementärkomponenten kann demnach nur dann zerlegt werden, wenn G von mindestens einer seiner Komplementärkomponenten getrennt wird.

Abb. 2.6.4 ist eine Veranschaulichung des Satzes 1.6.4, daß nämlich jede Komplementärkomponente C eines Gebietes einer zusammenhängenden Struktur ihrerseits nur eine einzige Komplementärkomponente C' besitzt. Damit in Zusammenhang steht aber auch, daß eine Komplementärkomponente C in einer planaren Struktur nur eine Randmasche besitzen kann. Denn welche weitere Komplementärkomponente außer C' sollte eine eventuelle zweite Randmasche von C entsprechend Satz 2.7.1 sonst noch abtrennen?

Satz 2.7.2: Es sei $\Gamma = [P, N, Z]$ eine planare Struktur und $G \subset P$ ein Gebiet. Die Komplementärkomponenten von G besitzen dann genau eine Randmasche.

Mit diesem Satz ist das „Beobachtungsergebnis", das aus der Betrachtung der Abb. 2.6.4 erhalten wird, auch theoretisch untermauert. Daß die Planarität von Γ für die Gültigkeit des Satzes unbedingt notwendig ist, kann man anhand von Gegenbeispielen in Analogie zur Abb. 2.6.5 zeigen.

Die Komplementärkomponenten eines Gebietes sind ebenfalls Gebiete (s. Abschnitt 1.2.). Daraus ergibt sich mit den beiden voranstehenden Sätzen die Sinnfälligkeit der folgenden Definition:

Definition 2.7.2: Es sei $\Gamma = [P, N, Z]$ eine planare Struktur und $G \subset P$ ein Gebiet. Wenn durch eine Randmasche m des Gebietes die Komplementärkomponente $C \subseteq \bar{G}$ von G abgetrennt wird, so heißt C *der Randmasche m zugeordnet.*

In Abb. 2.6.4 sind den drei Randmaschen des Gebietes eine, zwei bzw. sechs Komplementärkomponenten zugeordnet. Dabei können wir „beobachten", daß diese Zuordnung eindeutig ist.

Satz 2.7.3: Es sei $\Gamma = [P, N, Z]$ eine planare Struktur und $G \subset P$ ein Gebiet. Dann sind verschiedenen Randmaschen auch verschiedene Komplementärkomponenten des Gebietes zugeordnet (bzw. jede Komplementärkomponente von G ist eindeutig einer einzigen Randmasche von G zugeordnet).

Beweis (indirekt):
- Annahme: Die Komplementärkomponente $C \subseteq \bar{G}$ wird durch die beiden verschiedenen Randmaschen m und m' von G abgetrennt,
- Die Trennung ist nur möglich, wenn jeweils alle Randkanten $\{p, q\}$ mit $p \in G$ und $q \in C$ gestrichen werden.
- Alle diese Randkanten sind nach Definition 2.4.3 sowohl der Randmasche m als auch der Randmasche m' zugeordnet.
- Die Randmaschen m und m' besitzen also mindestens eine gemeinsame Randkante.
- Wegen der im Algorithmus 2.5.1 enthaltenen Eindeutigkeit der durch eine Randkante erzeugten Randmasche müssen m und m' identisch sein — im Widerspruch zur Annahme.

Die in diesem Abschnitt angegebenen Sätze über die Eigenschaften von Randmaschen — und weitere Sätze, die der Leser formulieren und beweisen könnte — setzen sämtlich die Gültigkeit des Trennungssatzes 2.6.2 voraus. Ja, selbst die Definitionen 2.7.1 und 2.7.2 sind ohne den Trennungssatz nicht denkbar. Damit ist der Trennungssatz gewissermaßen ein

Meilenstein auf unserem Wege einer theoretischen Durchdringung der Digitalen Bildverarbeitung.

Der Trennungssatz als diskretes Gegenstück des Jordanschen Kurvensatzes ist aber seinerseits nur allgemeingültig, wenn die jeweilige Struktur $\Gamma = [P, N, Z]$ planar ist. Das also ist letztlich der Grund, weshalb wir uns so intensiv mit planaren Strukturen auseinandersetzen. Die Möglichkeit der kreuzungsfreien Darstellung der entsprechenden Nachbarschaftsgraphen auf dem Zeichenpapier ist mehr eine angenehme Nebensächlichkeit.

2.8.* Vierfarbenproblem

Wie am Ende des ersten Kapitels wollen wir auch hier noch einmal das Problem der optimalen regulären Färbung bzw. Zerlegung von Nachbarschaftsstrukturen erwähnen. Nicht, daß durch die Orientierung einer Nachbarschaftsstruktur eher eine Lösung zu erkennen wäre. Die Nachbarn eines Punktes müssen anders gefärbt sein als der Punkt selbst — unabhängig von der Reihenfolge der Nachbarn.

Aber die Orientierung ermöglichte es, die Eulersche Charakteristik einer Struktur zu definieren. Damit wiederum kann eine gewisse Ordnung in die Menge der Strukturen eingeführt werden, so daß manche Strukturen (wie z. B. die der Abb. 2.6.3) als „unplanierbar" eingestuft werden müssen.

Eine vollständige zusammenhängende Nachbarschaftsstruktur $[P, N]$ mit ε Punkten besitzt $\varkappa = \varepsilon(\varepsilon - 1)/2$ Kanten, weil jeder Punkt mit allen anderen $\varepsilon - 1$ Punkten benachbart ist (s. Definition 2.2.3). Wie wir auch die Orientierung in einer solchen Nachbarschaftsstruktur wählen — die optimale reguläre Färbung erfordert ε Farben.

Aber eine vollständige Nachbarschaftsstruktur kann nicht immer so orientiert werden, daß sich die maximal mögliche Eulersche Charakteristik $\chi = 2$ ergibt. Für $\varepsilon = 5$ wurde z. B. in Übung 2.6.1 gezeigt, daß keine Planarität erreicht werden kann. Dagegen ist für die vollständigen Strukturen mit $\varepsilon < 5$ eine planare Darstellung möglich.

Satz 2.8.1: Es sei $[P, N]$ eine vollständige Nachbarschaftsstruktur mit $\varepsilon \geqq 3$ Punkten. Dann gilt bei beliebiger Orientierung Z für die Struktur $\Gamma = [P, N, Z]$ die Ungleichung $\chi(\Gamma) \leqq -\varepsilon(\varepsilon - 7)/6$.

Beweis (direkt):

— Wegen $\chi = \varepsilon - \varkappa + \mu$ und $\varkappa = \varepsilon(\varepsilon - 1)/2$ wird χ größer, wenn μ größer wird.

— Aus dem Maschensatz 2.1.2 und der Bedingung $\lambda(\mu) \geqq 3$ folgt $3\mu \leqq 2\varkappa = \varepsilon(\varepsilon - 1)$.

— Für μ existiert also eine obere Schranke, die auch die im Satz angegebene obere Schranke von χ bedingt.

Nun haben wir in Abschnitt 2.2. gefunden, daß die Eulersche Charakteristik einer zusammenhängenden Struktur nur die Werte 2, 0, —2, —4 ... annehmen kann. Also wird χ_{max} entsprechend Satz 2.8.1 die größte ganze und gerade Zahl sein, die die dort angegebene Ungleichung erfüllt. In Tab. 2.8.1 sind für die einfachsten vollständigen Nachbarschaftsstrukturen die Werte von χ_{max} zusammengestellt.

Für planare Strukturen mit $\chi = 2$ läßt sich eine vollständige Struktur mit $\varepsilon = 4$ Punkten angeben. Zu deren regulärer Färbung sind 4 Farben erforderlich. Kompliziertere planare Strukturen könnten eventuell noch mehr Farben benötigen. Also gilt, daß für die reguläre Färbung beliebiger planarer Strukturen mindestens 4 Farben gebraucht werden.

Tab. 2.8.1: Bei beliebiger Orientierung muß für eine vollständige Nachbarschaftsstruktur mit ε Punkten entsprechend Satz 2.8.1 die Ungleichung $\chi(\Gamma) \leqq \chi_{max} \leqq -\varepsilon(\varepsilon - 7)/6$ gelten

ε	$-\varepsilon(\varepsilon - 7)/6$	χ_{max}	ε	$-\varepsilon(\varepsilon - 7)/6$	χ_{max}
3	2.00	2	11	− 7,33	− 8
4	2.00	2	12	−10.00	−10
5	1.66	0	13	−13.00	−14
6	1.00	0	14	−16.33	−18
7	0.	0	15	−20.00	−20
8	−1.33	−2	16	−24.00	−24
9	−3.00	−4	17	−28.33	−30
10	−5.00	−6	18	−33.00	−34

Bei vorgegebener Eulerscher Charakteristik $\chi = 0$ sind vollständige Strukturen mit $\varepsilon = 5, 6, 7$ Punkten konstruierbar. Für eine vollständige Nachbarschaftsstruktur mit 8 Punkten kann man wegen Satz 2.8.1 auch bei noch so ausgeklügelter Orientierung kein $\chi = 0$ erreichen. Wir schlußfolgern daher, daß bei beliebigen Strukturen mit $\chi = 0$ für die reguläre Färbung mindestens 7 Farben gebraucht werden. Es gibt zwar Strukturen Γ mit $\chi(\Gamma) = 0$, für die 5 oder 6 Farben ausreichen. Jedoch benötigen kompliziertere Strukturen eben mindestens 7 Farben, wie das Beispiel der vollständigen Struktur mit $\varepsilon = 7$ zeigt.

Die hier geführte Argumentation läßt sich auch für $\chi < 0$ durchführen. Formal erhalten wir durch die Umstellung der Ungleichung $\chi \leqq -\varepsilon(\varepsilon - 7)/6$ die quadratische Ungleichung $(\varepsilon - 7/2)^2 \leqq -6\chi + 49/4$. Bis auf den Spezialfall $\varepsilon = 3$ können wir $\varepsilon > 7/2$ annehmen, so daß sich der folgende Satz ergibt:

Satz 2.8.2: Bei gegebener Eulerscher Charakteristik $\chi = \chi(\Gamma)$ einer vollständigen Struktur $\Gamma = [P, N, Z]$ muß für $\varepsilon = \text{card}\,(P)$ die Ungleichung $\varepsilon \leqq (7 + \sqrt{49 - 24\chi})/2$ gelten.

Hier wird das maximal mögliche ε_{max} natürlich eine ganze Zahl sein. Für vollständige Strukturen mit ε_{max} Punkten sind unbedingt ε_{max} Farben für eine reguläre Färbung erforderlich. Kompliziertere Strukturen mit $\chi = \chi(\Gamma)$ könnten möglicherweise noch mehr Farben benötigen. Auf jeden Fall aber werden mindestens ε_{max} Farben gebraucht. Eine notwendige Anzahl von Farben für die reguläre Färbung einer Struktur mit der Eulerschen Charakteristik χ ist also durch $c_{min}(\chi) = \text{ent}\,[(7 + \sqrt{49 - 24\chi})/2]$ gegeben. Dabei ist ent $[x]$ die größte ganze Zahl, die kleiner oder gleich x ist.

Wir streben mit diesen Untersuchungen einen Satz der folgenden Form an: Zur regulären Färbung einer beliebigen Struktur mit gegebener Eulerscher Charakteristik χ reichen stets $c(\chi)$ Farben aus. Bisher haben wir durch Konstruktion von Beispielen — nämlich der

Tab. 2.8.2: Entsprechend Satz 2.8.2 sind für gegebene Eulersche Charakteristik $\chi = \chi(\Gamma)$ untere Grenzen $c_{min}(\chi)$ für die stets ausreichende chromatische Zahl angegeben

χ	c_{min}	χ	c_{min}	χ	c_{min}
2	4	− 8	11	−18	14
0	7	−10	12	−20	15
−2	8	−12	12	−22	15
−4	9	−14	13	−24	16
−6	10	−16	13	−26	16

vollständigen Strukturen — nur zeigen können, daß $c(\chi) \geqq c_{min}(\chi) = \varepsilon_{max}(\chi)$ ist. Die Tab. 2.8.2 stellt einige der Werte von c_{min} zusammen.

Naturgemäß entsteht jetzt die Frage, ob es auch eine obere nichttriviale Schranke c_{max} gibt, so daß wir eine Beziehung $c_{min}(\chi) \leqq c(\chi) \leqq c_{max}(\chi)$ formulieren können. Dann könnten wir sagen, daß

— zur regulären Färbung einer beliebigen zusammenhängenden Struktur mit der Eulerschen Charakteristik χ mindestens $c_{min}(\chi)$ Farben notwendig sind und daß

— in jedem Fall $c_{max}(\chi)$ Farben hinreichend sind.

Wir werden jetzt zeigen, daß tatsächlich eine solche obere Schranke $c_{max}(\chi)$ gefunden werden kann.

Beim Beweis des Satzes 2.8.1 hatten wir die Beziehung $\mu \leqq 2\varkappa/3$ angegeben. Also ist $\chi = \varepsilon - \varkappa + \mu \leqq \varepsilon - \varkappa/3$ oder $\varkappa \leqq 3(\varepsilon - \chi)$. Bei planaren Strukturen folgt für $\varepsilon \geqq 3$ daraus $\varkappa \leqq 3\varepsilon - 6$ und $\mu \leqq 2\varepsilon - 4$. Selbst bei sehr großen planaren Strukturen werden daher Kantenzahl und Maschenanzahl höchstens proportional zur Punktanzahl anwachsen können. Da bei gegebener Eulerscher Charakteristik die Kantenanzahl nach oben beschränkt ist, folgt auf Grund des Knotensatzes 1.1.1 für den mittleren Knotengrad $\bar{v} = 2\varkappa/\varepsilon$ die Ungleichung $\bar{v} \leqq 6 - 6\chi/\varepsilon$,

Satz 2.8.3: Bei gegebener Eulerscher Charakteristik $\chi = \chi(\Gamma)$ einer zusammenhängenden Struktur $\Gamma = [P, N, Z]$ gilt bei $\varepsilon \geqq 3$ für die Kantenanzahl die Ungleichung $\varkappa \leqq 3(\varepsilon - \chi)$ und für den mittleren Knotengrad $\bar{v}$ die Ungleichung $\bar{v} \leqq 6 - 6\chi/\varepsilon$.

Für planare Strukturen ergibt sich also $\bar{v} < 6$ für $\varepsilon \geqq 3$. Da der Mittelwert $\bar{v}$ über alle (ganzzahligen) Knotengrade kleiner als 6 ist, muß es in jeder planaren Struktur mindestens einen Punkt p mit $v(p) < 6$ geben. Von dieser Erkenntnis ausgehend, können wir ein zweites allgemeingültiges Färbeverfahren für planare Strukturen angeben.

Algorithmus 2.8.1: Reduktionsverfahren für die reguläre Färbung planarer Strukturen $\Gamma = [P, N, Z]$.

1. Wir setzen $0 \to k$ und $\Gamma \to \Gamma'$.
2. Es gibt stets mindestens einen Punkt p in Γ' mit einem Knotengrad $v \leqq 5$.
3. Wir setzen $k + 1 \to k$ und ordnen dem Punkt p die Nummer k zu, d. h. $p \to p_k$.
4. Wir streichen den Punkt p und alle Kanten $\{p, q\}$ mit q als Nachbarn von p aus Γ' und erhalten dadurch eine Teilstruktur Γ'', die wieder planar ist.
5. Wir setzen $\Gamma'' \to \Gamma'$. Wenn Γ' noch Punkte enthält, wird bei Schritt 2 fortgesetzt.
6. Sonst wird die Struktur Γ dadurch konstruiert, daß die Punkte p_k, p_{k-1}, p_{k-2} ... schrittweise hinzugefügt werden. Jeder der neu hinzukommenden Punkte hat höchstens 5 Nachbarn. Er kann also immer mit einer von 6 Farben gefärbt werden, ohne die Regularitätsforderung zu verletzen.

Dieser Algorithmus zeigt, daß beliebige planare Strukturen stets mit 6 Farben regulär färbbar sind. Demnach gilt $c_{max}(2) = 6$ für die obere Schranke der chromatischen Zahlen planarer Strukturen.

Für Strukturen mit $\chi = 0$ folgt aus Satz 2.8.3 die Beziehung $\bar{v} \leqq 6$. Es kann also sein, daß alle Punkte ein $v = 6$ besitzen, so daß im Algorithmus 2.8.1 die Bedingung $v \leqq 5$ in Schritt 2 durch die Bedingung $v \leqq 6$ ersetzt werden muß. Daraus schließen wir, daß beliebige Strukturen mit $\chi = 0$ unter Verwendung von höchstens sieben Farben regulär gefärbt werden können.

Auch für Strukturen mit $\chi < 0$ kann man eine obere Schranke für $\bar{v}$ angeben, so daß der Algorithmus 2.8.1 eine allgemeine Methode zur regulären Färbung von Strukturen ist. Um den maximal möglichen Wert von $\bar{v}$ abschätzen zu können, betrachten wir die Menge

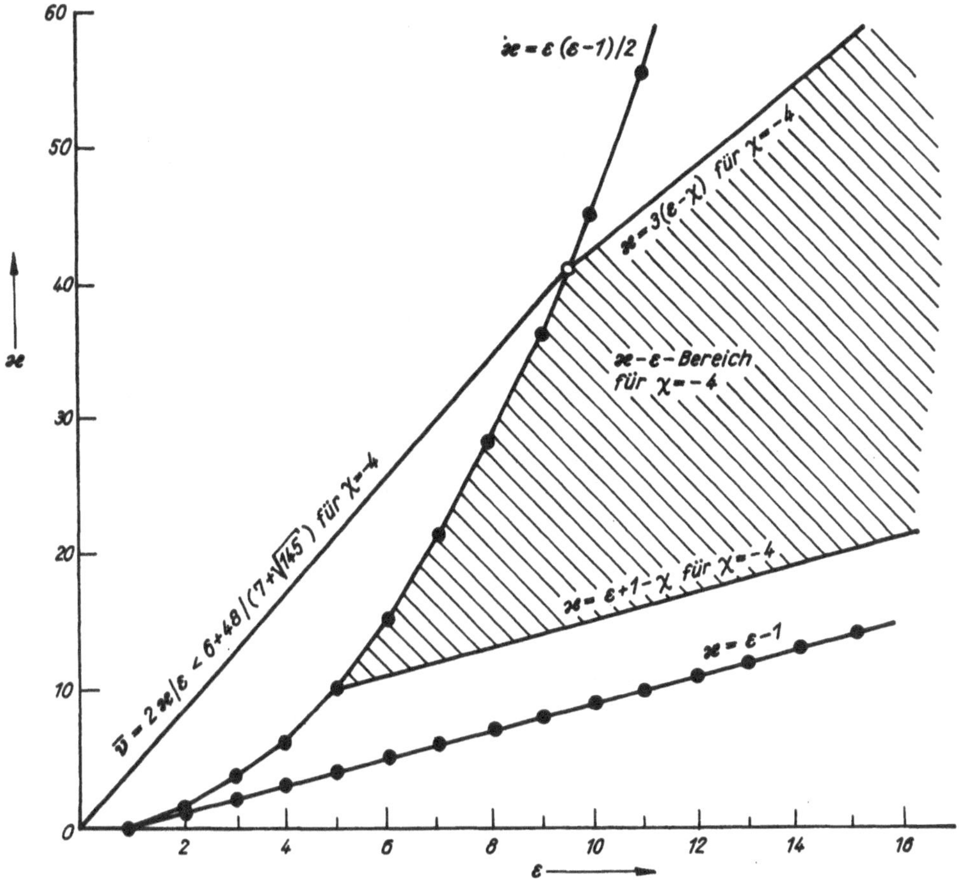

Abb. 2.8.1: Im ε-ϰ-Diagramm sind durch die Ungleichungen $\varkappa \leqq \varepsilon(\varepsilon - 1)/2$, $\varkappa \leqq 3(\varepsilon - \chi)$ und $\varkappa \geqq \varepsilon + 1 - \chi$ die Gültigkeitsbereiche für Strukturen mit der Eulerschen Charakteristik χ festgelegt.

aller Strukturen mit fast vorgegebener Eulerscher Charakteristik (Abb. 2.8.1). Im $\varepsilon - \varkappa$-Diagramm gilt allgemein $\varkappa \leqq \varepsilon(\varepsilon - 1)/2$. Außerdem besteht wegen Satz 2.8.3 die Bedingung $\varkappa \leqq 3(\varepsilon - \chi)$. Und da immer $\mu \geqq 1$ sein muß, folgt aus $\chi = \varepsilon - \varkappa + \mu \geqq \varepsilon - \varkappa + 1$ auch noch $\varkappa \geqq \varepsilon - \chi + 1$.

In Abb. 2.8.1 ist für $\chi = -4$ der Bereich möglicher $(\varepsilon, \varkappa)$-Kombinationen angegeben. Die maximalen Werte von $\bar{v} = 2\varkappa/\varepsilon$ ergeben sich aus dem Schnittpunkt der Kurven $\varkappa_1 = \varepsilon(\varepsilon - 1)/2$ und $\varkappa_2 = 3(\varepsilon - \chi)$. Wir erhalten aus $\varkappa_1 = \varkappa_2$ die Lösung

$$\varepsilon' = (7 + \sqrt{49 - 24\chi})/2 ,$$

$$\varkappa' = \varepsilon'(\varepsilon' - 1)/2 ,$$

$$\bar{v}' = 2\varkappa'/\varepsilon' = \varepsilon' - 1 = (5 + \sqrt{49 - 24\chi})/2 .$$

Es gilt also $\bar{v} \leqq \bar{v}'$. Wenn der mittlere Knotengrad $\bar{v}$ als Mittelwert über die ganzzahligen Knotengrade dieser Ungleichung genügt, dann muß es mindestens einen Punkt p geben mit $v(p) \leqq \bar{v}'$. Da das für alle Strukturen der Eulerschen Charakteristik $\chi \leqq 0$ gilt, kann der Algorithmus 2.8.1 angewendet werden.

Wenn es für fest vorgegebenes χ immer einen Punkt p in der Struktur gibt, für den $v(p) \leqq \bar{v}'$ gilt, dann reichen wegen der Allgemeingültigkeit des Algorithmus 2.8.1 stets $c_{max}(\chi) \leqq \bar{v}' + 1$ Farben für die reguläre Färbung der Struktur aus. Wir erhalten also $c_{max}(\chi) = \text{ent}\,[(7 + \sqrt{49 - 24\chi})/2]$. Zusammen mit den Schlußfolgerungen aus Satz 2.8.2 ergibt sich damit

Satz 2.8.4: Jede zusammenhängende Struktur $\Gamma = [P, N, Z]$ mit der Eulerschen Charakteristik $\chi = \chi(\Gamma)$ läßt sich mit höchstens

$$c_{max} = \text{ent}\,[(7 + \sqrt{49 - 24\chi})/2]$$

Farben regulär färben.

Mit diesem Satz ist das Problem der regulären Färbung für alle nichtplanaren Strukturen gelöst. Bei Strukturen mit $\chi = 0$ reichen stets 7 Farben aus. Es sind aber auch 7 Farben erforderlich, wie die vollständige Struktur mit $\varepsilon = 7$ zeigt. Auch für Strukturen mit $\chi < 0$ ist die notwendige Farbanzahl $c_{min}(\chi)$ gleich der hinreichenden Farbanzahl $c_{max}(\chi)$.

Nur für planare Strukturen ist das anders. Es gilt $c_{min}(2) = 4$ und $c_{max}(2) = 6$. Welche Farbanzahl ist also hinreichend und notwendig, um jede planare Struktur regulär färben zu können? Es kann dafür nur einer der Werte 4, 5, 6 in Betracht kommen. Aber welcher?

Durch weitere spezielle theoretische Überlegungen konnte bewiesen werden, daß 5 Farben immer hinreichend sind (HEAWOOD 1890). Praktische Experimente haben gezeigt, daß man stets mit 4 Farben auskommt. Aber leider liefern praktische Experimente nur einen Hinweis. Die Hypothese $c(2) = 4$ ist der Inhalt des vor über hundert Jahren formulierten *Vierfarbenproblems.* Und obwohl 1976 die Richtigkeit der Vermutung $c(2) = 4$ mit Hilfe von mehr als 1000 Stunden Computerarbeit nachgewiesen wurde, steht ein „einfacher" Beweis immer noch aus (K. APPEL, W. HAKEN: Every planar map is four colorable. Bull. Am. Math. Soc. **82** (1976)).

3. Homogene Nachbarschaftsstrukturen

Der Begriff der Homogenität wird häufig in der Mathematik und in den Naturwissenschaften verwendet. In diesen bezeichnet er die (idealisierte) Gleichartigkeit von Dingen und Prozessen, in jener die Gleichförmigkeit von Strukturen. Homogene Systeme sind leichter einer theoretischen Untersuchung zugänglich als heterogene Systeme. Dagegen resultieren aus der Heterogenität wesentlich interessantere (und der Realität eher entsprechende) Erscheinungen.

So bewegen wir uns bei Problemanalyse, Modellierung und Konstruktion ständig im Spannungsfeld von Homogenität und Heterogenität. Das technische Streben nach Reinststoffen, Temperaturkonstanz und geringen Toleranzen einerseits und komplizierten Systemen andererseits ist beredter Ausdruck dafür.

Auch in orientierten Nachbarschaftsstrukturen sind weitere Gesetzmäßigkeiten eher zu finden und präziser zu formulieren, wenn Gleichartigkeit der Punkte, Kanten und Maschen vorausgesetzt wird. Dadurch können wir in diesem Kapitel die toroidalen Netze als Basisstrukturen der digitalen Bildverarbeitung kennzeichnen. In ihnen gelten spezielle topologische Beziehungen für die Randmaschen von Gebieten, die numerischen Untersuchungen zugänglich sind.

3.1. Netze

Wir haben bereits in Abschnitt 1.4. darauf hingewiesen, daß die Einschränkung des Gegenstandsbereiches einer Theorie zu einer Erweiterung des Bestandes an allgemeingültigen Aussagen über den eingeschränkten Bereich führt. Das hat sich eindrucksvoll auch beim Übergang von der Eulerschen Ungleichung $\varepsilon - \varkappa + \mu \leqq 2$ zur Eulerschen Gleichung $\varepsilon - \varkappa + \mu = 2$ gezeigt. Der Trennungssatz 2.6.2 und die daraus folgenden Sätze sind der Lohn dafür, daß wir die Untersuchung von allgemeinen orientierten Nachbarschaftsstrukturen auf planare Strukturen eingeschränkt haben.

In diesem Abschnitt wollen wir die durch Knotensatz 1.1.1, Maschensatz 2.1.2 und Eulerschen Satz 2.2.1 numerisch charakterisierten Strukturen in einer anderen Richtung spezifizieren.

Für die praktische Anwendung der digitalen Bildverarbeitung wäre es eine deutliche Erschwernis, wenn jeder Punkt, jede Kante und jede Masche einer Struktur über individuelle Eigenschaften verfügte. Es ist sinnvoller, alle Punkte, Kanten und Maschen erst einmal als „gleichberechtigt“ anzusehen.

Für die Kanten gilt bereits, daß sie sämtlich von genau zwei Punkten berandet werden. Außerdem tritt jede gerichtete Kante in genau einer Masche auf. Für die Punkte würde eine analoge Aussage bedeuten, daß jeder Punkt gleichviel Nachbarn besitzt. Und die Maschen müßten im Idealfall alle gleich lang sein.

Definition 3.1.1: Eine Struktur $\Gamma = [P, N, Z]$ heißt *homogen*, wenn für alle Punkte $p \in P$ die Beziehung $\nu(p) = \nu = \text{const.}$ und für alle Maschen die Beziehung $\lambda(m) = \lambda = \text{const.}$ gilt.

Wir können uns im weiteren auf zusammenhängende Strukturen beschränken. Denn wenn $\Gamma_1(\nu, \lambda)$ und $\Gamma_2(\nu, \lambda)$ zwei gleichartige homogene Strukturen sind, ist entsprechend Definition 3.1.1 auch die nicht zusammenhängende Gesamtstruktur $\Gamma_1 \cup \Gamma_2$ homogen.

Ob sich homogene Strukturen überhaupt realisieren lassen, muß natürlich untersucht werden. Zum Beispiel zeigte Übung 1.1.3, daß die Forderung nach paarweise verschiedenen Knotengraden einer Nachbarschaftsstruktur mit der Definition der Nachbarschaftsrelation unvereinbar war. Und es wird auch nicht gelingen, eine zusammenhängende orientierte Nachbarschaftsstruktur mit gleicher Anzahl von Punkten, Kanten und Maschen zu konstruieren (siehe Übung 2.6.2).

Für eine zusammenhängende homogene Struktur $\Gamma(\nu, \lambda) = [P, N, Z]$ mit der Eulerschen Charakteristik $\chi = \chi(\Gamma)$, dem konstanten Nachbarschaftsgrad ν und der konstanten Maschenlänge λ gilt das Gleichungssystem

$$\begin{aligned} \varepsilon\nu &= 2\varkappa\,, \\ \mu\lambda &= 2\varkappa\,, \\ \varepsilon - \varkappa + \mu &= \chi\,. \end{aligned} \tag{3.1.1}$$

Der Knotensatz, der Maschensatz und der Eulersche Satz stellen damit für die sechs Parameter ε, $\varkappa$, μ, χ, ν, λ einer homogenen Struktur drei Gleichungen zur Verfügung. Es erscheint aussichtslos, zu konkreten Aussagen zu gelangen, da dies nichtlineare Gleichungssystem unterbestimmt ist.

Aber wir verfügen über eine weitere wichtige Information: Alle sechs Parameter müssen ganze Zahlen sein. Mit dieser Zusatzbedingung wird (3.1.1) zu einem Gleichungssystem, das nach DIOPHANT (um 250 u. Z.) benannt wird. Zusätzlich zur diophantischen Bedingung sind die Parameter ε, $\varkappa$, μ, ν, λ sämtlich positive Zahlen. Und die geradzahlige Eulersche Charakteristik muß der Ungleichung $\chi \leqq 2$ genügen.

Mit $\varepsilon/\varkappa = 2/\nu$ und $\mu/\varkappa = 2/\lambda$ können wir zwei der sechs Parameter eliminieren. Bei Division der dritten Gleichung (3.1.1) durch $\varkappa$ ergibt sich

$$\frac{2}{\nu} + \frac{2}{\lambda} = 1 + \frac{\chi}{\varkappa}. \tag{3.1.2}$$

Wir werden hier keine allgemeine Methode zur Lösung von (3.1.2) angeben. Vielmehr durchmustern wir systematisch die für fest vorgegebenes χ möglichen Lösungsbereiche. So erhalten wir für planare Strukturen mit $\chi = 2$ aus (3.1.2) die Gleichung

$$\varkappa = \frac{2}{2(\nu + \lambda)/\nu\lambda - 1}.$$

In Tab. 3.1.1 sind die zulässigen Werte für $\varkappa$ angegeben.

Die Lösung $(\nu, \lambda, \varkappa, \varepsilon, \mu) = (1, 2, 1, 2, 1)$ ist ein „Punktepaar". Mit zwei Punkten ist jedoch kaum eine sinnvolle Bildverarbeitung durchführbar.

Tab. 3.1.1: Lösungen der aus (3.1.2) folgenden diophantischen Gleichung $\varkappa = 2/(2(\nu + \lambda)/\nu\lambda - 1)$ für planare Strukturen

	$\lambda = 1$	2	3	4	5	6	7	8
$\nu = 1$		1						
2	1	2	3	4	5	6	7	8
3		3	6	12	30	—	−42	−24
4		4	12	—	−20	−12		− 8
5		5	30	−20	−10			
6		6	—	−12		− 6		
7		7	−42					
8		8	−24	− 8				− 4

Die Lösungstupel $(\nu, \lambda, \varkappa, \varepsilon, \mu) = (2, n, n, n, 2)$ sind „Ringstrukturen", die für jedes endliche $n \geqq 3$ als Grundlage einer „eindimensionalen" Bildverarbeitung dienen können. Alle n Punkte und alle n Kanten sind gleichberechtigt. Es stehen mit $n \to \infty$ auch genügend Punkte zur Verfügung. Aber eindimensionale homogene Strukturen dürften ebenfalls nicht die Lösung sein, die wir für die digitale Bildverarbeitung erwarten.

Es verbleiben nur noch fünf Lösungen, die vollständig in Tab. 3.1.2 zusammengestellt sind. Diese Lösungen entsprechen den fünf regelmäßigen Polyedern, die nach PLATON (429—348 v. d. Z.) benannt sind. Man kann ihre Punkte, Kanten und Maschen auf einer Kugeloberfläche darstellen, wobei alle Kanten die gleiche Länge und alle Maschen die gleiche Fläche besitzen. Das sind aber metrische Aussagen, die hier gar nicht interessieren.

Wegen der Planarität der fünf „platonischen Nachbarschaftsstrukturen" kann man sie überschneidungsfrei in die Ebene einzeichnen. Es ergeben sich dann die in Abb. 3.1.1 enthaltenen Netze.

Wir können also feststellen, daß tatsächlich homogene Strukturen existieren. Zwar sind die mit $\chi = 2$ gefundenen Möglichkeiten noch keine geeignete Grundlage für praktisch interessierende Anwendungen. Aber die Eulersche Charakteristik kann ja auch Werte kleiner als 2 annehmen.

Definition 3.1.2: Eine zusammenhängende homogene Struktur wird als *Netz* bezeichnet.

Betrachten wir nun Netze mit der Eulerschen Charakteristik $\chi < 0$. Für $\chi = -2$ besitzt (3.1.2) nur 10 zulässige Lösungen (s. Übung 3.1.1), und für $\chi = -4$ erhalten wir 19 zulässige Lösungen (s. Übung 3.1.2). Die maximalen Punktanzahlen sind in diesen Fällen 28 bzw. 56.

Das zahlentheoretische Problem, wieviel Lösungen die diophantische Gleichung (3.1.2)

Tab. 3.1.2: Lösungstupel $(\nu, \lambda, \varepsilon, \varkappa, \mu)$ der Gleichung (3.1.2) für planare Strukturen

ν	λ	ε	$\varkappa$	μ	Bezeichnung
3	3	4	6	4	Tetraederstruktur
3	4	8	12	6	Hexaederstruktur
3	5	20	30	12	Dodekaederstruktur
4	3	6	12	8	Oktaederstruktur
5	3	12	30	20	Ikosaederstruktur

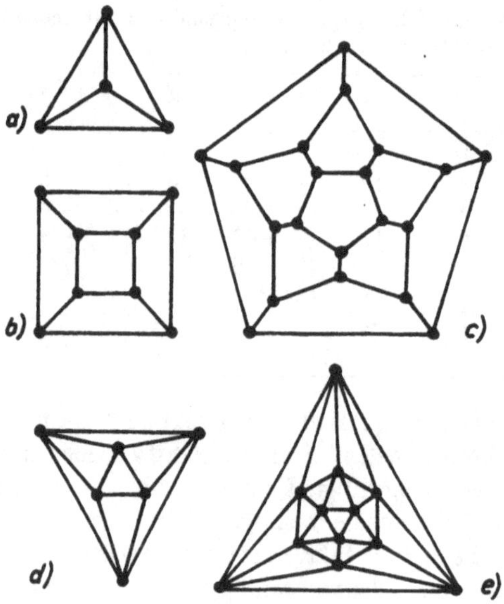

Abb. 3.1.1: Die fünf homogenen planaren Nachbarschaftsstrukturen mit $\nu \geqq 3$: Tetraedernetz (a), Hexaedernetz (b), Dodekaedernetz (c), Oktaedernetz (d) und Ikosaedernetz (e).

unter Berücksichtigung der für Nachbarschaftsstrukturen gültigen Nebenbedingungen besitzt und wie die maximal mögliche Punktanzahl ε_{max} von der gewählten Eulerschen Charakteristik χ abhängt, soll uns hier nicht interessieren. Es genügt festzustellen, daß für jedes $\chi \neq 0$ nur endlich viel homogene Strukturen existieren und daß die möglichen Punktanzahlen dieser Netze für praktische Zwecke viel zu klein sind.

Bei $\chi = 2$ fanden wir außer dem Punktepaar und den „eindimensionalen" Ringstrukturen die fünf platonischen Netze, die sich überschneidungsfrei auf einer Kugeloberfläche (oder einer topologisch äquivalenten Fläche) darstellen lassen. Eine der Kugeloberfläche topologisch äquivalente Fläche wird als „Fläche vom *Geschlecht* $g = 0$" bezeichnet. Jede orientierte Nachbarschaftsstruktur mit gegebener Eulerscher Charakteristik läßt sich — das sei hier ohne Beweis mitgeteilt — auf einer Fläche vom Geschlecht $g = (2 - \chi)/2$ durch einen kreuzungsfreien Nachbarschaftsgraphen veranschaulichen. Das Geschlecht einer Fläche kann die Werte 0, 1, 2, ... annehmen. Topologisch entsprechen solche Flächen einer Kugel mit 0, 1, 2, ... Henkeln. Ein Fahrradschlauch hätte demnach das Geschlecht 1, eine Brezel das Geschlecht 2 usw. Also sind Flächen vom Geschlecht g auch topologisch äquivalent zu Kugeln mit g durchgehenden Löchern.

Bei Berücksichtigung dieser Zusammenhänge ist es gar nicht so unangenehm, daß wir für $\chi < 0$ keine verwertbaren Netze gefunden haben. Es bedeutete ja sonst, daß wir z. B. Bildverarbeitung auf Kugeln mit 10 Henkeln treiben müßten . . .

Übungen:

3.1.1: Ermitteln Sie für $\chi = -2$ alle homogenen Strukturen und stellen Sie eine Tabelle in Analogie zur Tabelle 3.1.2 auf!

3.1.2: Ermitteln Sie für $\chi = -4$ alle homogenen Strukturen und stellen Sie eine Tabelle in Analogie zur Tabelle 3.1.2 auf!

3.1.3: Konzipieren Sie aus den Erfahrungen der Übungen 3.1.1/2 heraus ein Programm, das für homogene Strukturen mit $\chi < 2$ zu Tab. 3.1.2 analoge Tabellen ausdruckt!

3.1.4: Wie müßte ein Programm gestaltet werden, das für homogene Strukturen mit $\chi < 2$ eine Tabelle der maximal möglichen Punktanzahl ε_{max} als Funktion $\varepsilon_{max} = f(\chi)$ ausdruckt?

3.2. Torusnetze

Bisher haben wir Strukturen mit $\chi = 0$ noch nicht untersucht. Gl. (3.1.2) nimmt in diesem Fall die Gestalt

$$\frac{2}{\nu} + \frac{2}{\lambda} = 1$$

an. Sie besitzt nur die drei ganzzahligen Lösungen $(\nu, \lambda) = (3, 6), (4, 4), (6, 3)$, die für beliebige Werte von $\varkappa$ existieren. Aber da $\varepsilon = 2\varkappa/\nu$ und $\mu = 2\varkappa/\lambda$ ebenfalls ganzzahlig sein müssen, ist z. B. ein $\varkappa = 5$ nicht zulässig. Alle die Nebenbedingungen erfüllenden möglichen Lösungen sind in Tab. 3.2.1 zusammengestellt.

Die Bedingung $\varepsilon > \nu$ muß natürlich erfüllt sein. Ob sie aber ausreicht, damit etwa das Netz $(\nu, \lambda, \varepsilon, \varkappa, \mu) = (4, 4, 5, 10, 5)$ existiert, ist nicht gewährleistet. So kann bei den Dreiecksnetzen $n = 6$ nicht gewählt werden, weil auch die Bedingung $\varkappa \leqq \varepsilon(\varepsilon - 1)/2$ besteht. Für die kleinsten in Tab. 3.2.1 zugelassenen Werte von n existieren aber bereits Netze (Abb. 3.2.1).

Diese recht komplizierten Netze lassen sich wegen $\chi = 0$ auf der Oberfläche eines Kreiswulstes kreuzungsfrei darstellen. Ein Kreiswulst, der auch als Torus bezeichnet wird, besitzt eine Oberfläche vom Geschlecht $g = 1$. Diese ist der Oberfläche jedes einfach durchlöcherten Körpers topologisch äquivalent.

Ein wesentlich übersichtlicheres Konstruktionsschema für große Netze mit $\chi = 0$ zeigt Abb. 3.2.2. Die dort auftretenden „offenen" Kanten werden paarweise miteinander verbunden (a mit a', b mit b' usw.). Am einfachsten kann man sich diese Verbindung beim Vierecksnetz vorstellen. Zuerst „verklebt" man den oberen Rand mit dem unteren Rand, so daß ein zylinderförmiges Gebilde entsteht. Der Zylinder hat links und rechts noch zwei offene Ränder. Verbiegt man den Zylinder zu einem Kreiswulst, so können auch diese Ränder miteinander verbunden werden.

Hier ist offensichtlich, daß auf Torusoberflächen keine Kreuzungen der Kanten des jeweiligen Nachbarschaftsgraphen auftreten. Abb. 3.2.2 zeigt auch, daß es beliebig große

Tab. 3.2.1: Lösungstupel $(\nu, \lambda, \varepsilon, \varkappa, \mu)$ des diophantischen Gleichungssystems (3.1.1) für $\chi = 0$.

ν	λ	ε	$\varkappa$	μ	Bezeichnung
3	6	$2n$	$3n$	n	Sechsecksnetze $n \geqq 3$
4	4	n	$2n$	n	Vierecksnetze $n \geqq 5$
6	3	n	$3n$	$2n$	Dreiecksnetze $n \geqq 7$

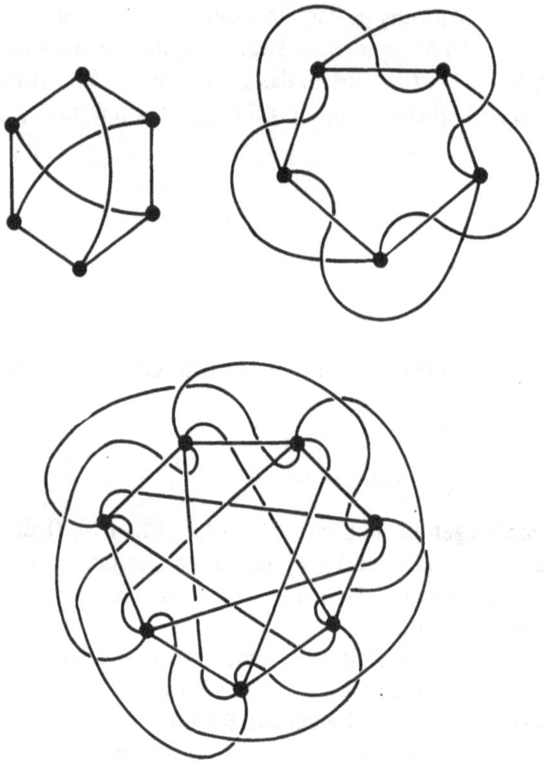

Abb. 3.2.1: Die einfachsten Torusnetze entsprechend Tab. 3.2.1 mit $(\nu, \lambda) = (3, 6)$ für $n = 3$, $(\nu, \lambda) = (4, 4)$ für $n = 5$ und $(\nu, \lambda) = (6, 3)$ für $n = 7$

Netze mit $\chi = 0$ gibt. Sie sind zwar immer endlich. Aber bei Beachtung dessen, was bereits in Abschnitt 1.1.1. über die potentielle Unendlichkeit gesagt wurde, können wir den Parameter n in Tab. 3.2.1 so groß wählen, daß die entstehenden Netze für die Behandlung jedes in der Praxis auftretenden Problems geeignet sind.

Definition 3.2.1: Eine zusammenhängende homogene Struktur $\Gamma = \Gamma(\nu, \lambda) = [P, N, Z]$ mit der Eulerschen Charakteristik $\chi(\Gamma) = 0$ und $(\nu, \lambda) = (3,6)$, $(4,4)$ oder $(6,3)$ wird als *Torusnetz* oder *toroidales Netz* bezeichnet.

Im Gegensatz zu allen nichttoroidalen Netzen können Torusnetze potentiell unendlich groß werden. Und im Gegensatz zu allen Flächen mit einem Geschlecht $g \neq 1$ lassen sich auf einer Torusoberfläche potentiell unendlich viele homogene Strukturen kreuzungsfrei darstellen. Es ist verblüffend, daß genau ein Loch in einem Körper bzw. genau ein Henkel an einer Kugel zu diesem Ergebnis führt.

Die in Abb. 3.2.2 besonders gekennzeichneten planaren Ausschnitte der Torusnetze können ebenfalls potentiell unendlich groß werden. Aber wie groß man sie auch wählen mag — sie bleiben stets planare Strukturen. Die Randpunkte dieser Ausschnitte besitzen einen Nachbarschaftsgrad der kleiner ist als der für das jeweilige Netz charakteristische Wert ν. Die planaren Ausschnitte sind damit keine homogene Strukturen mehr.

Wir stehen deshalb vor der folgenden Alternative:

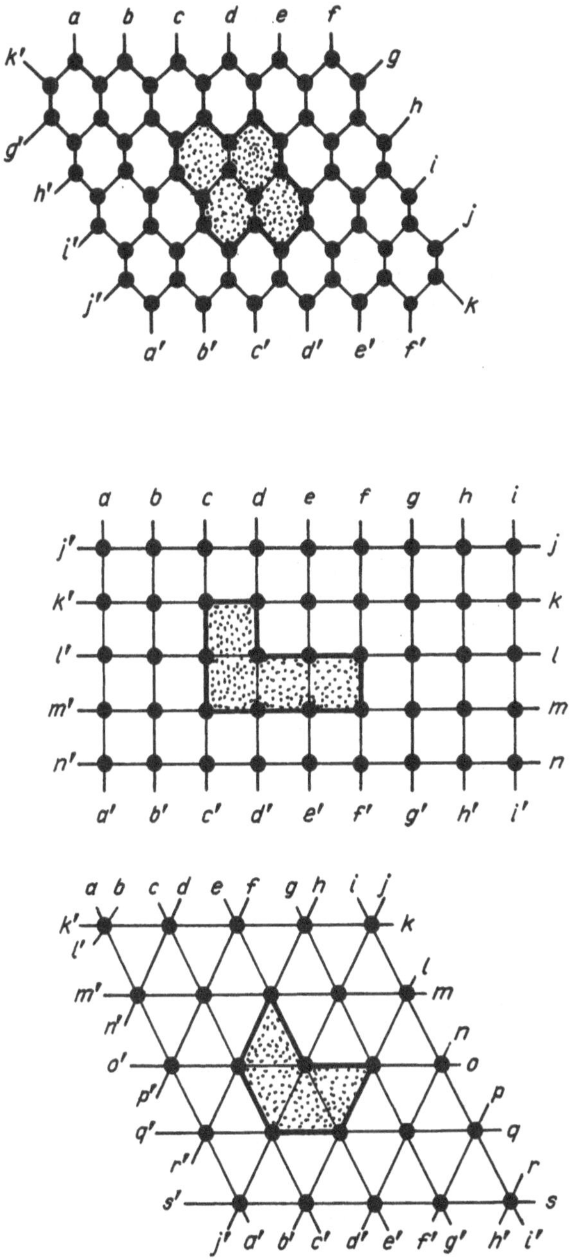

Abb. 3.2.2: Torusnetze mit Angabe der miteinander zu verbindenden Punkte (je zwei „offene" Kanten *a*, *a'* usw. bilden eine Kante des Netzes). In jedem Netz ist ein planares Gebiet mit einer einzigen Randmasche dargestellt.

— Es existieren große, für die Bildverarbeitung geeignete planare Netze, deren Homogenität am Rande verletzt ist.
— Es existieren große, für die Bildverarbeitung geeignete toroidale Netze, die jedoch nicht mehr planar sind.

Was also tun, um beide Eigenschaften, Homogenität und Planarität, für die Zwecke der digitalen Bildverarbeitung zu retten? Mit dieser Frage werden wir uns in den nächsten Abschnitten beschäftigen.

Übungen:

3.2.1: Zeichnen Sie die möglichen Lösungen (ν, λ) der diophantischen Gleichung (3.1.2) unter Beachtung der Ergebnisse der Übungen 3.1.1/2 in ein ν—λ-Diagramm ein! Diskutieren Sie das entstandene Bild!

3.2.2: Warum ist das in Übung 3.2.1 entstandene Bild unsymmetrisch, obwohl Gl. (3.1.2) in ν und λ symmetrisch ist?

3.2.3: Zeigen Sie, daß das homogene Netz eines n-dimensionalen Würfels für $n \geqq 4$ nicht überschneidungsfrei in der Ebene dargestellt werden kann!

3.3. Randmaschen in Torusnetzen

Es sei $\Gamma = \Gamma(\nu, \lambda)$ ein Torusnetz, d. h. eine homogene Struktur $[P, N, Z]$ mit der Eulerschen Charakteristik $\chi = 0$. Weiter sei $G \subset P$ ein Gebiet dieser Nachbarschaftsstruktur, das nur eine einzige Randmasche besitzt (daß solche Gebiete existieren, beweist Abb. 3.2.2).

Die Länge der Randmasche bezeichnen wir mit l. Die Anzahl der dieser Randmasche entsprechend Definition 2.4.3 zugeordneten Randkanten sei n. Für die Gebiete aus Abb. 3.2.2 besitzen die Tupel (l, n) die Werte (14, 10), (10, 14), (6, 18).

Da es nur eine einzige Randmasche gibt, sind ihr alle n Randkanten zugeordnet. Entfernen wir diese Randkanten aus dem Netz, so gibt es zwischen der durch G erzeugten Teilstruktur Γ_G und der Teilstruktur $\Gamma_{\bar{G}}$ keinen Zusammenhang mehr. Das gilt selbst dann, wenn G nichtplanar ist.

Die *drei topologischen Grundgleichungen* für die Struktur lauten

$$\begin{aligned} &\text{Gl. I:} && \nu\varepsilon - n = 2\varkappa\,, \\ &\text{Gl. II:} && \lambda(\mu - 1) + l = 2\varkappa\,, \\ &\text{Gl. III:} && \varepsilon - \varkappa + \mu = \chi_G\,. \end{aligned} \qquad (3.3.1)$$

Da es nur eine Randmasche gibt, sind alle Randpunkte untereinander in G verbunden. Nach Satz 1.4.2 bedingt die Existenz genau einer Randmasche bereits den Zusammenhang von G. Die Eulersche Charakteristik $\chi_G = \chi(\Gamma_G)$ kann in einem Torusnetz nach Satz 2.3.1 nur die Werte 0 und 2 annehmen.

Die erste der Gleichungen (3.3.1) resultiert daraus, daß jeder der ε Punkte des Gebietes G genau ν Nachbarn hat, aber n dieser Nachbarn durch das Streichen der n Kanten nicht mehr vorhanden sind. Die zweite Gleichung folgt, weil jede der $\mu - 1$ Kernmaschen die Länge λ besitzt, die einzige Randmasche aber die Länge l.

Eine einfache Rechnung liefert für den formalen Ausdruck $\nu\lambda \times$ Gl. III — $\nu \times$ Gl. I — $\lambda \times$ Gl. II die Gleichung

$$\lambda n - \nu l = \nu\lambda(\chi_G - 1) - (2\lambda + 2\nu - \nu\lambda)\,\varkappa\,.$$

Der vor $\varkappa$ stehende Faktor verschwindet für Torusnetze $\Gamma(\nu, \lambda)$ identisch, so daß sich

$$\frac{n}{\nu} - \frac{l}{\lambda} = \chi_G - 1$$

ergibt. Da nun χ_G nur die Werte 0 oder 2 annehmen kann, erhalten wir für $n/\nu - l/\lambda$ unabhängig von Größe und Gestalt des jeweiligen Gebietes +1 oder −1. In anderen (nicht-toroidalen) Netzen würde dagegen durch den Term $(2\lambda + 2\nu - \nu\lambda)\,\varkappa$ eine Abhängigkeit von Größe und Gestalt bestehen.

Definition 3.3.1: Es sei l die Länge einer Randmasche m und n die Anzahl der dieser Randmasche zugeordneten Randpaare in einem Torusnetz $\Gamma(\nu, \lambda)$. Dann wird der Ausdruck $n/\nu - l/\lambda$ als *totale Krümmung* $t = t(m)$ der Randmasche bezeichnet.

Satz 3.3.1: Es sei G ein Gebiet in einem Torusnetz $\Gamma(\nu, \lambda)$. Falls G nur eine einzige Randmasche m besitzt, gilt zwischen der totalen Krümmung $t(m)$ der Randmasche und der Eulerschen Charakteristik der durch G erzeugten Teilstruktur die Beziehung $t(m) = \chi_G - 1$.

Wir wenden jetzt die vorstehenden Überlegungen auf den Fall an, daß das Gebiet G genau r Randmaschen besitzt, deren Längen $l_1 \dots l_r$ sein sollen. Die Anzahlen der den einzelnen Randmaschen zugeordneten Randkanten bezeichnen wir mit $n_1 \dots n_r$. Dann ergibt sich in Analogie zu (3.3.1) das Gleichungssystem

$$\nu\varepsilon - \sum_{i=1}^{r} n_i = 2\varkappa\,,$$

$$\lambda(\mu - r) + \sum_{i=1}^{r} l_i = 2\varkappa\,,$$

$$\varepsilon - \varkappa + \mu = \chi_G\,.$$

Diese drei Gleichungen liefern mit $2\lambda + 2\nu - \nu\lambda = 0$ die Beziehung

$$\sum_{i=1}^{r} t_i = \sum_{i=1}^{r} \left(\frac{n_i}{\nu} - \frac{l_i}{\lambda}\right) = \chi_G - r\,. \tag{3.3.2}$$

Den Fall $r = 1$ haben wir bereits behandelt. Jetzt untersuchen wir zuerst toroidale Teilstrukturen mit $\chi_G = \chi(\Gamma_G) = 0$. Nach Satz 2.3.2 sind dann alle durch die Komplementärkomponenten von G erzeugten Teilstrukturen planar, und nach Satz 1.6.1 sind die Komplementärkomponenten sämtlich voneinander getrennt. Jede dieser Komplementärkomponenten kann über Randkanten mit G verbunden werden. Dadurch entstehen größere Gebiete, die aber ebenfalls toroidal sein müssen.

Wenn wir uns nur die Randkanten aus dem Netz entfernt denken, die einer einzigen der r Randmaschen zugeordnet sind, dann ist Satz 3.3.1 anwendbar. Da diese Randmasche beliebig ausgewählt werden kann, gilt

Satz 3.3.2: Alle Randmaschen einer durch ein Gebiet G erzeugten toroidalen Teilstruktur Γ_G eines Torusnetzes $\Gamma(\nu, \lambda)$ besitzen die totale Krümmung $t = n/\nu - l/\lambda = -1$.

Wenn χ_G in Gl. (3.3.2) den Wert 2 annimmt, werden die Beziehungen zwischen G und seinen Komplementärkomponenten etwas unübersichtlicher. Bei $r = 2$ folgt für planare Teilstrukturen $t_1 + t_2 = 0$. Durch das Streichen der einer Randmasche m_1 zugeordneten Randkanten wird die Eulersche Charakteristik entsprechend Satz 2.4.3 vergrößert. Das Torusnetz kann dabei in eine planare Teilstruktur und eine toroidale Komplementärkomponente zerfallen. Es ist nach Satz 3.3.1 dann $t(m_1) = t_1 = +1$, so daß sich wegen $t_1 + t_2 = 0$ für die zweite Randmasche $t(m_2) = t_2 = -1$ ergeben muß.

Die Trennung einer Struktur durch eine Randmasche ist nach Satz 2.7.1 aber nur in planaren Strukturen zwangsläufig. In einer toroidalen Struktur muß sich zwar die Eulersche Charakteristik durch das Streichen der Randkanten einer Randmasche erhöhen. Aber der Übergang von $\chi = 0$ zu $\chi' = 2$ kann auch den Übergang von einer zusammenhängenden toroidalen zu einer zusammenhängenden planaren Struktur bedeuten. Erst das Streichen der Randkanten der zweiten Randmasche muß dann zu mehreren nicht miteinander zusammenhängenden Teilstrukturen führen.

Außer der Lösung $+1 - 1 = 0$ gibt es bei zwei Randmaschen daher auch noch die Lösung $t_1 = t_2 = 0$. Die Unabhängigkeit der beiden Randmaschen voneinander schließt Lösungen $t(m_1) = -t(m_2) = \text{const} \neq 0$ in diesem Fall aus. Es gibt in Torusnetzen also nur Randmaschen der totalen Krümmung $t \in \{-1, 0, +1\}$.

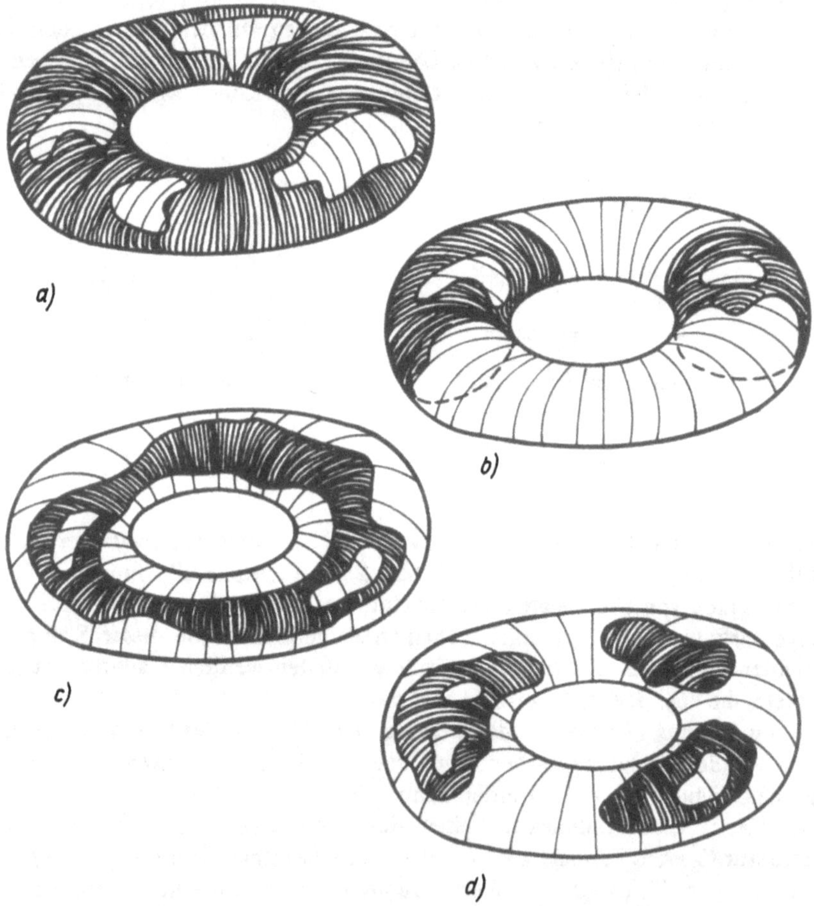

Abb. 3.3.1: Schematische Darstellung von Torusgebieten (a), Ringgebieten (b und c) sowie Normalgebieten (d) auf einer Torusoberfläche. Innere Randmaschen treten in allen Fällen auf. Ringgebiete besitzen zwei indifferente Randmaschen und Normalgebiete eine äußere Randmasche.

Definition 3.3.2: Die Randmaschen in Torusnetzen $\Gamma(v, \lambda)$ werden entsprechend ihrer totalen Krümmung in *innere* Randmaschen mit $t = -1$, *indifferente* Randmaschen mit $t = 0$ und *äußere* Randmaschen mit $t = +1$ unterteilt.

Mit Hilfe dieser Einteilung der Randmaschen können nun auch die Gebiete in homogenen toroidalen Strukturen klassifiziert werden:

Definition 3.3.3: Ein Gebiet G in einem Torusnetz heißt

- *Torusgebiet*, wenn $\chi(\Gamma_G) = 0$ ist und alle Randmaschen innere Randmaschen sind;
- *Ringgebiet*, wenn $\chi(\Gamma_G) = 2$ ist und G zwei indifferente Randmaschen sowie eventuell innere Randmaschen besitzt;
- *Normalgebiet*, wenn $\chi(\Gamma_G) = 2$ und G eine äußere Randmasche sowie eventuell innere Randmaschen besitzt.

In Abb. 3.3.1 sind diese Definitionen schematisch veranschaulicht. Die dunkel dargestellten Gebiete muß man sich dabei in die detaillierte Form der Abb. 3.2.2 aufgelöst vorstellen. Diese Zeichnungen liefern gleichzeitig eine Motivation für die Wahl der Bezeichnungen in den Definitionen 3.3.2/3.

Die eindeutige Zuordnung der Randmaschen toroidaler Netze in die Klassen der inneren, indifferenten und äußeren Randmaschen gestattet es auch, vom „Inneren" bzw. „Äußeren" eines Gebietes zu sprechen.

Definition 3.3.4: Die einer inneren bzw. äußeren Randmasche des Gebietes G eines Torusnetzes zugeordneten Komplementärkomponenten von G werden als *innere* bzw. *äußere Komplementärkomponenten* von G bezeichnet.

Innere Komplementärkomponenten sind stets planar. Äußere Komplementärkomponenten treten nur bei Normalgebieten auf. Sie können planar oder toroidal sein.

Die Tatsache, daß der lokale homogene Aufbau zu den globalen Begriffen des „Innen" bzw. des „Außen" führt, ist nur in Torusnetzen gegeben: Eine kleine Landmasse auf einem ansonsten wasserbedeckten Planeten wäre eine Insel. Sie läge mitten im Meer, das für die Bewohner der Insel das „Äußere" wäre. Wird die Ausdehnung der Insel größer und größer, so wird man irgendwann einmal von einem Kontinent sprechen, während das Meer zu einem im „Innern" liegenden See geworden ist. Vom topologischen Standpunkt aus sind „See" und „Meer" jedoch gleichbedeutend, folglich ist die Unterscheidung von innen und außen auf einer Kugeloberfläche unmöglich.

Übungen:

3.3.1: Es ist zu zeigen, daß in keiner Zerlegung eines Torusnetzes gleichzeitig mehrere Torusgebiete oder ein Torusgebiet zusammen mit einem Ringgebiet auftreten können!

3.4. Bildgebiete

Von den in Definition 3.3.3 eingeführten drei Typen von Gebieten in Torusnetzen interessieren uns vorrangig die Normalgebiete für die digitale Bildverarbeitung. Sie sind zum ersten planar, womit die in den Abschnitten 2.6. und 2.7. abgeleiteten Gesetzmäßigkeiten zum Tragen kommen. Dazu gehören besonders der Trennungssatz 2.6.2 als wichtiger Spezialfall des allgemeinen Randmaschensatzes 2.4.3 und die daraus folgenden Sätze.

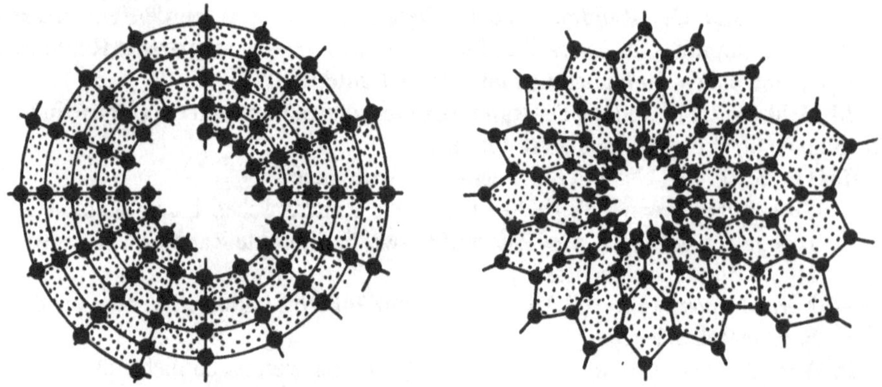

Abb. 3.4.1: Ringgebiete in Torusnetzen $\Gamma(4, 4)$ als ungewöhnliche Trägerstrukturen für die digitale Bildverarbeitung.

Diese Eigenschaften gelten natürlich auch für die planaren Ringgebiete. Aber Ringgebiete sind ungewöhnliche Strukturen für die Bildverarbeitung (s. Abb. 3.4.1). Das bedeutet jedoch nicht unbedingt, daß sie zukünftig nicht Bedeutung erlangen könnten.

Normalgebiete dagegen bieten bereits einen ziemlich „normalen“ Eindruck dessen, was üblicherweise unter dem Träger eines digitalen Bildes verstanden wird (Abb. 3.2.2). Allerdings würden „Löcher“ in Normalgebieten die Homogenität im Inneren zerstören, so daß uns im Weiteren nur „lochfreie“ Normalgebiete interessieren werden.

Definition 3.4.1: Ein Normalgebiet B eines Torusnetzes $\Gamma(\nu, \lambda)$, das außer der äußeren Randmasche keine weiteren Randmaschen und nur eine einzige (toroidale) Komplementärkomponente besitzt, heißt *Bildgebiet*.

Jedes Gebiet G, das in einem Bildgebiet enthalten ist, erzeugt eine planare Teilstruktur Γ_G des jeweiligen Torusnetzes. Das Gebiet G selber ist ebenfalls ein Normalgebiet und besitzt genau eine einzige äußere Randmasche. Für Gebiete innerhalb von Bildgebieten gelten alle Gesetzmäßigkeiten, die wir bisher für Nachbarschaftsstrukturen, orientierte Nachbarschaftsstrukturen und homogene orientierte Nachbarschaftsstrukturen abgeleitet haben.

Für die äußere Randmasche eines Gebietes gilt $n/\nu - l/\lambda = 1$ entsprechend Satz 3.3.1. Wenn man für ein Gebiet mit Hilfe des Algorithmus 2.5.1 irgendeine Randmasche bestimmt, so können gleichzeitig die Werte n und l ermittelt werden. Damit ist dann sofort die Entscheidung darüber möglich, ob man die äußere oder irgendeine innere Randmasche gefunden hat: Obwohl im Algorithmus 2.5.1 nur lokale Entscheidungen auftreten, führt deren Gesamtheit zu einer globalen Aussage über das Gebiet.

Für Gebiete in Bildgebieten werden wir in Analogie zu Abb. 3.3.1 schematische Darstellungen wie in Abb. 3.4.2 verwenden. Man kann damit oft eine einprägsame Veranschaulichung der jeweils diskutierten Problematik erreichen bzw. ein wirksames heuristisches Werkzeug zum Einsatz bringen. Doch muß man sich der eigentlichen „mikroskopischen“ Struktur solcher Abbildungen stets bewußt sein, um vorschnellen Fehlschlüssen vorbeugen zu können.

Satz 3.4.1: Jedes Gebiet G, das in einem Bildgebiet eines Torusnetzes liegt, besitzt genau eine toroidale Komplementärkomponente mit genau einer inneren Randmasche und möglicherweise weitere planare Komplementärkomponenten mit jeweils genau einer äußeren Randmasche.

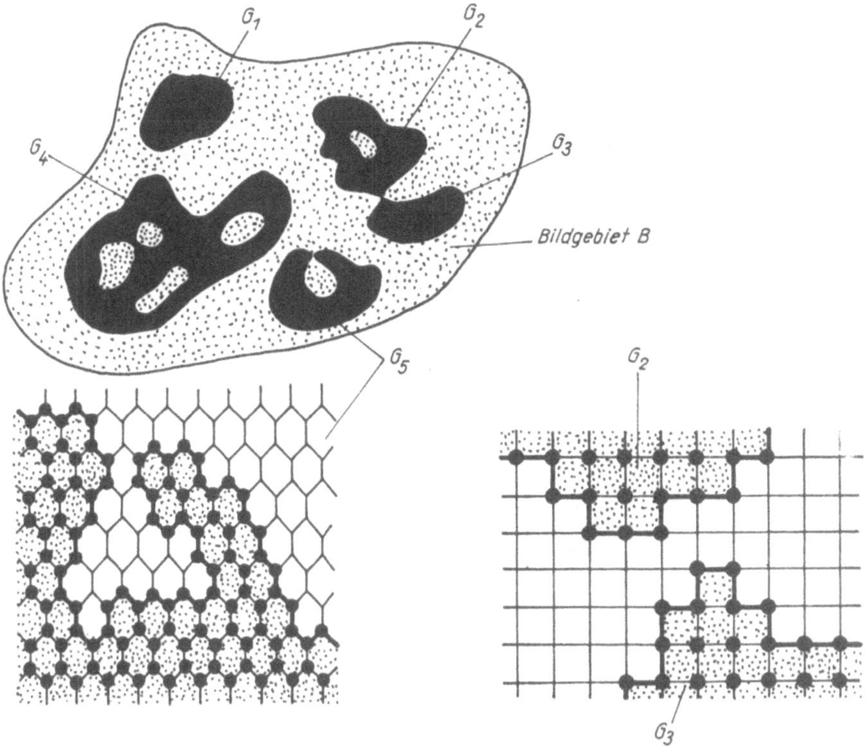

Abb. 3.4.2: Ein Bildgebiet B mit fünf Gebieten $G_i \subset B$. Der „entartete Berührungspunkt" zwischen G_2 und G_3 ist in exakter „mikroskopischer" Darstellung des Netzes $\Gamma(4,4)$ angegeben: G_2 und G_3 hängen also nicht miteinander zusammen. Ähnlich „entartete Berührungen" treten bei einer der inneren Randmaschen von G_4 und der Randmasche von G_5 auf, die im Netz $\Gamma(3,6)$ dargestellt wird. In allen diesen Fällen gibt es auf „mikroskopischer Ebene" keine Berührung.

Die Aussage dieses wichtigen Satzes, den wir als *Zerlegungssatz* bezeichnen wollen, ist in Abb. 3.4.3 veranschaulicht. Falls das Gebiet G mehrere Komplementärkomponenten besitzt, kann wegen Satz 2.3.2 höchstens eine von diesen toroidal sein. Alle anderen Komplementärkomponenten sind planar. Und da diese nach Satz 1.6.4 ihrerseits nur eine einzige Komplementärkomponente besitzen, muß die entsprechende Randmasche nach Satz 3.3.1 und Definition 3.3.2 eine äußere Randmasche sein. Nach Definition 3.4.1 besitzt das Bildgebiet, in das G eingebettet ist, eine toroidale Komplementärkomponente. Diese ist auf jeden Fall eine Teilmenge einer der Komplementärkomponenten C von G. Also muß C eine toroidale Teilstruktur Γ_C erzeugen. Also besitzt Γ_C wegen Satz 3.3.2 nur eine einzige innere Randmasche.

Definition 3.4.2: Die toroidale Komplementärkomponente eines in einem Bildgebiet liegenden Gebietes G heißt *Komplement* von G. Die der äußeren Randmasche von G zugeordneten planaren Komplementärkomponenten des Gebietes werden als *Höhlen* von G bezeichnet. Die inneren Randmaschen von G zugeordneten planaren Komplementärkomponenten sind *Löcher* von G.

Satz 3.4.2: Die Löcher und Höhlen eines in einem Bildgebiet liegenden Gebietes besitzen weder Löcher noch Höhlen.

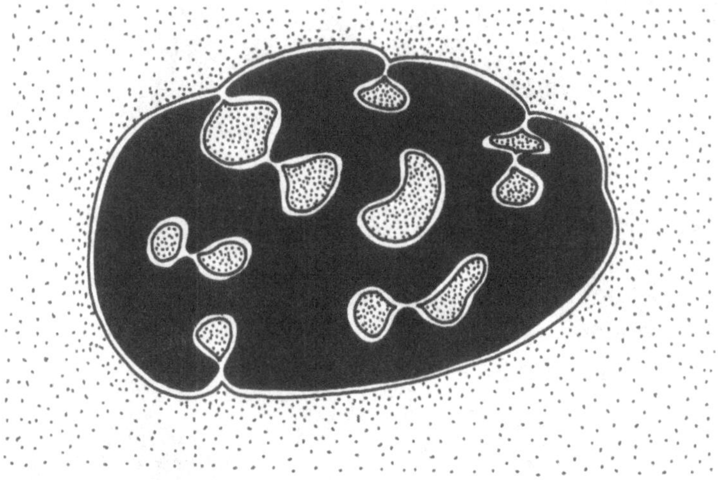

Abb. 3.4.3: Zur Veranschaulichung des Satzes 3.4.1. Jede (punktierte) Komplementärkomponente eines (ausgefüllten) Gebietes besitzt genau eine Randmasche. Genau eine dieser komplementären Randmaschen ist eine innere Randmasche.

Beweis:
— Es sei C eine der planaren Komplementärkomponenten des Gebietes G.
— Nach Satz 1.6.4 besitzt C seinerseits nur eine einzige Komplementärkomponente C', die die toroidale Komplementärkomponente des Bildgebietes enthält.
— Also wird durch C' eine toroidale Teilstruktur des Torusnetzes erzeugt.
— C besitzt daher nur eine einzige toroidale Komplementärkomponente, die wegen Definition 3.4.2 weder Loch noch Höhle von C sein kann.

Der Satz 3.4.2 ist insofern von Bedeutung, als daß die Hierarchie Gebiete — Löcher von Gebieten — Löcher der Löcher von Gebieten ... bereits nach der ersten Stufe abgebrochen wird. Grundlage dafür ist die bereits in Abschnitt 1.6. gefundenen Tatsache, daß die Komplementärkomponenten eines Gebietes in einer zusammenhängenden Nachbarschaftsstruktur jeweils nur eine einzige Komplementärkomponente besitzen.

Aus den Abb. 3.4.2 und 3.4.3 ist zu erkennen, daß der äußeren Randmasche eines Gebietes G mehrere Höhlen und den inneren Randmaschen jeweils mehrere Löcher zugeordnet sein können. Die Ursache dafür ist anhand der „mikroskopischen" Ausschnitte der Abb. 3.4.2 zu erkennen: Innerhalb einer der λ-Maschen des Torusnetzes können nichtbenachbarte Punkte des Gebietes G auftreten, die einer einzigen Randmasche von G angehören.

In Abb. 3.4.2 sind bewußt nur Ausschnitte der Torusnetze $\Gamma(3, 6)$ und $\Gamma(4, 4)$ angegeben worden. Im toroidalen Dreiecksnetz $\Gamma(6, 3)$ kann nämlich die Situation nichtbenachbarter Punkte einer Randmasche nicht auftreten. Daraus resultiert eine gewisse Besonderheit des Dreiecksnetzes.

Satz 3.4.3: Im Dreiecksnetz ist jeder Randmasche eines Gebietes genau eine Komplementärkomponente zugeordnet. Deshalb besitzen Gebiete in Dreiecksnetzen auch keine Höhlen.

Übungen:

4.1: Es ist zu zeigen, daß in Bildgebieten B von Torusnetzen nur Gebiete $G \subseteq B$ auftreten können, die Normalgebiete sind!

3.5. Picksche Formeln

Gebiete G in Bildgebieten besitzen eine äußere Randmasche und möglicherweise eine oder mehrere innere Randmaschen. Wenn wir G mit seinen Löchern vereinigen, entsteht ein neues Gebiet G^* ohne Löcher, das nur noch eine äußere Randmasche besitzt. In Sechseck- und Vierecknetzen können jedoch noch Höhlen vorhanden sein.

Für solche lochfreie Gebiete G^* gilt das Gleichungssystem (3.3.1). Mit $f^* = \mu^* - 1$ als Anzahl der Kernmaschen von G^* ergibt die Differenz der ersten beiden Gleichungen

$$\nu\varepsilon^* - n = \lambda f^* + l\,.$$

Aus Satz 3.3.1 erhalten wir für die äußere Randmasche des planaren Gebietes G^* die Beziehung $\lambda n = \nu l + \nu\lambda$. Ersetzen wir n im obigen Ausdruck, dividieren durch ν und beachten $1/\nu + 1/\lambda = 1/2$ für alle Torusnetze, so folgt

$$\varepsilon^* = \frac{\lambda}{\nu} f^* + \frac{l}{2} + 1\,. \tag{3.5.1}$$

Durch diese Gleichung sind die Anzahl der Punkte, die Anzahl der Kernmaschen und die Länge der äußeren Randmasche eines lochfreien Gebietes G^* miteinander verknüpft. Wir wollen (3.5.1) als *erste Picksche Formel* bezeichnen.

Der Prager Mathematikprofessor Georg Pick hat für das quadratische Punktgitter einen Satz angegeben, der in direkter Verbindung mit (3.5.1) steht: Der Flächeninhalt A eines beliebigen nichtentarteten Polygons, dessen Ecken Gitterpunkte sind und das i Gitterpunkte im Innern sowie r Gitterpunkte auf dem Rand besitzt, läßt sich durch die Formel $A = i + r/2 - 1$ bestimmen (G. Pick: Geometrisches zur Zahlenlehre. Zeitschrift des Vereins „Lotos", Prag 1899).

Im Quadratgitter können wir jeder Kernmasche den Flächeninhalt 1 zuschreiben. Mit $\varepsilon^* = i + r$ und $\lambda/\nu = 1$ folgt aus (3.5.1) dann sofort $f^* = i + r/2 - 1$, d. h. der Satz von Pick.

Jedoch ist mit (3.5.1) eine wesentliche Verallgemeinerung erreicht worden: Diese Formel gilt für alle drei Torusnetze und auch für „entartete Polygone", bei denen die äußere Randmasche in sich selbst zurücklaufen kann. Vor allem aber wird gezeigt, daß (3.5.1) eine rein topologische Gesetzmäßigkeit zum Ausdruck bringt. Die im Quadratgitter existierende Metrik und der Begriff einer Fläche sind zum Beweis der Pickschen Formel nicht erforderlich (Abb. 3.5.1).

Pick hat damit bereits im vorigen Jahrhundert eine der Grundformeln der digitalen Bildverarbeitung gefunden — gewiß ohne an irgendeine praktische Anwendung zu denken. Er stand übrigens in engem Kontakt zu Einstein, als dieser 1911/12 an der Prager Universität tätig war. Pick gestaltete mit Einstein und anderen Musikfreunden gemeinsam Kammermusikabende, diskutierte mit Einstein philosophische Probleme und unterstützte ihn bei der Entwicklung des mathematischen Apparates der allgemeinen Relativitätstheorie. Während des Naziregimes wurde Pick im Konzentrationslager Theresienstadt umgebracht.

Betrachten wir nun ein Gebiet G eines Bildgebietes, das außer der eben untersuchten äußeren Randmasche auch noch innere Randmaschen besitzt. Ohne Beschränkung der Allgemeinheit greifen wir uns eine der inneren Randmaschen heraus. Die den anderen inneren Randmaschen zugeordneten Löcher von G vereinigen wir mit dem Gebiet, so daß

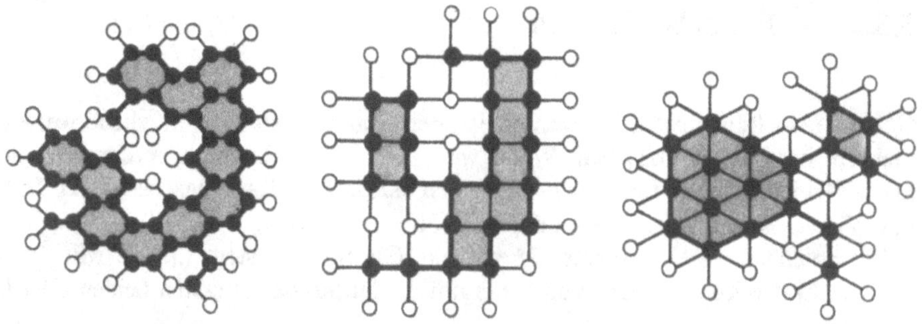

ν	λ	ε	$\varkappa$	μ	l	n	f
3	6	49	59	12	52	29	11
4	4	23	30	9	28	32	8
6	3	18	32	16	19	44	15

Abb. 3.5.1: Für planare lochfreie Gebiete gelten die allgemeinen Formeln $\varepsilon - \varkappa + \mu = 2$, $n/\nu - l/\lambda = 1$ und $\varepsilon = \lambda f/\nu + l/2 + 1$ (erste Picksche Formel).

ein Gebiet G^{**} mit genau zwei Randmaschen entsteht. Aus den ersten beiden topologischen Grundgleichungen (3.3.2) erhalten wir für G^{**} durch Gleichsetzen die Beziehung

$$\nu\varepsilon^{**} - n_\mathrm{i} - n_\mathrm{a} = \lambda f^{**} + l_\mathrm{i} + l_\mathrm{a} .$$

Hier sind l_i und l_a die Längen der inneren bzw. äußeren Randmasche sowie n_i und n_a die Anzahl der diesen Randmaschen zugeordneten Randkanten. Die Anzahl ε^* der Punkte des lochfreien Gebietes G^* ist durch die Summe $\varepsilon^{**} + \varepsilon_\mathrm{L}$ gegeben, wobei ε_L die Punktanzahl der Löcher von G^{**} ist. Entsprechend gilt $f^* = f^{**} + f_\mathrm{L}$. Hier bezeichnet f_L die Anzahl aller Kernmaschen von G^*, die nicht Kernmaschen von G^{**} sind. Das sind alle Kernmaschen, die innerhalb der inneren Randmasche von G^{**} liegen.

Setzen wir $\varepsilon^{**} = \varepsilon^* - \varepsilon_\mathrm{L}$ und $f^{**} = f^* - f_\mathrm{L}$ in die obige Gleichung ein und berücksichtigen die erste Picksche Formel für ε^* und f^*, dann ergibt sich der Ausdruck

$$\nu\varepsilon_L = \lambda f_L - \left(1 - \frac{\nu}{2}\right) l_a - n_a - l_i - n_i + \nu .$$

Nach Satz 3.3.1 gilt für die totale Krümmung der äußeren Randmasche $n_\mathrm{a}/\nu - l_\mathrm{a}/\lambda = 1$. Mit $1/\nu + 1/\lambda = 1/2$ für Torusnetze folgt also $n_\mathrm{a} + (1 - \nu/2)\, l_\mathrm{a} = \nu$. Schließlich ist $n_\mathrm{i}/\nu - l_\mathrm{i}/\lambda = -1$, so daß $n_\mathrm{i} + l_\mathrm{i} = -\nu + (1 + \nu/\lambda)\, l_\mathrm{i}$ ist und wir die *zweite Picksche Formel* erhalten:

$$\varepsilon_\mathrm{L} = \frac{\lambda}{\nu} f_\mathrm{L} - \frac{l_\mathrm{i}}{\lambda} + 1 . \qquad (3.5.2)$$

Die zweite Picksche Formel verknüpft die Anzahl der durch eine innere Randmasche der Länge l_i eingeschlossenen Punkte und Kernmaschen miteinander. Im Unterschied zu (3.5.1) werden dabei die Punkte der Randmasche in ε_L nicht mitgezählt. In Abb. 3.5.2 sind Beispiele für die zweite Picksche Formel in allen drei Torusnetzen gegeben.

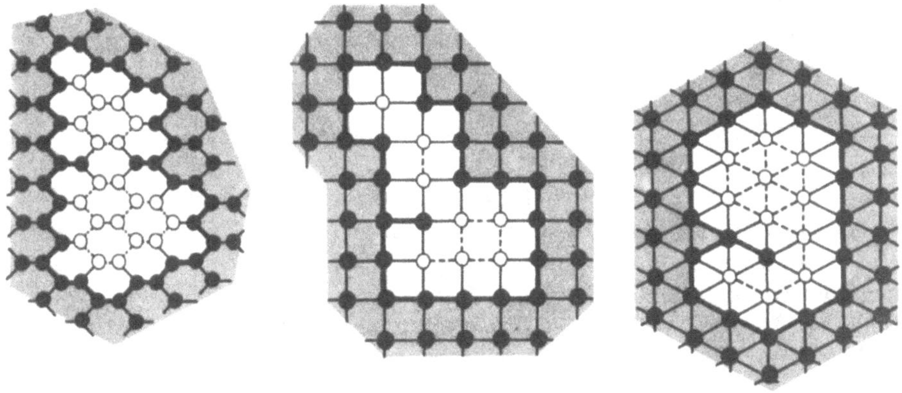

ν	λ	ε_L	l	n	f_L
3	6	20	38	16	19
4	4	8	24	20	19
6	3	11	19	32	39

Abb. 3.5.2: Innere Randmaschen mit $n/\nu - l/\lambda = -1$. Es gilt die zweite Picksche Formel $\varepsilon_L = \lambda f_L/\nu - l/2 + 1$.

Es sei nun irgendein Gebiet G in einem Bildgebiet eines Torusnetzes gegeben. Wenn das Gebiet insgesamt r Randmaschen besitzt, so liefern die Pickschen Formeln

$$\varepsilon^* = \lambda f^*/\nu + l_a/2 + 1$$

für das gesamte lochfreie Gebiet G^* und

$$\sum_{j=1}^{r-1} \varepsilon_{L,j} = \frac{\lambda}{\nu} \sum_{j=1}^{r-1} f_{L,j} - \frac{1}{2} \sum_{j=1}^{r-1} l_{i,j} + (r-1)$$

für die von den $r - 1$ inneren Randmaschen eingeschlossenen Löcher. Die Differenz dieser beiden Ausdrücke führt zu

$$\varepsilon = \frac{\lambda}{\nu} f + \frac{l}{2} - (r-2)\,. \tag{3.5.3}$$

Diese Gleichungen wollen wir als *dritte Picksche Formel* bezeichnen. Sie verknüpft die Punktanzahl ε, die Anzahl f der Kernmaschen, die gesamte Randmaschenlänge l und die Anzahl r der Randmaschen eines Gebietes miteinander.

3.6. Abbildungen und Bewegungen

Wir haben in den bisherigen Abschnitten dieses Kapitels gesehen, wie fruchtbar die Einschränkung des allgemeinen Begriffs der orientierten Nachbarschaftsstrukturen auf die relativ speziellen homogenen orientierten Nachbarschaftsstrukturen ist. Diese Feststellung wird auch dadurch unterstrichen, daß wir nun auch den Begriff der topologischen Abbildung inhaltlich bereichern können.

Es sei daran erinnert, daß allgemein eine Abbildung aus einer Menge P in eine Menge Q irgendeine Teilmenge F des Mengenproduktes $P \times Q$ ist. Die Menge aller $p \in P$, für die es ein $q \in Q$ derart gibt, daß $(p, q) \in F$ ist, heißt *Definitionsbereich* der Abbildung. Die Menge aller $q \in Q$, für die es ein $p \in P$ mit $(p, q) \in F$ gibt, heißt *Wertebereich* von F.

Eine Abbildung F ist *eindeutig*, wenn es zu jedem Element des Definitionsbereiches genau ein einziges Element des Wertebereiches gibt. Die *inverse* Abbildung F^{-1} ist die Menge aller Paare (q, p) mit $q \in Q$ und $p \in P$, für die (p, q) ein Element von F ist. Eine Abbildung heißt *eineindeutig*, wenn F und F^{-1} eindeutig sind. Die durch eine Abbildung F realisierte Zuordnung eines Elementes $q \in Q$ zu einem Element $p \in P$ mit $(p, q) \in F$ charakterisieren wir durch die Gleichung $q = f(p)$.

Definition 3.6.1: Als *topologische Abbildung* in einer orientierten Nachbarschaftsstruktur $[P, N, Z]$ bezeichnen wir eine eineindeutige Abbildung $F \subset P \times P$ mit P als Definitions- und Wertebereich, bei der alle Nachbarschaftsbezeichnungen erhalten bleiben.

Die Bedingung der Invarianz der Nachbarschaftsbeziehungen bedeutet, daß mit $q = f(p)$ aus $r \in N(p)$ auch $f(r) \in N(f(p)) = N(q)$ folgt und daß der Nachbarschaftszyklus $z(p) = \langle p_1, \ldots, p_n \rangle$ in den Nachbarschaftszyklus $z(q) = \langle f(p_1), f(p_2), \ldots, f(p_n) \rangle$ übergeht.

Für beliebige Nachbarschaftsstrukturen gibt es im allgemeinen nur die *identische* Abbildung $f(p) = p$, bei der jedes Element sich selber zugeordnet wird. Entsprechend Definition 3.6.1 ist es nämlich bei einer topologischen Abbildung unbedingt erforderlich, daß jedes $p \in P$ in ein Element $q \in P$ mit $v(q) = v(f(p)) = v(p)$ abgebildet wird. Der Schluß auf die Forderung $v(p) = v(f(p)) = v(f(f(p))) = \ldots$ ergibt sich unmittelbar. Diese Bedingungen können für beliebige Strukturen aber nicht von vornherein als erfüllt angesehen werden. Wenn $v(p) = \text{const}$ bei unterschiedlichen Maschenlängen gewährleistet ist, sprechen wir von *partiell-homogenen* Strukturen.

In Netzen ist $v(p) = v(f(p)) = \ldots$ trivialerweise erfüllt, da alle Punkte $p \in P$ gleichviel Nachbarn besitzen. Wir hätten damit die Möglichkeit, jeden beliebigen Punkt $p \in P$ in jeden beliebigen anderen Punkt $q \in P$ topologisch abzubilden (Abb. 3.6.1). Aber es müßte jeder der Nachbarn $p' \in N(p)$ auch in irgendeinen Nachbarn $q' \in N(q)$ derart abgebildet werden können, daß die von der Kante (p, p') erzeugte Masche in die von der Kante (q, q') erzeugte Masche übergeht. Offensichtlich ist diese Forderung in Abb. 3.6.1 nicht erfüllt.

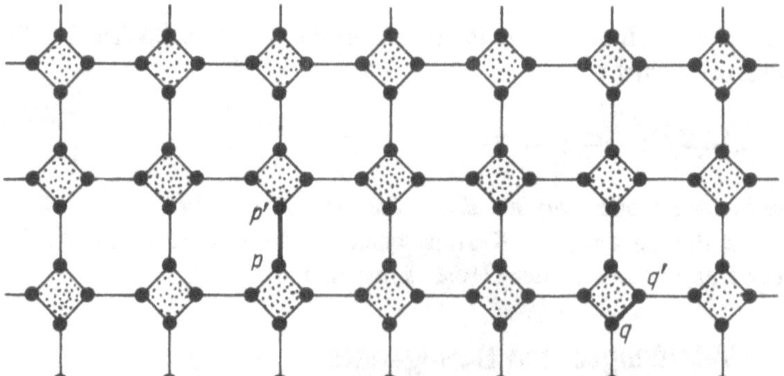

Abb. 3.6.1: In diesem Ausschnitt einer partiell-homogenen Nachbarschaftsstruktur mit $v = \text{const}$ kann jeder Punkt p in jeden anderen Punkt q topologisch abgebildet werden. Diese Aussage gilt aber nicht für jedes benachbarte Punktepaar (p, p').

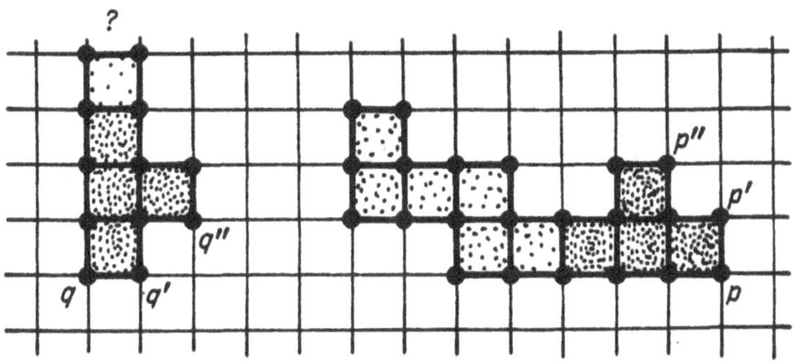

Abb. 3.6.2: Die „offenen" Enden dieses toroidalen Netzes sollen entsprechend Abb. 3.2.2 miteinander verknüpft sein. Es gibt dann keine topologische Abbildung, die (p, p') in (q, q') überführt.

Um beliebige topologische Abbildungen realisieren zu können, muß die jeweilige Nachbarschaftsstruktur also unbedingt homogen sein. Aber selbst diese Voraussetzung reicht nicht aus, wie aus Abb. 3.6.2 zu erkennen ist. Eine „Verschiebung" der dort eingezeichneten Figur ist zwar möglich. Aber eine „Drehung" kann nicht durchgeführt werden. Also müssen wir noch eine weitere Spezifizierung der bisher untersuchten Netze vornehmen.

Definition 3.6.2: Ein Netz heißt *isotrop*, wenn es für jedes beliebige Kantenpaar $((p, p')), ((q, q'))$ eine topologische Abbildung F des Netzes auf sich gibt, so daß $q = f(p)$ und $q' = f(p')$ gilt.

In einem isotropen Netz gibt es nur endlich viele voneinander verschiedene topologische Abbildungen. Das folgt daraus, daß jeder Punkt $p \in P$ nur in $\varepsilon - 1$ andere Punkte q abgebildet werden kann und ein bestimmter Nachbar $p' \in N(p)$ nur in v Nachbarn $q' = f(p') \in N(q)$. Die Zuordnungen aller anderen Punkte, Kanten und Maschen des gesamten Netzes sind damit bereits festgelegt. Also kann eine topologische Abbildung in einem isotropen Netz eindeutig durch die Zuordnung eines repräsentativen Kantenpaares beschrieben werden („Spiegelungen", bei denen alle Nachbarschaftszyklen umgekehrt werden, schließen wir aus).

Das aufeinanderfolgende Ausführen von zwei oder mehr topologischen Abbildungen ist wieder eine topologische Abbildung. Wenn der Punkt p in den Punkt q abgebildet werden soll, so gibt es im (zusammenhängenden) Netz einen Weg $(p_1, p_2, \ldots, p_n)$ mit $p_1 = p$ und $p_n = q$. Wir können also erst $p = p_1$ in p_2 abbilden, dann p_2 in p_3 usw. bis schließlich die gewünschte Abbildung von p in q erreicht ist.

Der Charakter dieser Zerlegung einer Abbildung in eine Folge von „elementaren" Abbildungen, bei denen ein Punkt immer nur in einen seiner Nachbarn abgebildet wird, legt es nahe, von einer *Bewegung* des abzubildenden Punktes zu sprechen. Diese Bewegung könnte speziell auch als „Verschiebung" bezeichnet werden.

Wenn eine topologische Abbildung durch ein Kantenpaar $((p, p'), (q, q'))$ mit $q = p$ gegeben ist, sprechen wir von einer „Drehung", falls alle von p und q verschiedenen Punkte bewegt werden. Diese Bezeichnung wird dadurch nahegelegt, daß bei der Abbildung nur der Punkt $p = q$ unverändert bleibt.

Definition 3.6.3: Eine Menge $M \subset P$ eines isotropen Netzes $[P, N, Z]$ heißt *Figur*. Eine topologische Abbildung des Netzes auf sich bildet die Figur in eine *topologisch äquivalente* Figur M' ab. Die Abbildung von M in M' heißt *Bewegung* der Figur.

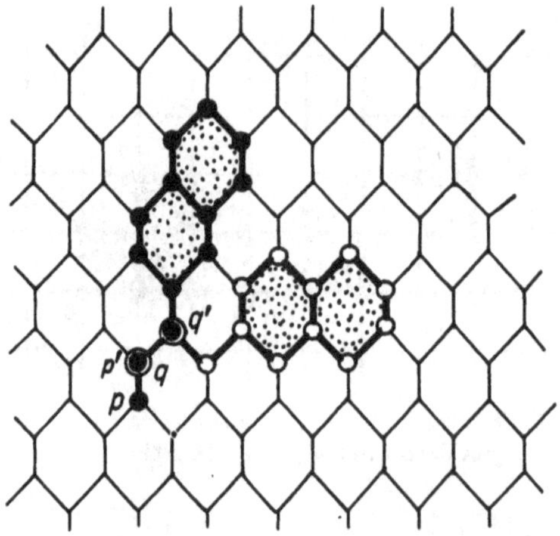

Abb. 3.6.3: Im Sechsecksnetz gibt es keine elementaren Verschiebungen. Wenn (p, p') in (q, q') abgebildet wird, werden die übrigen Punkte der Figur einer allgemeinen Bewegung unterworfen.

Zwischen den Drehungen und den Verschiebungen einer Figur gibt es wesentliche Unterschiede: Bei einer elementaren Verschiebung geht jeder Punkt $m \in M$ der Figur in einen seiner Nachbarn über. Bei einer Drehung ist diese Aussage nur für spezielle Figuren möglich. Verschiebung und Drehung in isotropen Netzen sind also analoge Begriffsbildungen wie Translation und Rotation in der reellen Ebene.

Es sei noch darauf hingewiesen, daß es in Sechsecksnetzen keine elementaren Verschiebungen gibt (Abb. 3.6.3). Geht man anstelle der Punkte von den Maschen aus, so existieren

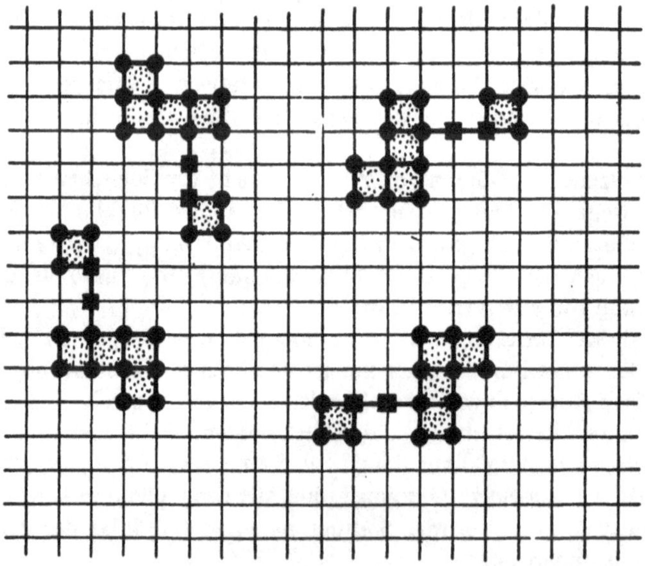

Abb. 3.6.4: Topologisch äquivalente Figuren eines isotropen Netzes unterscheiden sich nur durch ihre Lage voneinander. Die Lage einer Figur wird bereits durch eine einzige „figurenfeste“ Kante (■—■) eindeutig festgelegt.

im Dreiecksnetz keine elementaren „Maschenverschiebungen". Von diesem Gesichtspunkt her betrachtet, ist also das Vierecksnetz besonders ausgezeichnet. Trotzdem gelten aber die folgenden Ausführungen für alle drei Netztypen.

Die Menge aller Figuren eines isotropen Netzes $[P, N, Z]$, d. h. die Menge aller Teilmengen von P, zerfällt bezüglich der topologischen Abbildungen des Netzes auf sich in Äquivalenzklassen. Die in einer Klasse enthaltenen Figuren sind topologisch äquivalent, da sie sich durch Bewegungen ineinander überführen lassen. Sie unterscheiden sich weder durch die Anzahl der Punkte, Kanten, Maschen, Randmaschen voneinander, noch durch sonstige Nachbarschaftsbeziehungen ihrer Bestandteile. Ihre Unterscheidung ist lediglich möglich anhand ihrer „Lage" im Netz. Dabei ist die Lage einer Figur eindeutig durch die Lage einer „figurenfesten" Kante im Netz bestimmt (Abb. 3.6.4).

Übungen:

3.6.1: Es werden n Geraden zufällig in die Ebene geworfen, so daß weder zwei Geraden parallel sind noch sich drei Geraden in einem Punkt schneiden. Es entsteht dann eine partiell-homogene Struktur mit $\nu = 4$. Außer den endlich langen Kanten zwischen zwei Schnittpunkten treten auf jeder Geraden noch zwei unbegrenzte Teile auf. Wenn diese Teile gestrichen werden entsteht eine sogenannte *Poisson-Struktur*. Wieviele Punkte, Kanten und Maschen enthält diese Struktur?

3.6.2: Es werden n Punkte zufällig in die Ebene geworfen, so daß weder zwei Punkte übereinander fallen noch vier Punkte auf einem Kreis liegen. Der dadurch entstandene Voronoi-Graph enthält dann Knoten, die von jeweils drei Punkten gleichweit entfernt sind und Kanten, deren Punkte von jeweils zwei der zufälligen Punkte gleichen Abstand haben. Die nach außen verlaufenden unbegrenzten Kanten werden gestrichen. Wieviele Punkte, Kanten und Maschen enthält die damit entstehende *Voronoi-Struktur?*

3.6.3: Wenn wir je zwei der zufälligen Punkte aus Übung 3.6.2 dann miteinander verbinden, wenn sie eine Kante des Voronoi-Graphen festlegen, entsteht der sogenannte Delaunay-Graph. Wieviel Punkte, Kanten und Maschen besitzt die entsprechende *Delaunay-Struktur?*

3.7. Topologische Maße

Nach den vorbereitenden Ausführungen des Abschnitts 3.6. können wir jetzt dazu übergehen, die bei der Bewegung von Figuren in isotropen Netzen auftretenden Gesetzmäßigkeiten zu untersuchen. Dabei erinnern wir uns stets daran, daß eine Figur nichts anderes ist als eine Menge von Punkten, die durch ihre Nachbarschaftsbeziehungen den Zusammenhalt der Figur gewährleisten.

Wichtige topologische Maße einer Figur sind

ε die Anzahl der Punkte der Figur,
$\varkappa$ die Anzahl der Kanten der Figur,
f die Anzahl der Kernmaschen der Figur,

r die Anzahl der Randmaschen der Figur,
l die Gesamtlänge aller Randmaschen der Figur,
n die Anzahl aller den Randmaschen der Figur zugeordneten Randpaare und
k die Anzahl der Komponenten der Figur.

Dazu kommen natürlich auch noch die charakteristischen Werte ν und λ für das Netz, in das die Figur eingebettet ist. Bei planaren Figuren gilt dann $\varepsilon - \varkappa + f + r = 2k$ nach Satz 2.2.2. Außerdem ist $\varepsilon\nu - n = 2\varkappa$ entsprechend dem Knotensatz 1.1.1 und $f\lambda + l = 2\varkappa$ entsprechend dem Maschensatz 2.1.2. Schreibt man schließlich die dritte Picksche Formel (3.5.3) für die einzelnen Komponenten der Figur auf und addiert, so ergibt sich

$$\varepsilon = \frac{\lambda}{\nu} f + \frac{l}{2} - r + 2k\,. \tag{3.7.1}$$

Diese numerische Beziehungen zwischen den topologischen Maßen einer Figur hängen nicht von der konkreten „Größe" oder „Lage" der Figur ab. Sie sind genauso allgemeingültig wie z. B. die Aussagen der „normalen" Geometrie, daß die Winkelsumme eines beliebigen Dreiecks 180° beträgt oder daß zwischen Fläche A und Seitenlänge s eines beliebigen Quadrates die Beziehung $A = s^2$ besteht. Sie sind sogar noch allgemeiner, weil auch die konkrete „Gestalt" der Figur keine Rolle spielt.

Satz 3.7.1: Die topologischen Maße ε, $\varkappa$, f einer Figur können bestimmt werden, indem man einen Punkt p bzw. eine Kante $\{p, q\}$ bzw. eine Kernmasche $\langle p_1, p_2, \ldots, p_\lambda \rangle$ als Grundfiguren sich frei im isotropen Netz $\Gamma(\nu, \lambda)$ bewegen läßt und zählt, wie oft dabei ein Punkt bzw. eine Kante bzw. eine Kernmasche der Figur „vollständig getroffen" wird.

Für den beweglichen Punkt p ist die Anzahl $\nu\varepsilon$ der Treffer proportional der Punktanzahl ε der Figur. Dabei haben wir berücksichtigt, daß ein Punkt als entartete Figur im Netz ν verschiedene „Drehlagen" annehmen kann. Für die aus zwei Punkten bestehende ungerichtete Kante $\{p, q\}$ ist die Anzahl der Treffer gleich der Anzahl der gerichteten Kanten der Figur bzw. gleich $2\varkappa$. Das liegt daran, daß das Zusammenfallen mit einer Kante $\{p', q'\}$ der Figur durch $p = p'$, $q = q'$ oder durch $p = q'$, $q = p'$ realisiert werden kann. Entsprechend kann eine frei bewegliche Kernmasche $\langle p_1, \ldots, p_\lambda \rangle$ mit einer figurenfesten Kernmasche $\langle p_1', \ldots, p_\lambda' \rangle$ in λ verschiedenen Positionen identifiziert werden. Die Anzahl der Treffer ist daher λf. Um die Maßzahlen ε, $\varkappa$, f einer Figur mit Hilfe des Satzes 3.7.1 gewinnen zu können, müssen wir die Anzahlen der Treffer mit den frei beweglichen *Elementarfiguren* daher noch durch ν, 2, λ dividieren.

Ein Punkt des Netzes kann in einer Figur liegen oder nicht. Diese kategorische Feststellung ist für Kanten oder Kernmaschen des Netzes nicht möglich: Eine Netzkante kann z. B. mit ihrem ihrer Punkte in der Figur liegen und mit dem anderen Punkt außerhalb. Dies teilweise Treffen gilt erst recht, wenn wir eine feste Figur M und eine im Netz frei bewegliche Figur M' betrachten. Der Durchschnitt $M \cap M'$, der ja wieder eine Figur ist, enthält im allgemeinen keine oder nur einige Punkte, Kanten oder Kernmaschen, die beiden Figuren angehören.

Aus diesen Überlegungen heraus formulieren wir jetzt folgende Aufgabe:

Gegeben ist eine feste Figur M und eine frei bewegliche Figur M' in einem isotropen Netz. Es ist die Summe aller Punkte, Kanten und Kernmaschen des Durchschnitts $M \cap M'$ bezüglich aller Lagen von M' zu bestimmen!

Die Aufgabe scheint auf den ersten Blick unlösbar zu sein. Aber das täuscht. Sei $\alpha(M)$ eine der drei charakteristischen Größen ε, $\varkappa$, f irgendeiner Figur M. Dann soll also

$$S_\alpha = \sum_{M \cap M' \neq \emptyset} \alpha(M \cap M') \tag{3.7.2}$$

bestimmt werden, wobei natürlich nur alle die Lagen von M' berücksichtigt zu werden brauchen, bei denen M und M' einen nichtleeren Durchschnitt besitzen. Es gilt ja in jedem Fall $\alpha(\emptyset) = 0$.

In Abb. 3.7.1 sind Beispiele für die Anwendung der Formel (3.7.2) gegeben. Hier gewinnt die in toroidalen Netzen mögliche potentielle Unendlichkeit ihre besondere Bedeutung:

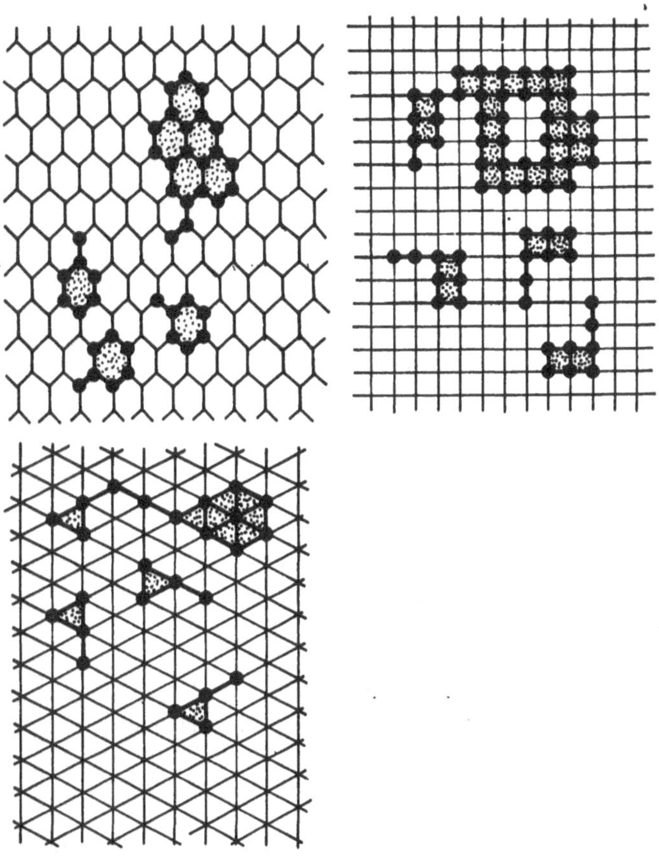

ν	λ	ε	$\varkappa$	f	ε'	$\varkappa'$	f'	S_ε	$S_\varkappa$	S_f
3	6	21	25	5	7	7	1	441	350	30
4	4	40	59	19	8	9	2	1280	1062	152
6	3	13	20	8	4	4	1	312	160	24

Abb. 3.7.1: Eine Figur M soll mit einer im Netz frei beweglichen Figur M' zum Schnitt gebracht werden. Einige Lagen von M' mit $M \cap M' = \emptyset$ sind dargestellt. Die den Formeln (3.7.3) entsprechenden Werte sind mit angegeben.

Wie groß auch die Figuren M und M' sein mögen — immer kann das Netz entsprechend Tab. 3.2.1 viel größer gewählt werden. Wir können sogar alle Überlegungen auf planare Strukturen beziehen, da die inhomogenen Randeffekte in Bildgebieten wegen $\alpha(\emptyset) = 0$ keine Beiträge zu S_α liefern.

In Satz 3.7.1 wurde gesagt, wie wir das topologische Maß $\alpha(M)$ einer Figur M bestimmen können. Das dort beschriebene Verfahren gilt natürlich auch für $\alpha(M \cap M')$: Nachdem in (3.7.2) irgendein nichtleerer Durchschnitt von M und M' gebildet worden ist, wird dieser Durchschnitt als „netzfest“ angesehen und mit einem Punkt, einer Kante oder einer Kernmasche zum Schnitt gebracht. Wenn unter M_α eine dieser drei Elementarfiguren verstanden wird, muß gezählt werden, wie oft die Beziehung $(M \cap M') \cap M_\alpha = M_\alpha = M' \cap (M \cap M_\alpha)$ erfüllt ist.

Statt also zuerst den Durchschnitt $M \cap M'$ zu bilden und danach dessen topologisches Maß zu bestimmen, bringen wir erst M und M_α unter der Bedingung $M \cap M_\alpha = M_\alpha$ zum Schnitt. Für die Punkte der Figur M ist die Anzahl der derart entstehenden neuen „netzfesten“ Figuren $\nu\varepsilon$. Für Kanten und Kernmaschen erhalten wir $2\varkappa$ bzw. λf.

Nun muß noch M' bewegt und mit der neuen netzfesten Figur M_α unter der Bedingung $M_\alpha \cap M' = M_\alpha$ zum Schnitt gebracht werden. Das entspricht aber völlig der umgekehrten Situation, daß M_α bewegt wird und M' fest im Netz verankert ist. Die Anzahlen der Treffer unter der Bedingung $M' \cap M_\alpha = M_\alpha$ sind dann $\nu\varepsilon'$ für die Punkte, $2\varkappa'$ für die Kanten und $\lambda f'$ für die Kernmaschen.

In (3.7.2) sind alle möglichen Lagen von M' zu berücksichtigen. Da wir aber die Elementarfiguren M_α nur hilfsweise zur Bestimmung der Maßzahlen S_α eingeführt haben, müssen die erhaltenen Ergebnisse noch durch ν bzw. 2 bzw. λ dividiert werden. Dann ergeben sich die folgenden Formeln:

$$\begin{aligned} S_\varepsilon &= \Sigma\, \varepsilon(M \cap M') = \nu\varepsilon\varepsilon' , \\ S_\varkappa &= \Sigma\, \varkappa(M \cap M') = 2\varkappa\varkappa' , \\ S_f &= \Sigma f(M \cap M') = \lambda f f' . \end{aligned} \tag{3.7.3}$$

Im einfachsten Fall gelten mit $\varepsilon' = 1$ für einen Punkt, $\varkappa' = 1$ für eine Kante und $f' = 1$ für eine Kernmasche als Elementarfiguren die Aussagen $S_\varepsilon = \nu\varepsilon$, $S_\varkappa = 2\varkappa$, $S_f = \lambda f$ des Satzes (3.7.1).

An einem Beispiel sei die Bedeutung der Formeln (3.7.3) demonstriert: Die Figuren M und M' sollen Mengen ohne innere Randmaschen sein. Dann besitzen die nicht notwendig zusammenhängenden Figuren $M \cap M'$ ebenfalls keine inneren Randmaschen. Also ist in jedem Fall die Anzahl k der Komponenten der auftretenden Mengen gleich der Anzahl r der Randmaschen. Aus $\varepsilon - \varkappa + f + r = 2k$ folgt daher die Anzahl der Komponenten zu $k = \varepsilon - \varkappa + f$.

Die Anzahl aller beim Schnitt der Figuren M und M' auftretenden Komponenten ist dann

$$\begin{aligned} S_k &= \Sigma\, k(M \cap M') = S_\varepsilon - S_\varkappa + S_f \\ &= \nu\varepsilon\varepsilon' - 2\varkappa\varkappa' + \lambda f f' . \end{aligned} \tag{3.7.4}$$

Die Mittelwerte der in den S_k Schnittfiguren auftretenden Punkt-, Kanten- bzw. Kernmaschenanzahlen sind mit (3.7.3) gegeben durch

$$\begin{aligned} \bar{\varepsilon} &= S_\varepsilon/S_k = \nu\varepsilon\varepsilon'/(\nu\varepsilon\varepsilon' - 2\varkappa\varkappa' + \lambda f f') , \\ \bar{\varkappa} &= S_\varkappa/S_k = 2\varkappa\varkappa'/(\nu\varepsilon\varepsilon' - 2\varkappa\varkappa' + \lambda f f') , \\ \bar{f} &= S_f/S_k = \lambda f f'/(\nu\varepsilon\varepsilon' - 2\varkappa\varkappa' + \lambda f f') . \end{aligned} \tag{3.7.5}$$

Auf ähnliche Weise kann man für beliebige Linearkombinationen der topologischen Grundmaße ε, $\varkappa$, f Summen- und Mittelwertformeln herleiten. Dieses Herangehen entspricht der für die reelle Ebene bekannten Integralgeometrie.

Übungen:

3.7.1: Im orthogonalen Gitter sei ein Quadrat von $N \times N$ Punkten fest vorgegeben. Ein gleiches Quadrat kann sich frei bewegen. Bestimmen Sie auf elementarem Wege die mittlere Punktanzahl $\bar{\varepsilon}$ der Durchschnitte beider Quadrate und vergleichen Sie das Ergebnis mit Formel (3.7.5)!

3.7.2: Im orthogonalen Gitter seien zwei verschiedene nichtentartete geschlossene Wege W und W' gegeben, bei denen jeder Punkt $p \in W$ bzw. $p' \in W'$ genau zwei Nachbarn in W bzw. W' hat. Wie groß ist die mittlere Anzahl der Punkte bzw. Kanten der Durchschnitte von W und W'?

3.8.* Zufällige Mengen

Am Ende der ersten beiden Kapitel haben wir jeweils Probleme untersucht, die nicht direkt der weiteren Entwicklung der Theorie der Nachbarschaftsstrukturen dienten, sondern ihre Anwendung demonstrieren sollten. Auch das dritte Kapitel wollen wir derart abschließen.

Wir geben ein isotropes Torusnetz $\Gamma(v, \lambda) = [P, N, Z]$ vor, das groß sein soll, also mindestens einige tausend Punkte enthält. In diesem Netz soll eine „zufällige" Menge M von Punkten ausgewählt sein. Die Wahrscheinlichkeit w, daß ein bestimmter Punkt des Netzes in M liegt, sei völlig unabhängig von allen anderen Punkten.

Jede beliebige Teilmenge $M \subseteq P$ kann als eine solche zufällige Menge angesehen werden. Natürlich wird für $w = 1/2$ die Realisierungswahrscheinlichkeit äußerst klein sein, daß $M = P$ ist. Das gilt aber für jede andere vorgegebene Menge Q in ähnlicher Weise. Die Wahrscheinlichkeit, daß eine bestimmte zufällige Menge $M = Q$ entsteht, ist $w^{card(Q)}(1 - w)^{card(P-Q)}$.

In großen Netzen werden die (z. B. durch Computersimulation erzeugten) zufälligen Mengen M_w sich alle „ähneln". Das Aussehen dieser Mengen wird ein typisches Bild bieten (Abb. 3.8.1). Es treten dann statistische Gesetzmäßigkeiten auf, die nur von den Nachbarschaftsbeziehungen des Netzes und von der Wahrscheinlichkeit w abhängen: Obwohl es „im Prinzip" Mengen M mit $\text{card}(M) = 0$ bzw. $\text{card}(M) = \text{card}(P)$ geben kann, werden sich alle durch Simulation erzeugten Mengen M_w um die „mittlere Punktanzahl" $\bar{\varepsilon}(w) = w \cdot \text{card}(P)$ gruppieren. Diese statistische Gesetzmäßigkeit entspricht der physikalischen Tatsache, daß die thermodynamischen Eigenschaften eines Gases — d. h. eines Systems aus sehr vielen Atomen bzw. Molekülen — nur von wenigen Bestimmungsgrößen abhängen (z. B. von Druck und Temperatur).

Zwei durch Simulation mit $w_1 = w_2 = w$ entstandene Mengen M_1 und M_2 unterscheiden sich im allgemeinen vom „mikroskopischen" Standpunkt her genauso stark voneinander wie M_1 und $\emptyset$ oder M_2 und P. Je größer jedoch das Netz ist, umso kleiner wird die

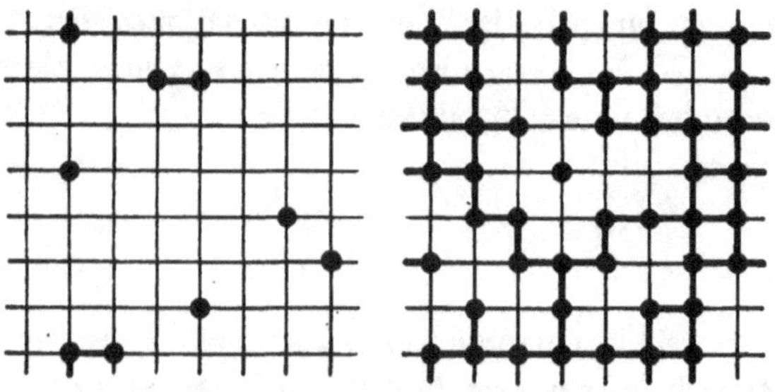

Abb. 3.8.1: Torusnetz $\Gamma(4,4)$ mit 64 Punkten und Punktverbindungen entsprechend Abb. 3.2.2. Links treten 6 Gebiete mit insgesamt 9 Punkten auf. Rechts sind 2 Gebiete mit insgesamt 47 Punkten vorhanden, wobei das große Gebiet ein Torusgebiet ist.

relative Differenz $(\mathrm{card}(M_1) - \mathrm{card}(M_2))/\mathrm{card}(P)$ werden, d. h., umso ähnlicher werden M_1 und M_2 vom „makroskopischen" Standpunkt aus sein.

Die in großen zufälligen Mengen auftretenden Gesetzmäßigkeiten haben ihren eigenen Charakter. Sie müssen deshalb auch durch eigenständige Methoden untersucht werden. Für diese Methoden darf das Vorhandensein einer großen Anzahl von Punkten, Kanten, Kernmaschen keine zusätzliche Erschwerung sein, sondern es muß das Auffinden von Gesetzmäßigkeiten geradezu erleichtern. Dabei erfassen wir mit den aufzufindenden Gesetzmäßigkeiten das *Wesentliche* der zufälligen Mengen. Uns interessiert z. B. nicht, ob der konkrete Punkt $p \in P$ zu M gehört oder nicht — so wie wir in der Thermodynamik völlig uninteressiert daran sind, welche konkrete Geschwindigkeit ein bestimmtes Molekül in einem bestimmten Augenblick besitzt.

Die statistische Theorie von Massenerscheinungen ist also nicht etwa ein Notbehelf, um angesichts der riesenhaften Unkenntnis über die mikroskopische Struktur eines Systems doch noch ein bißchen Erkenntnis gewinnen zu können. Sie ist vielmehr ein starkes Werkzeug, um wesentliche (makroskopische) Eigenschaften eines Systems aus dem mikroskopischen Chaos herausfiltern zu können.

Es sei $H = \mathrm{card}(P)$ die Anzahl der Punkte des isotropen Torusnetzes $\Gamma(\nu, \lambda) = [P, N, Z]$. Wir wollen die in einer zufälligen Menge M_w liegenden Punkte als „schwarz" bezeichnen und die in $\bar{M}_w = P - M_w$ liegenden Punkte als „weiß". Bei gegebener Wahrscheinlichkeit w werden „im Mittel" (d. h. bezüglich vieler Realisierungen entsprechender zufälliger Mengen) ungefähr $w \cdot H$ schwarze Punkte auftreten.

Es sei $p \in P$ irgendein schwarzer Punkt. Die Wahrscheinlichkeit, daß keiner seiner ν Nachbarn schwarz ist, finden wir zu $(1 - w)^\nu$, d. h. gleich der Wahrscheinlichkeit, daß alle Nachbarn $q \in N(p)$ weiß sind. Also ist das auch gleichzeitig die Wahrscheinlichkeit dafür, daß p ein isolierter Punkt der Menge M_w ist. Da es im Mittel $w \cdot H$ schwarze Punkte gibt, werden im Mittel $w \cdot H \cdot (1 - w)^\nu$ schwarze isolierte Punkte auftreten.

Bei kleinen Werten der Wahrscheinlichkeit w werden die zufälligen Mengen M_w fast nur aus isolierten Punkten zusammengesetzt sein, da der Anteil der nichtisolierten schwarzen Punkte durch

$$\frac{wH - wH(1 - w)^\nu}{wH} = 1 - (1 - w)^\nu \approx \nu w$$

abgeschätzt werden kann. Bei gleichem w werden im Netz $\Gamma(6,3)$ also relativ mehr nichtisolierte Punkte auftreten als im Netz $\Gamma(4,4)$ oder gar im Netz $\Gamma(3,6)$.

Nach Tab. 3.2.1 existieren in einem Torusnetz mit H Punkten $\nu H/2$ Kanten. Die beiden Punkte, die eine beliebige dieser Kanten $\{p, q\}$ festlegen, können unabhängig voneinander schwarz oder weiß sein. Also gibt es im statistischen Mittel bei der Realisierung einer zufälligen Menge M_w

$w^2 \cdot \nu H/2$	Kanten zwischen zwei schwarzen Punkten,
$2w(1 - w) \cdot \nu H/2$	Kanten zwischen verschiedenfarbigen Punkten,
$(1 - w)^2 \cdot \nu H/2$	Kanten zwischen zwei weißen Punkten.

Damit haben wir aber bereits die mittlere Anzahl $\bar{n}(M_w)$ aller Randkanten der Menge M_w bestimmt, da nach Definition 2.4.2 eine Randkante $\{p, q\}$ durch $p \in M_w$ und $q \in \bar{M}_w$ festgelegt ist. Die mittlere Anzahl der Kanten von M_w ist gleich der Anzahl der schwarzen Kanten, d. h. $\bar{\varkappa}(M_w) = w^2 \cdot \nu H/2$. Es gilt also auch für die statistischen Mittelwerte die aus dem Knotensatz folgende Beziehung $\nu \cdot \bar{\varepsilon}(M_w) - \bar{n}(M_w) = 2 \cdot \bar{\varkappa}(M_w)$.

Ein Teil der $w^2 \cdot \nu H/2$ „schwarzen" Kanten, d. h. der durch zwei schwarze Punkte bestimmten Kanten der zufälligen Menge M_w, wird in Randmaschen von M_w liegen. Damit die gerichtete Kante (p, q) mit $p, q \in M_w$ in einer Randmasche von M_w liegt, muß mindestens ein Punkt der von (p, q) erzeugten Kernmasche des Netzes weiß sein. Die Wahrscheinlichkeit, daß die anderen $\lambda - 2$ Punkte auch schwarz sind, ist $w^{\lambda-2}$. Also ist $1 - w^{\lambda-2}$ die Wahrscheinlichkeit dafür, daß die schwarze Kante (p, q) in einer Randmasche auftritt. Da es $w^2 \cdot \nu H$ gerichtete schwarze Kanten in M_w gibt, sind im statistischen Mittel $\bar{l}(w) = w^2 \cdot \nu H(1 - w^{\lambda-2})$ gerichtete Kanten in Randmaschen von M_w vorhanden. Dieser Ausdruck folgt auch aus dem Maschensatz $\bar{l}(M_w) = 2 \cdot \bar{\varkappa}(M_w) - \lambda \bar{f}(M_w)$ bei Berücksichtigung von $\nu - 2 = 2\nu/\lambda$. Denn im Torusnetz ist bei verschwindender Eulerscher Charakteristik die Anzahl der Maschen wegen $\mu = \varkappa - \varepsilon$ durch $\nu H/2 - H$ gegeben. Eine beliebige dieser Maschen kann aber nur dann Kernmasche von M_w sein, wenn alle ihre Punkte schwarz sind, so daß $\bar{f}(M_w) = (\nu - 2)\, H \cdot w^\lambda/2$ folgt.

Wir können also die statistischen Mittel aller in Abschnitt 3.7. einleitend aufgeführten topologischen Maße für zufällige Mengen als Funktionen der Wahrscheinlichkeit w angeben:

$$\begin{aligned} \bar{\varepsilon}(M_w) &= wH\,, \\ \bar{\varkappa}(M_w) &= w^2 \nu H/2\,, \\ \bar{f}(M_w) &= (\nu - 2)\, H w^\lambda/2 = \nu H w^\lambda/\lambda\,, \\ \bar{l}(M_w) &= w^2 \nu H(1 - w^{\lambda-2})\,, \\ \bar{n}(M_w) &= w(1 - w)\, \nu H\,. \end{aligned} \tag{3.8.1}$$

Die Anzahl $\bar{k}$ der Komponenten bzw. die Anzahl $\bar{r}$ der Randmaschen von M_w kann nicht so einfach ermittelt werden, weil die Gleichung $2k - r = \varepsilon - \varkappa + f$ nur für planare Gebiete gilt. Wir wissen jedoch nicht, ob es ein toroidales Gebiet gibt bzw. wieviel Ringgebiete in M_w existieren. Daher ist es auch nicht möglich zu sagen, wieviel äußere, innere bzw. indifferente Randmaschen M_w besitzt.

Wir haben aber in Abschnitt 3.3. die totale Krümmung einer Randmasche durch $t = n/\nu - l/\lambda$ beschrieben. Dabei konnte t einen der Werte $-1, 0, +1$ annehmen. Die totale Krümmung aller Randmaschen der Menge M_w ergibt sich damit zu

$$\bar{t} = \frac{\bar{n}(M_w)}{\nu} - \frac{\bar{l}(M_w)}{\lambda} = w(1 - w)\, H\left(1 - \frac{\nu}{\lambda}\, w(1 - w^{\lambda-2})/(1 - w)\right). \tag{3.8.2}$$

Sowohl bei $w \to 0$ als auch bei $w \to 1$ verschwindet die totale Krümmung $\bar{t}(M_w)$, da dann alle Punkte des Netzes weiß bzw. schwarz sind und keine Randmaschen auftreten. Für sehr kleine Werte von w treten fast nur noch isolierte schwarze Punkte auf. Entsprechend Definition 2.1.6 ist einem isolierten Punkt eine isolierte Masche der Länge $l = 0$ als Randmasche zugeordnet, so daß er den Wert $t = n/\nu - l/\lambda = \nu/\nu - 0/\lambda = 1$ zur totalen Krümmung beiträgt. Also ist für $w \to 0$ die Abschätzung $t(M_w) \approx wH$ berechtigt, die auch aus (3.8.2) folgt.

In Tab. 3.8.1 sind einige Werte von $t(M_w)/H$ für die drei Torusnetze gegeben. Der allgemeine Verlauf dieser drei Funktionen ist immer derselbe: Von $t = 0$ steigt die totale Krümmung stetig an, d. h., es treten immer mehr planare Gebiete mit äußeren Randmaschen auf. Wenn diese Gebiete aber mit wachsendem w größer werden, können auch Löcher mit zugehörigen inneren Randmaschen beobachtet werden. Gleichzeitig vereinigen sich die größer werdenden planaren Gebiete, so daß die Anzahl der äußeren Randmaschen sinkt. Die totale Krümmung nimmt ab und verschwindet bei einer „kritischen" Wahrscheinlichkeit w^*. Danach überwiegen die inneren Randmaschen, da durch das Verschmelzen vieler einzelner Gebiete Ringgebiete oder sogar ein Torusgebiet entstanden sind. Schließlich erreicht die totale Krümmung ein Minimum, und mit abnehmender Anzahl der Löcher in dem dann existierenden Torusgebiet verschwindet sie wieder bei $w = 1$.

Die kritische Wahrscheinlichkeit ist

$$w^*(3,6) = .741\,270\,9105\ldots,$$
$$w^*(4,4) = .618\,033\,9887\ldots,$$
$$w^*(6,3) = .5\,.$$

Bei diesen Wahrscheinlichkeiten können sich — anschaulich gesprochen — die Randmaschen von M_w nicht entscheiden, ob sie „linksherum" oder „rechtsherum" laufen sollen, d. h., ob sie innere oder äußere Randmaschen sind. Die zufälligen Mengen M_w ändern bei Wahrscheinlichkeiten um w^* ihren Charakter. Während bei kleinen Werten von w planare

Tab. 3.8.1: Totale Krümmung $\bar{t}(M_w)/H$ der Randmaschen einer zufälligen Menge als Funktion der Wahrscheinlichkeit w entsprechend Formel (3.8.2)

w	$\nu = 3$, $\lambda = 6$	$\nu = 4$, $\lambda = 4$	$\nu = 6$, $\lambda = 3$
0	0	0	0
.1	.0850	.0801	.0720
.2	.1400	.1216	.0960
.3	.1653	.1281	.0840
.4	.1620	.1056	.0480
.5	.1328	.0625	.0000
.55	.1101	.0365	−.0248
.60	.0833	.0096	−.0480
.65	.0539	−.0165	−.0683
.70	.0238	−.0399	−.0840
.75	−.0048	−.0586	−.0938
.8	−.0289	−.0704	−.0960
.9	−.0493	−.0639	−.0720
1	−0	−0	−0

schwarze Komponenten in einem weißen Untergrund eingebettet sind, liegt bei größeren Werten von w ein schwarzes Torusgebiet vor, in dem weiße Löcher vorhanden sind.

In der Physik wird für sehr ausgedehnte (planare) Bildgebiete dies Modell zum Studium von Phasenübergängen verwendet: Bei einer kritischen Wahrscheinlichkeit tritt „plötzlich" ein „unendliches" schwarzes Gebiet auf, das alle Ränder des Bildes erreicht (der englische Ausdruck für diese Erscheinung ist „percolation"). Die theoretisch bzw. durch Simulationsexperimente ermittelten kritischen Wahrscheinlichkeiten für einen solchen Phasenübergang sind $\tilde{w}(3,6) \approx 0.70$, $\tilde{w}(4,4) \approx 0.59275 \pm 0.00003$ und $\tilde{w}(6,3) = 0.5$. Es wird eine Aufgabe künftiger Untersuchungen sein, in welchem Zusammenhang die kritischen Wahrscheinlichkeiten w^* der Theorie der Nachbarschaftsstrukturen mit den kritischen Wahrscheinlichkeiten $\tilde{w}$ der physikalischen *Perkolations-Theorie* stehen.

4. Gitterstrukturen und Gitterfunktionen

Mit den homogenen Nachbarschaftsstrukturen haben wir eine topologische Gleichartigkeit aller Punkte, Kanten und Maschen erreicht. Nun bleibt nur noch ein Schritt zu tun in Richtung auf volle Regelmäßigkeit der untersuchten Strukturen: alle Kanten sollen gleich lang, alle Winkel gleich groß, alle Maschen kongruent sein.

Die Begriffe Länge, Winkel, Kongruenz treten in der Topologie nicht auf. Es sind Begriffe der Geometrie, die eine Metrik in den untersuchten Punktmengen erfordern. Dieser noch ausstehende Schritt von topologischen zu metrischen Räumen liefert einerseits einen Anschluß an den uns gewohnten Anschauungsraum und an die analytische Geometrie. Andererseits wird durch die volle Regelmäßigkeit — die „Regularität" — eine mathematisch-numerische Behandlung der zu lösenden Probleme erleichtert.

Reguläre Nachbarschaftsstrukturen sind Mengen von Gitterpunkten, wobei die Gitterzellen als reguläre Sechsecke, Vierecke oder Dreiecke auftreten können. Dabei stellt sich das reguläre Vierecksgitter als besonders einfach und vielseitig verwendbar heraus. Viele der in diesen Gittern auftretenden Gesetzmäßigkeiten sind topologischer Natur und bereits in den ersten Kapiteln bewiesen worden. Es gibt aber auch neue Erkenntnisse, wobei die Gitterpunkttheorie bedingt als Handwerkszeug eingesetzt werden kann. Schließlich untersucht die Digitalgeometrie die Beziehungen zwischen Gittern und der reellen Ebene.

Jedem Punkt eines Gitterpunktgebietes kann eine endliche ganze Zahl zugeordnet werden. Vom mathematischen Standpunkt aus haben wir es mit Funktionen über Gitterpunktgebieten — mit Gitterfunktionen zu tun. Vom Standpunkt der digitalen Bildverarbeitung aus ist jedes Grauwertbild eine Gitterfunktion, und jede Gitterfunktion kann als Grauwertbild dargestellt werden.

Einige der grundlegenden Eigenschaften dieser diskreten Gitterfunktionen sollen betrachtet werden. Aber die „doppelte Diskretheit" der Funktionen — die des Definitionsbereiches und die des Wertebereiches — ist uns recht fremd, da die mächtigen Werkzeuge der Analysis nicht angewendet werden können. So werden wir zum Schluß nur einige methodische Probleme der Bildbearbeitung anführen, hoffend, daß zukünftige Arbeit eine eigenständige „diskrete Funktionstheorie" schafft, die für die digitale Bildverarbeitung ein adäquates Werkzeug zur Verfügung stellt.

4.1. Abstandsstrukturen

Nachdem wir durch die Einführung von symmetrischen, irreflexiven Relationen und der Voraussetzung einiger einschränkender Bedingungen viele wichtige und interessante Gesetzmäßigkeiten für Nachbarschaftsstrukturen haben herleiten können, kehren wir nochmals ganz an den Anfang zurück.

Wieder sei eine endliche Punktmenge P gegeben, die wir uns im Sinne der potentiellen Unendlichkeit beliebig groß denken können. Jedem Punktpaar (p, q) mit $p, q \in P$ soll eine reelle Zahl $a(p, q)$ zugeordnet sein. Statt also von einer Teilmenge $N \subseteq P \times P$ aller Punktpaare auszugehen, wird jetzt die gesamte Produktmenge $P \times P$ in die Menge R der reellen Zahlen abgebildet.

Definition 4.1.1: Es sei P eine Punktmenge, R die Menge der reellen Zahlen und $a: P \times P \to R$ eine Abbildung von $P \times P$ in R. Wenn mit $p, q, r \in P$ die Beziehungen

$$a(p, p) = 0\,,$$
$$a(p, q) > 0 \quad \text{für} \quad p \neq q\,,$$
$$a(p, q) = a(q, p)\,,$$
$$a(p, r) + a(r, q) \geqq a(p, q)$$

gelten, dann heißt die Abbildung eine *Abstandsfunktion*. Die reelle Zahl $a(p, q)$ ist der *Abstand* der Punkte p und q.

So wie wir in Definition 1.1.1 das Tupel $[P, N]$ als Nachbarschaftsstruktur eingeführt haben, können wir auch hier die Punktmenge P und die Abstandsfunktion als Einheit zusammenfassen. Im allgemeinen spricht man in der Mathematik dann von einem *metrischen Raum*. In Anlehnung an die bisherigen Kapitel und zur Betonung der Endlichkeit der Menge P spezifizieren wir diesen Begriff:

Definition 4.1.2: Es sei P eine endliche Punktmenge und a eine auf $P \times P$ definierte Abstandsfunktion. Dann wird das Tupel $[P, a]$ als *Abstandsstruktur* bezeichnet.

Eine Abstandsstruktur kann mit Hilfe einer Abstandsmatrix dargestellt werden (Tab. 4.1.1). Diese Abstandsmatrix entspricht der in Abschnitt 1.3. eingeführten Nachbarschaftsmatrix. Nur sind statt der logischen Werte 1 (d. h. benachbart) bzw. 0 (d. h. nicht benachbart) jetzt „Meßwerte" eingetragen, die im realen Fall zum Beispiel den gegenseitigen Entfernungen von Städten entsprechen könnten.

Definition 4.1.3: Zwei Abstandsstrukturen $[P, a]$ und $[P', a']$ werden *kongruent* genannt, wenn es eine eineindeutige Abbildung f von P auf P' gibt, so daß für alle Punktpaare $a(p, q) = a'(f(p), (f(q))$ gilt. Wir nennen f eine *kongruente Abbildung*.

So wie bei einer topologischen Abbildung die Nachbarschaftsverhältnisse ungeändert bleiben sollten (s. Definition 3.6.1), soll eine kongruente Abbildung alle Abstandsbeziehungen ungeändert lassen. Die metrische Geometrie ist die Lehre von denjenigen Eigenschaften metrischer Räume, die bei Kongruenz-Abbildungen invariant bleiben.

In Abstandsstrukturen treten also geometrische Gesetzmäßigkeiten auf, wodurch sie uns auf Grund unserer Schulbildung vertrauter erscheinen als die topologisch zu untersuchenden Nachbarschaftsstrukturen.

Tab. 4.1.1: Abstandsmatrix für $P = \{a, b, c, d, e, f, g\}$.

	a	*b*	*c*	*d*	*e*	*f*	*g*
a	0	2.00	1.73	2.83	2.24	3.65	5.00
b	2.00	0	1.78	3.46	3.61	2.34	5.39
c	1.73	1.78	0	3.32	3.74	2.45	3.94
d	2.83	3.46	3.32	0	2.14	3.81	5.29
e	2.24	3.61	3.74	2.14	0	4.90	6.48
f	3.65	2.34	2.45	3.81	4.90	0	4.69
g	5.00	5.39	3.94	5.29	6.48	4.69	0

Eine Kreismenge $K(p, r)$ mit dem Mittelpunkt p und dem Radius r ist die Menge aller Punkte, deren Abstand von p nicht größer als r ist:

$$K(p, r) = \{q \mid q \in P, a(p, q) \leqq r\} .$$

Eine Strecke $S(p, q)$ mit den Endpunkten p und q ist die Menge aller Punkte r, für die $a(p, r) + a(r, q) = a(p, q)$ gilt:

$$S(p, q) = \{r \mid r \in P, a(p, r) + a(r, q) = a(p, q)\} .$$

Eine Gerade $G(p, q)$ ist eindeutig durch zwei Punkte $p, q \in P$ festgelegt. Sie ist die Vereinigung der Strecke $S(p, q)$ mit den beiden Mengen

$$T(p, q) = \{r \mid r \in P, a(r, p) + a(p, q) = a(r, q)\} \quad \text{und}$$

$$T(q, p) = \{r \mid r \in p, a(r, q) + a(q, p) = a(r, p)\} .$$

Diese Definitionen muten uns recht bekannt an. Sie sind erst dann überraschend, wenn sie statt auf die unendliche und kontinuierliche Menge der Punkte der reellen Ebene auf endliche Punktmengen angewendet werden (Abb. 4.1.1). Trotzdem lassen sich einige der Axiome aufrechterhalten, die Hilbert (1862—1943) für die euklidische Geometrie formulierte. Einige von diesen weiterhin gültigen Axiomen sind die folgenden:
— Durch je zwei Punkte geht eine und nur eine Gerade.
— Auf jeder Geraden liegen mindestens zwei Punkte.
— Von drei beliebigen paarweise verschiedenen Punkten einer Geraden liegt einer und nur einer „zwischen" den beiden anderen.

Aber es gibt auch Axiome im Hilbertschen System, die nicht mehr aufrechterhalten werden können:

— Zu je zwei Punkten einer Geraden existiert auf dieser Geraden ein dritter Punkt.
— Durch jeden nicht auf einer Geraden G liegenden Punkt r gibt es höchstens eine Gerade G', die mit G keinen Schnittpunkt besitzt.

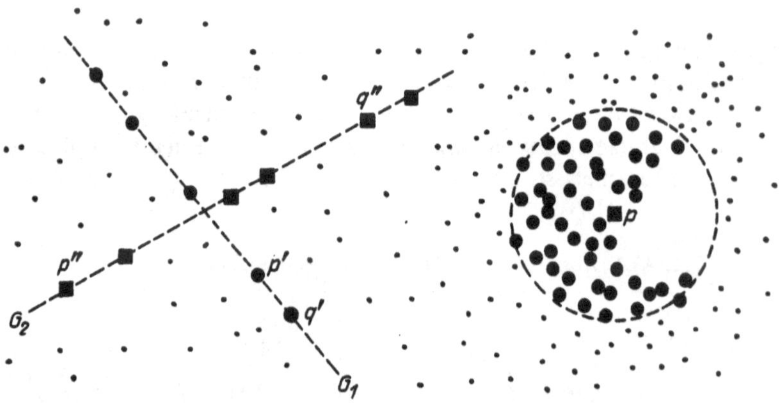

Abb. 4.1.1: In „Abstandsstrukturen" können geometrische Objekte eingeführt werden. Durch zwei Punkte p' und q' wird eindeutig eine Punktmenge $G(p', q')$ als „Gerade" definiert. Die Gerade $G_1 = G(p', q')$ enthält fünf Punkte. Zwei „nichtparallele Geraden" G_1 und $G_2 = G(p'', q'')$ müssen nicht unbedingt einen Schnittpunkt haben. Eine Kreismenge $K(p, r)$ braucht nicht die „Form eines Kreises" zu besitzen.

Dieses zuletzt genannte Axiom ist das berühmte Parallelenaxiom von EUKLID. Der Verzicht auf das Parallelenaxiom führte im 19. Jahrhundert zur Entwicklung nichteuklidischer Geometrien. Es ist also verständlich, wenn das Weglassen weiterer Axiome ebenfalls nichtneuklidische Gesetzmäßigkeiten liefert. So ist zum Beispiel der folgende Satz in Abstandsstrukturen nicht mehr allgemeingültig:

> Zu je zwei Punkten $p, q \in P$ gibt es mindestens einen Punkt $r \in P$ derart, daß $a(r, p) = a(r, q)$ ist.

Es gibt demnach unterschiedliche Geometrien, von denen die euklidische Geometrie am besten bekannt ist und von denen die *diskreten Geometrien* am besten den Zwecken der digitalen Bildverarbeitung entsprechen. Die Frage, welche dieser Geometrien denn nun eigentlich „die richtige Geometrie" ist, kann prinzipiell nicht allgemein beantwortet werden. Jede Geometrie ist *logisch* richtig, wenn sie widerspruchsfrei ist. Jede Geometrie ist *sachlich* richtig, wenn sie den jeweils zu untersuchenden realen Gegenstand und seine Eigenschaften annähernd adäquat zu beschreiben gestattet.

Wir wissen seit der Entwicklung der Allgemeinen Relativitätstheorie durch EINSTEIN und auf Grund der diese Theorie bestätigenden physikalischen Experimente, daß der uns umgebende Weltraum in großen Maßstäben nicht mehr euklidisch ist. Wir wissen spätestens seit der praktischen Anwendung der digitalen Bildverarbeitung, daß die Strecke zwischen den Punkten (3, 10) und (3, 19) eines Bildes keinen „Mittelpunkt" besitzt und damit ein digitales Bild ebenfalls nichteuklidischen Gesetzmäßigkeiten unterliegt.

Ich denke, daß eine „Theorie der Abstandsstrukturen" ausgearbeitet werden muß, die im digitalen Bild einige ihrer heuristischen Auswahlkriterien findet. Ähnlich wie die diskrete Topologie der Nachbarschaftsstrukturen wird auch eine diskrete Geometrie zu den theoretischen Grundlagen der digitalen Bildverarbeitung gehören müssen.

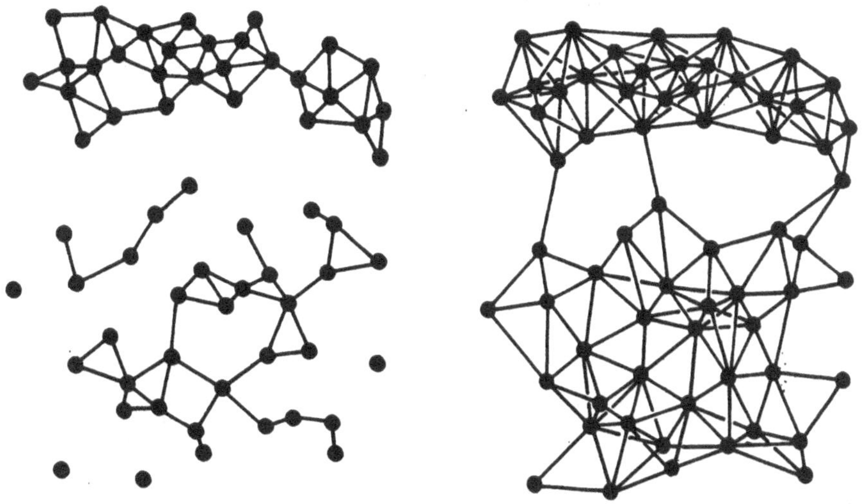

Abb. 4.1.2: Bei vorgegebener Distanz d kann in einer Abstandsstruktur $[P, a]$ eine Nachbarschaftsrelation eingeführt werden: $q \in N_d(p)$ wenn $a(q, p) \leq d$. Bei größeren Werten von d entstehen dadurch nichtplanare Nachbarschaftsstrukturen.

Welche Beziehungen bestehen nun zwischen Abstandsstrukturen und Nachbarschaftsstrukturen?

Mit Hilfe der Abstandsfunktionen kann man die Nachbarn eines Punktes definieren und damit eine Nachbarschaftsstruktur erhalten. So erfüllt z. B.

$$N_d(p) = \{q \mid q \in P, q \neq p, a(q, p) \leqq d\}$$

alle Bedingungen, die an die Nachbarn $q \in N_d(p)$ eines Punktes p gestellt wurden: Alle Punkte q, die nicht weiter als eine vorgegebene Distanz d von p entfernt sind, gehören zur Nachbarschaft von p. Allerdings muß diese Nachbarschaftsstruktur nicht unbedingt planar sein, selbst wenn die Punktmenge P in der euklidischen Ebene dargestellt werden kann (Abb. 4.1.2).

Es ist aber möglich, für endliche Punktmengen P der euklidischen Ebene E eine spezielle planare Nachbarschaftsstruktur einzuführen. Dazu ordnen wir jeden Punkt $e \in E$ demjenigen Punkt $p \in P$ zu, für den der Abstand $a(e, p)$ bezüglich aller $a(e, q)$ mit $q \in P$ am kleinsten ist. Die Ebene wird dadurch in Polygone zerlegt, die den Punkten p entsprechen (Abb. 4.1.3). Für die Seiten S der Polygone gilt, daß jeder Punkt $s \in S$ von genau zwei Punkten $p, q \in P$ gleich weit entfernt ist. Daher können wir S als ein Stück der Mittelsenkrechten zwischen p und q ansehen. Diese Zerlegung der euklidischen Ebene wird als *Voronoi-Zerlegung* bezeichnet. Wenn die beiden Punkte p und q, die irgendeine der Polygonseiten bestimmen, als Nachbarn festgelegt werden, entsteht eine planare Nachbarschaftsstruktur. Die endlichen Polygone sind dabei Dreiecke. Deshalb sprechen wir auch von der *Delaunay-Triangulation* der Ebene (Abb. 4.1.3).

GEORGI FEODOSJEWITSCH VORONOI (oder auch WORONOI, 28. 4. 1868 bis 20. 11. 1908) lieferte bedeutende Beiträge zur Geometrie der Zahlen, Geometrie der Polyeder und zur analytischen Zahlentheorie. 1885 hatte FJODOROW (1853—1919), ein russischer Mineraloge und Kristallograph, sein Buch „Anfänge der Lehre von den Figuren“ veröffentlicht. Darin wurden „dreidimensionale Paralleloeder“ untersucht, mit deren Hilfe man den ganzen Raum ausfüllen kann. Dies Buch veranlaßte VORONOI, der Mathematikprofessor an der Warschauer Universität war, sich die letzten zwölf Jahre seines Lebens dem Studium der

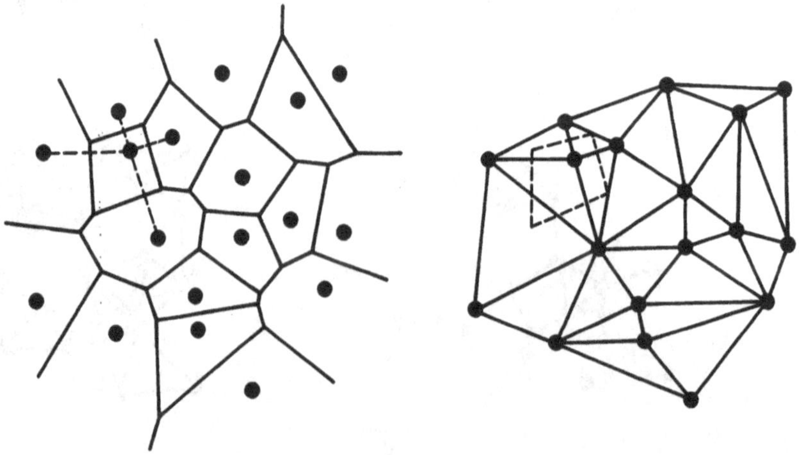

Abb. 4.1.3: Voronoi-Zerlegung der Ebene (links) und Delaunay-Triangulation (rechts). Für endliche Punktmengen der euklidischen Ebene lassen sich mit Hilfe der Delaunay-Triangulation stets planare Nachbarschaftsstrukturen erzeugen.

n-dimensionalen Paralleloeder zu widmen („Nouvelles applications des parameters continus a la theorie des formes quadratiques. 2. Recherches sur les paralleloedres primitifs", J. Reine Angew. Math. **134** (1908), 198—287).

Boris Nikolajewitsch Delaunay (oder auch Delone, geb. 1890), Mitglied der Deutschen Akademie der Naturforscher Leopoldina, hat diese Arbeiten weitergeführt. Sein Vater war Mechanikprofessor am Warschauer Polytechnischen Institut und mit Voronoi befreundet. Delaunay war 1922—1934 Professor für Mathematik an der Leningrader Universität und 1934—1956 an der Moskauer Universität. 1908 baute er gemeinsam mit seinem Vater eines der ersten Gleitflugzeuge in Rußland. 1926 bestieg er einen der schwierigsten Gipfel im Altai, der heute seinen Namen trägt (Pik Delone). 1934 organisierte er die erste Mathematik-Schülerolympiade in der Sowjetunion und gab sein Buch über die mathematischen Grundlagen der Strukturanalyse von Kristallen heraus. 1938 veröffentlichte er sein Buch über „Die Gipfel und Pässe des Westkaukasus" und hielt 1948 in Moskau die ersten Vorlesungen über mathematische Maschinen. 1977 erhielt Delaunay für seine Arbeiten auf dem Gebiet der Normalzerlegungen und der gitterförmigen Überdeckungen den Lobatschewski-Preis.

Diese kurzen biographischen Notizen gehören nicht unmittelbar zu „theoretischen Grundlagen". Aber sie sollen zeigen, daß manche der heute aus der Bildverarbeitung nicht mehr wegzudenkende Idee bereits vor dem Auftreten auch der einfachsten Rechenmaschinen schon diskutiert und formuliert worden ist. Nur haben weder Euler noch Pick noch Voronoi dabei an Bildverarbeitung gedacht. Umso wichtiger ist es, ihre Gedanken über diskrete Strukturen für unsere Problematik aufzubereiten.

Zum Beispiel wäre es interessant zu untersuchen, ob der Begriff der Delaunay-Nachbarn für beliebige Abstandsstrukturen eingeführt werden kann. Welche der Punkte der Tab. 4.1.1 sind in diesem Sinn benachbart? Eine solche „natürliche" Nachbarschaftsrelation könnte für die Charakterisierung von endlichen Punktmengen in Merkmalsräumen von Bedeutung sein.

Die Vereinigung von Nachbarschafts- und Abstandsbeziehungen ist sicherlich eine notwendige Vorbedingung für eine praktikable diskrete Geometrie. In „reinen" Abstandsstrukturen ist zum Beispiel die folgende Definition bedeutungsleer:

Die *Strecke* (oder gerade Linie) ist die kürzeste Verbindung zwischen zwei Punkten.

Verbindungen zwischen zwei Punkten kennen wir bisher lediglich für Nachbarschaftsstrukturen (s. Definition 1.2.2). Also müßten tatsächlich erst die Nachbarn jedes Punktes festgelegt werden, ehe wir den kürzesten Weg von Punkt p zu Punkt q ermitteln könnten. Die für das jeweils zu bearbeitende Problem geeignete Nachbarschaftsstruktur wird dabei „zwischen" den Grenzfällen der isolierten Punkte und den in Definition 2.2.3 eingeführten vollständigen Strukturen liegen.

Eine dieser „Zwischenstrukturen" wird erhalten, wenn wir nach derjenigen zusammenhängenden Nachbarschaftsstruktur $[P, N]$ fragen, die bezüglich der Abstandsstruktur $[P, a]$ die kleinste Gesamtlänge über alle Kanten besitzt. Dabei wird als Länge einer Kante (p, q) der Abstand $a(p, q)$ gewählt.

Die sich ergebenden Lösungen dieser geometrischen Extremwertaufgabe ist ein *minimal aufspannender Baum* (minimal spanning tree) der gegebenen Abstandsstruktur. Man findet den minimal aufspannenden Baum, indem man zuerst jeden Punkt mit dem ihm am nächsten gelegenen Punkt verbindet. Dabei entstehen Teilstrukturen, die aus mindestens zwei Punkten zusammengesetzt sind. Danach verbindet man jede Teilstruktur mit der ihr am nächsten gelegenen Teilstruktur. Das Verfahren wird so lange fortgesetzt, bis eine

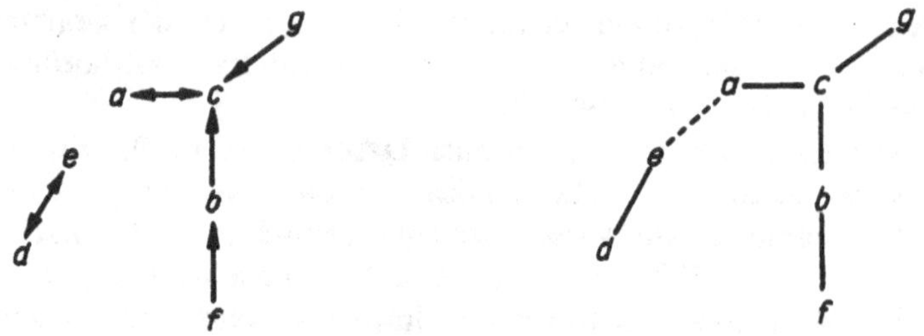

Abb. 4.1.4: Zur Konstruktion des minimal aufspannenden Baumes. Links sind alle Punkte von P mit dem jeweils nächstgelegenen Punkt verbunden („nächster Nachbar"). Rechts sind die beiden entstandenen Teilnachbarschaftsstrukturen über ihre nächsten Punkte e und a miteinander verbunden worden.

zusammenhängende Struktur entstanden ist. Für die Daten aus Tab. 4.1.1 ergibt sich damit das in Abb. 4.1.4 dargestellte Schema.

Zum Schluß dieses Abschnitts, der mehr Fragen aufwirft als Lösungen anbietet, sollen noch zwei Probleme erwähnt werden. Das erste betrifft die in der Bildverarbeitung interessierenden konvexen Punktmengen.

So wie Kreise, Strecken oder Geraden als Punktmengen festgelegt wurden, können wir auch Halbräume definieren:

Ein *Halbraum* $H(p, q)$ mit $p \neq q$ ist die Menge aller derjenigen Punkte, die nicht weiter von p als von q entfernt, d. h.

$$H(p, q) = \{r \mid r \in P, a(r, p) \leqq a(r, q)\}.$$

Es gibt in P endlich viele Punktpaare (p, q) mit $p, q \in P$ und daher endlich viele Halbräume in P. Nun sei $M \subset P$. Wir bilden den Durchschnitt aller derjenigen Halbräume $H(p, q)$, die M enthalten:

$$H_M = \bigcap_{H(p,q) \supseteq M} H(p, q).$$

Die so gebildete Punktmenge H_M kann auch leer sein, falls es gar keine Halbräume $H(p, q) \supseteq M$ gibt. Wir sagen, daß M eine *bezüglich P konvexe* Menge ist, falls $H_M = M$ gilt (Abb. 4.1.5).

Das zweite Problem betrifft die metrische Definition einer Geraden, wie sie anfangs erwähnt wurde. Auch sie ist nicht ohne Schwierigkeiten in allgemeinen Abstandsstrukturen bzw. sogar metrischen Räumen anwendbar. Mit $a(p, q)$ als einer Abstandsfunktion ist nämlich auch $a'(p, q) = a(p, q)/(1 + a(p, q))$ eine Abstandsfunktion, die die Bedingungen der Definition 4.1.1 erfüllt. Aber in $[P, a']$ gilt stets die strenge Ungleichung $a'(p, r) + a'(r, q) < a'(p, q)$ für $r \neq p, q$. Es gibt also selbst in einer kontinuierlichen Menge „zwischen" p und q keinen Punkt r, der ein Punkt der Strecke sein könnte.

Wenn P die Menge der Punkte einer Kugeloberfläche ist und $a'(p, q)$ den dreidimensionalen euklidischen Abstand zwischen p und q bedeutet, dann gibt es „zwischen" p und q keine Punkte r der Kugeloberfläche mit $a'(p, r) + a'(r, q) = a'(p, q)$. Die obige metrische Definition einer Strecke liefert also selbst in diesem anschaulichen Beispiel keine kürzeste Verbindung zwischen zwei Punkten.

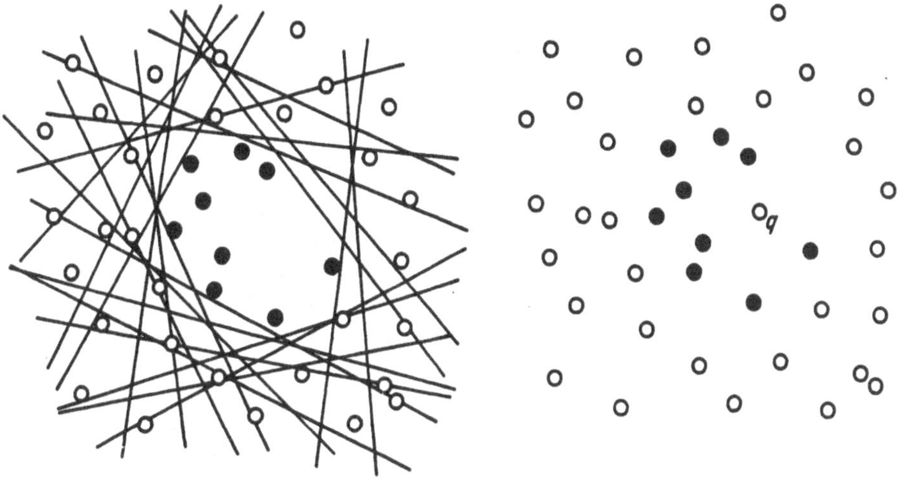

Abb. 4.1.5: Die Vereinigung V_M aller derjenigen Halbräume $H(p, q)$ mit $p, q \in P$, für die $H(p, q) \cap M = \emptyset$, genügt für konvexe Mengen M der Beziehung $\bar{V}_M = M$(links). Bereits ein einziger zusätzlicher Punkt $q \in M$ kann die Konvexität von M bezüglich P zerstören (rechts).

4.2. Gitterstrukturen

In einer Abstandsstruktur $[P, a]$ mit $\varepsilon = \operatorname{card}(P)$ gibt es $\varepsilon(\varepsilon - 1)/2$ Punktpaare $\{p, q\}$, für die ein Abstand $a(p, q) = a(q, p)$ definiert sein muß. Bei einer typischen Größe der in der Bildverarbeitung verwendeten Bilder von 512×512 Punkten wäre also die Bereitstellung von $2^{18} \times (2^{18} - 1)/2 \approx 3.4 \times 10^{10}$ Abstandswerten erforderlich. Eine Abstandsmatrix dieser Größe ist aber für praktische Anwendungen nicht mehr sinnvoll einsetzbar.

Es ist methodisch wesentlich besser, allein aus den Punkten p und q den Abstand $a(p, q)$ zu berechnen. So kann man etwa für viele ganzzahlige Stützstellen einer unabhängigen Variablen z die Funktionswerte $f(z) = (z^2 + .)/z$ bestimmen, ohne daß umfangreiche Tabellen erforderlich sind. Durch die Einbettung der Punkte $p \in P$ in die euklidische Ebene E kann diese Idee realisiert werden: Jeder Punkt wird durch zwei Koordinatenwerte x und y beschrieben. Mit $p = (x, y)$ und $p' = (x', y')$ folgt dann

$$a(p, p') = \sqrt{(x - x')^2 + (y - y')^2}\,, \qquad (4.2.1)$$

falls x und y kartesische Koordinaten sind. Bei Verwendung von Polarkoordinaten r und φ ergibt sich

$$a(p, p') = \sqrt{r^2 + r'^2 - 2rr' \cos(\varphi - \varphi')}\,.$$

Auch für „dreidimensionale" Punktmengen ist dies Vorgehen zweckmäßig. Dabei kann man gegebenenfalls statt der rechtwinkligen kartesischen Koordinaten x, y, z auch Zylinderkoordinaten oder Kugelkoordinaten verwenden.

Die Koordinatenmethode wurde auf der Grundlage von Gedanken entwickelt, die DESCARTES in seinem 1637 erschienenen Buch „Géométrie" darlegte. In diesem Buch behandelte er die gesamte bis dahin bekannte Geometrie mit algebraischen Methoden, wodurch er die vielen Einzelheiten systematisch zu beschreiben versuchte. René Descartes (1596—1650) war französischer Edelmann, beteiligte sich an den Kriegszügen von Tilly und des Prinzen Moritz von Oranien, lebte lange Zeit zurückgezogen in den Niederlanden und starb in Stockholm. Trotz seiner Menschenscheu ist er zum Begründer neuzeitlicher Denkweise geworden („Cogito, ergo sum" — ich denke, also bin ich). Der Nachlaß von Descartes enthält eine Vorwegnahme des Eulerschen Polyedersatzes $\varepsilon - \varkappa + \mu = 2$.

Durch die Koordinatenmethode ergibt sich die Möglichkeit, Abstands- und Nachbarschaftsbegriffe miteinander zu vereinen. Die in Abschnitt 3.4. betrachteten Bildgebiete der toroidalen Netze $\Gamma(\nu, \lambda)$ können nämlich als Punktmengen der euklidischen Ebene E aufgefaßt werden. Aus den Koordinaten der einzelnen Punkte $p, q, \ldots \in P$ sind dann allgemein alle interessierenden Abstände $a(p, q)$ und speziell die Abstände von Nachbarn bestimmbar. Auf diese Weise können wir den Kanten (p, q) bzw. (q, p) einer Nachbarschaftsstruktur *metrische* Längen zuordnen (bisher hatten wir die Länge einer Masche nur durch die *Anzahl* der in ihr enthaltenen Kanten festgelegt). Dann aber ist es auch möglich, für alle Kanten eine einheitliche Länge zu fordern.

Definition 4.2.1: Eine homogene Nachbarschaftsstruktur $[P, N, Z]$ heißt *quasi-regulär*, wenn auf P eine Abstandsfunktion derart gegeben ist, daß $a(p, q) = a = \text{const}$ für alle $(p, q) \in N$ gilt.

In Abb. 4.2.1 sind einige quasi-reguläre Nachbarschaftsstrukturen im x-y-Koordinatensystem dargestellt. Nur für das Dreiecksnetz sind die Flächen der Maschen und die Winkel zwischen den Kanten bei gegebenem Wert a eindeutig festgelegt. Erst wenn wir verlangen, daß die Maschenflächen einen maximalen Wert annehmen oder die Winkel sämtlich gleich sein sollen, gelangen wir beim Vierecksnetz zu quadratischen Maschen bzw. beim Sechsecksnetz zu Maschen, die regulären Sechsecken entsprechen:

Definition 4.2.2: Eine quasi-reguläre Nachbarschaftsstruktur $[P, N, Z]$ heißt *regulär*, wenn jede topologische Abbildung von P auf sich gleichzeitig eine kongruente Abbildung ist.

Auch durch metrische Forderungen allein können die drei homogenen Netze als Trägerstrukturen für digitale Bilder erhalten werden: Wir wollen die euklidische Ebene durch kongruente regelmäßige n-Ecke bedecken. Im regulären n-Eck besitzt jeder Innenwinkel die Größe $(1 - 2/n)\,\pi$. Wenn m solcher n-Ecke in einem Punkt zusammenstoßen, muß die Gleichung $m(1 - 2/n)\,\pi = 2\pi$ erfüllt sein. Nach Division durch $2\pi m$ folgt

$$\frac{1}{m} + \frac{1}{n} = \frac{1}{2}.$$

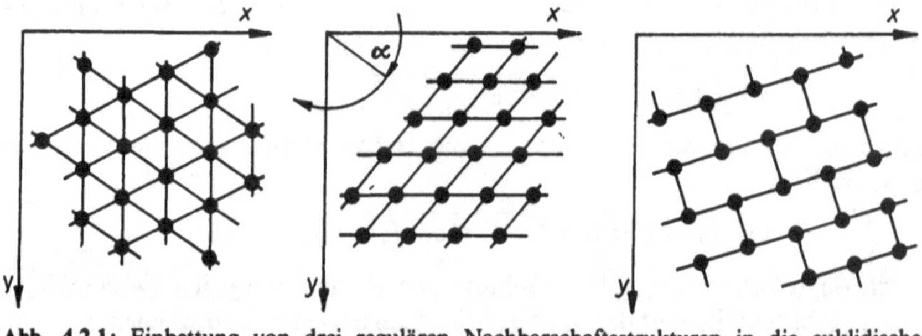

Abb. 4.2.1: Einbettung von drei regulären Nachbarschaftsstrukturen in die euklidische Ebene. Die in der digitalen Bildverarbeitung übliche Orientierung des Koordinatensystems ist durch Spiegelung des „normalen" Koordinatensystems entstanden. Damit wird auch der mathematisch positive Drehsinn gespiegelt, so daß er mit der Orientierung der Nachbarschaftszyklen übereinstimmt.

Das ist dieselbe Gleichung wie (3.1.2) für $\chi = 0$. Es gibt also nur die ganzzahligen Lösungen $(m, n) = (3, 6), (4, 4), (6, 3)$.

Für die endlichen Torusnetze der Abb. 3.2.2 muß beim Übergang zu einer regulären Struktur gefordert werden, daß der Abstand der durch „offene" Kanten verbundenen Punkte genau dem Abstand aller anderen Nachbarn entspricht. Durch eine Einbettung des Netzes in die euklidische Ebene ist das nicht zu erreichen. Also werden wir auch hier die potentielle Unendlichkeit der toroidalen Netze ausnutzen, um die Nichtregularität dorthin zu verbannen, wo sie uns bei der Untersuchung interessierender Gebiete nicht mehr stört.

Definition 4.2.3: Eine potentiell unendliche reguläre Nachbarschaftsstruktur wird als *Gitter* bezeichnet. Die Punkte der Nachbarschaftsstruktur heißen *Gitterpunkte*.

Für alle praktischen Anwendungen können wir voraussetzen, daß die Gitterpunktfiguren beschränkt sind. Also kann das dem jeweiligen Bildgebiet zugrundeliegende endliche Torusnetz so groß gewählt werden, daß „nichtreguläre Randeffekte" keinen Einfluß mehr ausüben. Durch diese Festlegung können wir einerseits die diskrete Geometrie der Gitter als methodisches Werkzeug der digitalen Bildverarbeitung einsetzen und andererseits die analytische Geometrie der euklidischen Ebene als heuristisches Hilfsmittel verwenden. Eine „saubere" Behandlung des Unendlichen muß auf jeden Fall mit dem genannten Dilemma fertig werden.

Die Gitter können gegenüber dem x-y-Koordinatensystem noch eine beliebige Orientierung besitzen. Das erschwert jedoch die Angabe der Koordinatenwerte der Gitterpunkte. Eine „Ausrichtung" der Gitterkanten bezüglich der Koordinatenachsen ist nur für das (4,4)-Gitter eindeutig möglich.

Die Darstellung von Bildern als „rechteckiger" Punktmengen, die Art der Bildpunktspeicherung im Computer, die Möglichkeit der Anwendung der Matrizenrechnung, die spezielle technische Realisierung der Bilderzeugung auf Fernsehschirmen und durch Drucker — all das verleiht dem orthogonalen (4,4)-Gitter eine gewisse Priorität gegenüber dem Dreiecksgitter und dem Sechseckgitter.

Diese Priorität ist jedoch nicht logisch begründbar, sondern nur pragmatisch. Wir haben gesehen, daß vom Knotensatz (1.1.1) bis zur Formel (3.8.2) alle aufgefundenen topologischen Gesetzmäßigkeiten für jedes der drei Netze gültig sind. So könnten auch die metrischen Gesetzmäßigkeiten für reguläre Gitter im allgemeinen erarbeitet werden. Aber — abgesehen von den oben genannten pragmatischen Gründen — sollten wir auch die bereits mehrfach beobachtete Erscheinung berücksichtigen, daß jede Einschränkung des Gültigkeitsbereiches einer Theorie zur Erweiterung des Bestandes an allgemeingültigen Aussagen führt.

So wurde von Serra und seinen Mitarbeitern die Mathematische Morphologie auf das Dreiecksgitter angewendet, um im Bildverarbeitungssystem TAS die „guten" Eigenschaften von $\Gamma(6, 3)$ ausnutzen zu können. Zu den guten Eigenschaften zählen z. B. das Fehlen von Höhlen und die eineindeutige Zuordnung von Randmaschen und Komplementärkomponenten (Satz 3.4.3).

Jedes der drei Gitter besitzt irgendwelche Vorteile bzw. Nachteile. Daß wir uns im weiteren vorrangig auf das orthogonale Gitter konzentrieren werden, ist allein durch seine Popularität bedingt. Wenn es aber sinnvoll erscheint, sollen auch alle drei Gitter betrachtet werden, damit Triagonal- bzw. Hexagonal-Enthusiasten ebenfalls auf ihre Kosten kommen (Tab. 4.2.1).

Vielleicht vermag der folgende Gesichtspunkt dennoch dem Orthogonalgitter eine leichte

Tab. 4.2.1: Einige Eigenschaften der drei Gittertypen

Gitter	Innen-winkel	Satz (3.3.1)	Polygon-fläche bei Kanten-länge a	Kanten-länge bei Polygon-fläche f	Nachbar-schaft
Drei-ecks	$2\pi/6$	$n = 2l \pm 6$	$\sqrt{3}\,a^2/4$	$2\sqrt{f/\sqrt{3}}$	Sechser-
Vier-ecks	$2\pi/4$	$n = l \pm 4$	a^2	$\sqrt{f}$	Vierer-
Sechs-ecks	$2\pi/3$	$n = l/2 \pm 3$	$3\sqrt{3}\,a^2/2$	$\sqrt{2f/3\sqrt{3}}$	Dreier-

Vorrangstellung einzuräumen: Man kann sich zwanglos vorstellen, wie die quadratische Aufteilung der euklidischen Ebene zur würfelförmigen Zerlegung des dreidimensionalen euklidischen Raumes verallgemeinert wird. Eine „dreidimensionale“ Bildverarbeitung ist erforderlich bei der Analyse und Interpretation der Bilder dreidimensionaler Szenen (industrielle Inspektion, Robotertechnik) oder im Rahmen der Computertomographie.

Die Zerlegung der Ebene in kongruente reguläre n-Ecke ist nur für $n = 3, 4, 6$ möglich, obwohl eine unbegrenzte Menge solcher Polygone zur Auswahl steht. Für die Zerlegung des Raumes in kongruente reguläre Polyeder stehen jedoch nur die fünf platonischen Körper zur Verfügung (Tetraeder, Hexaeder, Oktaeder, Dodekaeder, Ikosaeder). Bei einer homogenen regulären räumlichen Nachbarschaftsstruktur müßten von jedem Punkt gleichviel gleichlange Kanten ausgehen. Es müßten die inneren räumlichen Eckwinkel der in den Punkten zusammenstoßenden Polyeder den vollen Raumwinkel 4π ergeben. Und es müßten an jeder Kante gleichviel Polyeder aneinandergrenzen, wobei die Summe der inneren Kantenwinkel dieser Polyeder 2π beträgt.

Die Kantenwinkel der fünf regulären Polyeder sind näherungsweise

70° 31′ 44″	für das Tetraeder,
90°	für das Hexaeder (exakt),
109° 28′ 44″	für das Oktaeder,
116° 33′ 54″	für das Dodekaeder und
138° 11′ 23″	für das Ikosaeder.

Also läßt sich der Raum nur durch Würfel regulär zerlegen ($4 \cdot 90 = 360$), so daß im dreidimensionalen Fall das Orthogonalgitter als einziger Kandidat für die digitale Bildverarbeitung in Frage kommt.

Die Formel (4.2.1) zur Berechnung des Abstandes zweier Gitterpunkte ist eine der Beziehungen, die wir aus der analytischen Geometrie unverändert in die Gittergeometrie übernehmen können. Dagegen liefern die Formeln

$$x_s = \frac{1}{n} \sum_{i=1}^{n} x_i \quad \text{und} \quad y_s = \frac{1}{n} \sum_{i=1}^{n} y_i$$

für die Bestimmung des Schwerpunktes von n Gitterpunkten ein Ergebnis, das nicht direkt interpretierbar ist, da (x_s, y_s) im allgemeinen nur rationale Koordinatenwerte enthält. Während die Berechnung von Längen und Flächen auch in der Gittergeometrie möglich ist, erfordert also die Interpretation nichtganzzahliger Punktkoordinaten zusätzliche Überlegungen.

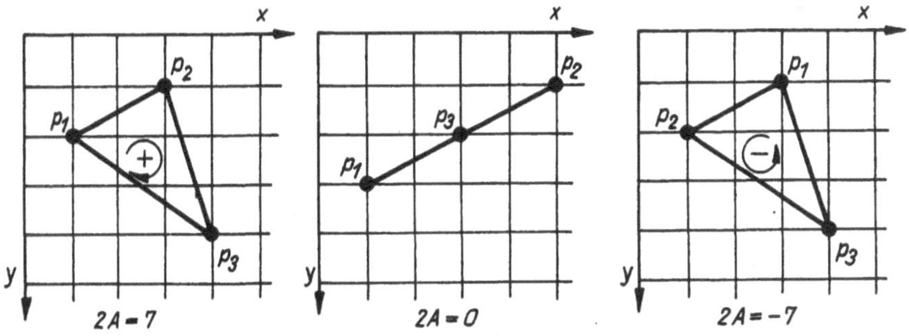

Abb. 4.2.2: Der Ausdruck $2A = (x_2 - x_1)(y_3 - y_1) - (x_3 - x_1)(y_2 - y_1)$ liefert die doppelte Fläche des von den Punkten p_1, p_2, p_3 aufgespannten Dreiecks. Sein Vorzeichen entspricht der Orientierung des Dreiecks. Bei $2A = 0$ liegen alle drei Punkte auf einer Geraden.

Der Flächeninhalt A eines Vielecks mit den n Eckpunkten $p_1 = (x_1 y_1), \dots, p_n = (x_n, y_n)$ ist

$$A = \frac{1}{2} \sum_{i=1}^{n} (x_i - x_{i+1})(y_i + y_{i+1}) = \frac{1}{2} \sum_{i=1}^{n} x_i(y_{i+1} - y_i) - \frac{1}{2} \sum_{i=1}^{n} y_i(x_{i+1} - x_i), \tag{4.2.2}$$

wobei wir $p_{n+1} = p_1$ setzen. Speziell für ein Dreieck ergibt sich der ganzzahlige Wert

$$2A = (x_2 - x_1)(y_3 - y_1) - (x_3 - x_1)(y_2 - y_1). \tag{4.2.3}$$

Je nach dem Vorzeichen dieses Ausdrucks sind die drei Punkte p_1, p_2, p_3 im mathematisch-positiven Sinn oder im mathematisch-negativen Sinn angeordnet. Bei 2A = 0 liegen sie auf einer Geraden. Diese Aussagen gelten für drei beliebige Punkte der euklidischen Ebene genauso wie für Gitterpunkte (Abb. 4.2.2).

4.3. Digitalgeometrie

Bisher haben wir einige Aspekte einer diskreten Geometrie skizziert, die gewissermaßen die Theorie der Abstandsstrukturen $[P, a]$ ist. Gitter als Abstands-Nachbarschaftsstrukturen erscheinen als ein Spezialfall, für den die euklidische Geometrie und die analytische Geometrie als heuristisches Vorbild dienen können. In Hinblick auf die in der digitalen Bildverarbeitung anzustrebende computergerechte Formulierung von Gesetzmäßigkeiten und Verfahren sollten die kontinuierlichen Punktmengen der euklidischen Ebene jedoch möglichst keine Rolle in der diskreten Geometrie spielen.

Allerdings gibt es einen sachlichen Zusammenhang zwischen der euklidischen Ebene E und der Gitterpunktmenge P, der durch die Praxis der Bilderzeugung bedingt ist. Stellen wir uns vor, daß in irgendeinem Landstrich eine Serie von Bohrungen niedergebracht wurde, um Erdöllagerstätten oder Lagerstätten anderer Bodenschätze ausfindig zu machen. Die Bohrlöcher sind aus den verschiedensten Gründen unregelmäßig im Gelände verteilt. Je nach Lage, Größe und Gestalt der Lagerstätte werden die Bohrungen „erfolgreich“ oder „erfolglos“ sein (Abb. 4.3.1).

Die Ausmaße der (endlich vielen) Bohrlöcher können im Vergleich zu den gegenseitigen

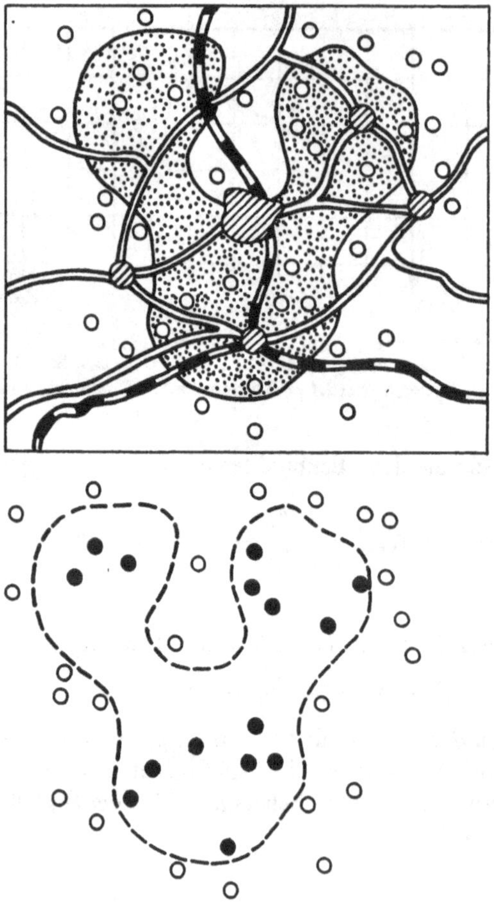

Abb. 4.3.1: In einem Gelände werden Bohrungen niedergebracht (oben). Sie können erfolgreich (●) oder erfolglos (○) sein. Welche Aussagen kann man aus der Abstandsstruktur (unten) über die Lage, Größe und Gestalt der Lagerstätte gewinnen?

Abständen der Bohrlöcher vernachlässigt werden. Wir abstrahieren die Ergebnisse dieser geologischen Erkundungsserie deshalb zu einer Abstandsstruktur $[P, a]$. Die Menge M der erfolgreichen Bohrungen ist eine Teilmenge von P. Mit Hilfe der Voronoi-Zerlegung der Ebene läßt sich auch eine abstrakte planare Nachbarschaftsstruktur $[P, N, Z]$ erzeugen, so daß sowohl die diskrete Topologie als auch eine diskrete Geometrie auf $[P, N, Z, a]$ angewendet werden können.

Im allgemeinen sind jedoch die dadurch erhaltenen Ergebnisse unbefriedigend. Denn was nützt es schon, die Anzahl der Kanten von $[P, N, Z]$ zu kennen oder zu wissen, ob in manchen Fällen mehr als zwei Punkte auf einer diskreten Geraden liegen? Viel wesentlicher ist es, die „wahre" Lage, Größe und Gestalt der Lagerstätte angeben zu können.

Diese Aufgabenstellung besitzt keine eindeutige Lösung (Abb. 4.3.2). Selbst eine weitere Erhöhung der Anzahl der Testpunkte bringt uns der Wahrheit nicht näher: Unter insgesamt card (P) Versuchen finden wir card (M) erfolgreiche — aber card (P) Testpunkte sind immer gegen die unendlich vielen Punkte eines beliebigen Teils der euklidischen Ebene zu vernachlässigen.

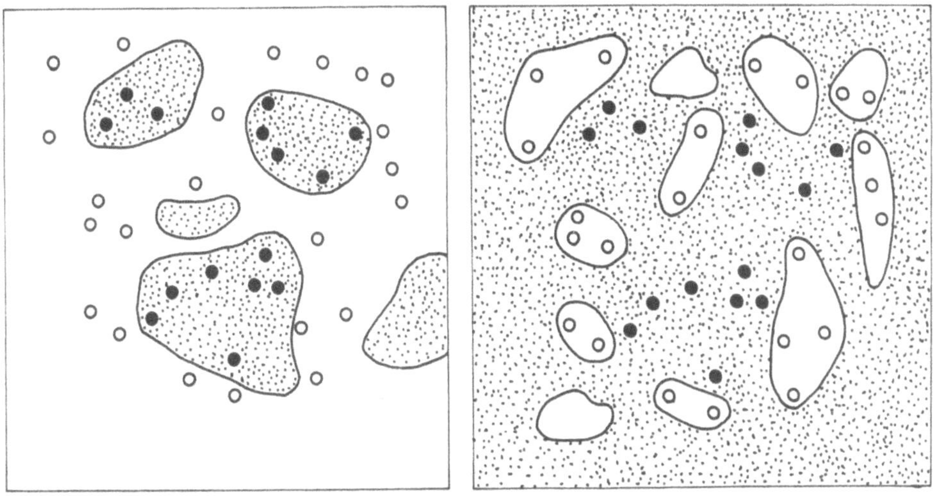

Abb. 4.3.2: Es gibt unbegrenzt viele Punktmengen der euklidischen Ebene, deren digitalisierte Abbilder mit dem Abbild 4.3.1 der „eigentlichen" Punktmenge übereinstimmen.

Gefühlsmäßig vermuten wir jedoch, daß bei größerer Anzahl der Bohrlöcher eine hinreichend genaue Kenntnis über die Lagerstätte erhalten wird. Ursache dieses Gefühls ist die praktische Erfahrung, daß Lagerstätten durch ziemlich „vernünftige" Figuren der euklidischen Ebene zu beschreiben sind. Wie kann nun der Begriff einer „vernünftigen" Figur theoretisch gefaßt und für die Lösung der obigen Aufgabe ausgenutzt werden?

Definition 4.3.1: Es sei $[E, a]$ die euklidische Ebene und $F \subset E$. Eine endliche Menge $P \subset F$ heißt *digitales Abbild* von F.

Die Erzeugung von P aus F bezeichnen wir als *Digitalisierung* von F. Vom theoretischen Standpunkt her müßte eigentlich der Begriff „Diskretisierung" gewählt werden. Aber da in der Praxis die Punkte von P durch ganzzahlige Koordinatenwerte beschrieben werden, hat sich das Wort „Digitalisierung" durchgesetzt.

Die Digitalisierung ist nicht eindeutig umkehrbar, da es unendlich viele Teilmengen der euklidischen Ebene gibt, die dasselbe digitale Abbild besitzen können. Selbst wenn man für F nur konvexe Form oder Kreisgestalt zuläßt, kann die Originalmenge nicht aus P erschlossen werden. Hier hilft lediglich das erwähnte heuristische Prinzip der Vergrößerung von card (P) weiter.

Hinter diesem Prinzip steckt die Vorstellung von einer kompakten Struktur der Menge F: Zwischen zwei Punkten $p, q \in P \subset F$, die einen relativ geringen Abstand voneinander besitzen und zur gleichen Teilmenge $M \subset P$ gehören, sind auch alle Punkte r der euklidischen Strecke $S(p, q)$ zu F gehörig.

Dies Konstruktionsprinzip liefert bei fortgesetzter Anwendung die übliche euklidische Hülle $H(P)$ der Punktmenge P (Abb. 4.3.3). Bei einer Aufteilung von P in die Teilmengen M und $\bar{M} = P - M$ kann das Verfahren jedoch zu Problemen führen. Deshalb wird das folgende heuristische *Grundprinzip der Digitalgeometrie* verwendet:

Es sei P ein digitales Abbild von $F \subset E$ und $M \subset P$. Die Menge M sei das digitale Abbild einer Menge $G \subset F$. Zu G gehören dann alle Punkte $g \in F$, die die folgende Bedingung erfüllen:

$$\min_{m \in M} (a(g, m)) < \min_{n \in \bar{M}} (a(g, n)) .$$

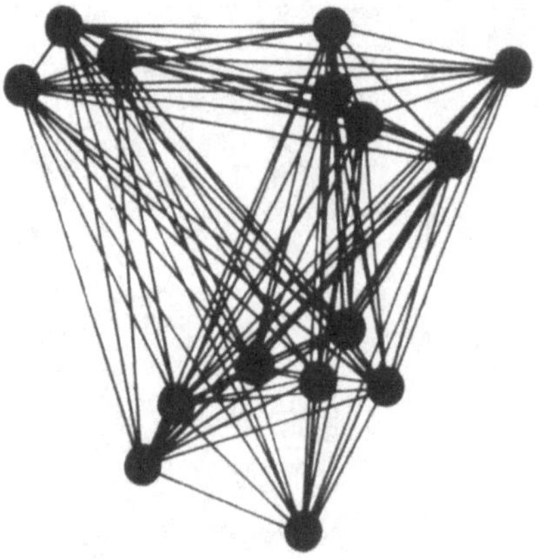

Abb. 4.3.3: Wenn man die Punkte $p, q \in P$ einer endlichen Punktmenge der euklidischen Ebene durch die Strecken $S(p, q)$ miteinander verbindet, entsteht aus P und den Punktmengen S die Punktmenge P_S. Wendet man dies Verfahren auf P_S nochmals an, entsteht die konvexe Hülle der Punktmenge P.

Dies Prinzip basiert auf der Voronoi-Zerlegung der Ebene (Abb. 4.3.4). Im Vergleich zu den in Abb. 4.3.2 dargestellten Versuchen zur „inversen Digitalisierung" beschreibt die Voronoi-Zerlegung die ungefähre Lage, Größe und Gestalt der Lagerstätte aus Abb. 4.3.1 hinreichend genau. Und wir können uns auch vorstellen, daß eine größere Anzahl von Punkten — bezüglich der Ebene also eine höhere Punktdichte — die Realität noch besser approximiert. Diese Erkenntnis fassen wir im *Korrespondenzprinzip* der Digitalgeometrie zusammen:

Bei wachsender Punktanzahl card (P) der digitalen Abbilder P und $M \subset P$ der Mengen F und $G \subset F$ der euklidischen Ebene stimmen die durch M und $P - M$ erzeugte Voronoi-Zerlegung von F und die Originale G und $F - G$ immer besser überein.

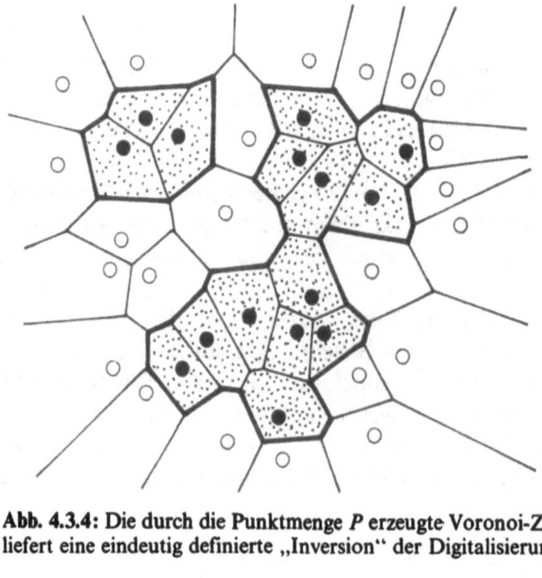

Abb. 4.3.4: Die durch die Punktmenge P erzeugte Voronoi-Zerlegung der euklidischen Ebene liefert eine eindeutig definierte „Inversion" der Digitalisierung.

Abb. 4.3.5: Originalfigur für die Digitalisierungsbeispiele der Abb. 4.3.6.

Der Name „Korrespondenzprinzip" ist der Physik entlehnt: In den meisten Fällen ergeben sich aus quantenmechanischen Gesetzmäßigkeiten die gewohnten makroskopischen Eigenschaften von Teilchen, wenn die Plancksche Konstante vernachlässigbar klein ist. Ähnlich ist es hier: Original und Voronoi-Zerlegung stimmen desto besser überein, je kleiner der mittlere Nächstnachbarabstand in P — natürlich bei etwa gleichmäßiger Punktverteilung — gegen die Ausmaße von F ist. Die Art der Digitalisierung hat damit wesentlichen Einfluß auf die Gültigkeit des Korrespondenzprinzips.

Die Punkte von P können zufällig in F verteilt sein wie im bisher behandelten Beispiel. Sie können aber auch eine regelmäßige Anordnung aufweisen, indem wir Gitterpunkte verwenden. Dies Vorgehen wird speziell bei der Erzeugung digitaler Bilder angewendet. Für die weitere mathematische und insbesondere rechentechnische Verarbeitung wird eine

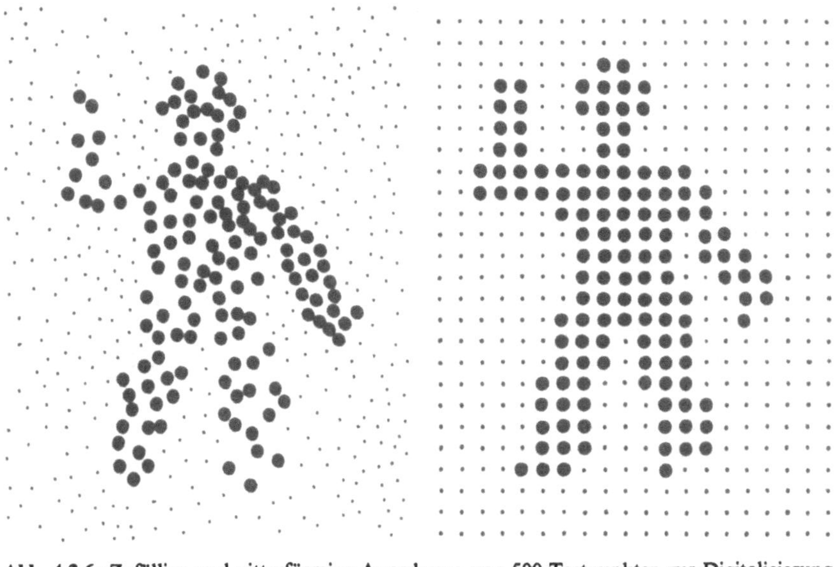

Abb. 4.3.6: Zufällige und gitterförmige Anordnung von 500 Testpunkten zur Digitalisierung der Originalfigur aus Abb. 4.3.5.

Abb. 4.3.7: Voronoi-Zerlegung der euklidischen Ebene anhand der Punktmengen aus Abb. 4.3.6. Wesentliche Eigenschaften der Originalfigur aus Abbildung 4.3.5 lassen sich durch die Voronoi-Zerlegung beschreiben.

gitterförmige Anordnung der Testpunkte natürlich günstiger sein als die zufällige Anordnung. Vom theoretischen Standpunkt her ergeben sich jedoch keine Unterschiede.

Das soll nochmals an einem „echten" Bild demonstriert werden (Abb. 4.3.5/6). Die Ergebnisse der Abb. 4.3.7 zeigen, daß mit Hilfe der Voronoi-Zerlegung die Originalfigur bis auf „Randeffekte" sowohl bei zufälliger Wahl der Punkte als auch bei Verwendung von Gitterpunkten richtig wiedergegeben wird. Ein Vorteil der gitterförmigen Punktanordnung besteht auch darin, daß die Voronoi-Zellen kongruente reguläre Polygone sind: Die im allgemeinen sehr aufwendige Berechnung der Voronoi-Zerlegung ist für Gitterpunkte von vornherein bekannt.

Wir werden uns in den weiteren Abschnitten auch deshalb ausschließlich mit Gitterpunktmengen beschäftigen. Es sei aber nochmals nachdrücklich darauf hingewiesen, daß die Gittergeometrie als Teilgebiet der diskreten Geometrie auftritt und daß digitale Bildverarbeitung nicht nur für reguläre Gitter sondern allgemein auch für beliebige diskrete Punktmengen möglich ist.

Dabei können wir zwei unterschiedliche Standpunkte einnehmen:

- Die Punktmenge P mit irgendwelchen Teilmengen $M \subset P$ ist gegeben. Sie kann als Nachbarschaftsstruktur, Abstandsstruktur oder Nachbarschafts-Abstands-Struktur auftreten. Welche mathematischen Gesetzmäßigkeiten gelten in P? Die diskrete Topologie der ersten drei Kapitel und die diskrete Geometrie der Abschnitte 4.1., 4.2. sind diesem Problem gewidmet.
- Die Punktmenge P und Teilmengen $M \subset P$ sind digitale Abbilder irgendwelcher realer Situationen F. Welche Eigenschaften von F „vererben" sich auf P, und welche Rückschlüsse von P auf F sind möglich unter gegebenen Voraussetzungen über die reale Situation und über den Abbildungsprozeß? Während eine „digitale Topologie" kaum von Interesse sein dürfte (?), ist die in diesem Sinn verstandene *Digitalgeometrie* wesentlicher Bestandteil der digitalen Bildverarbeitung.

4.4. Gitterpunktmengen

Die Mathematik hat sich etwa seit der Jahrhundertwende eingehender mit Gitterpunktproblemen beschäftigt. Diese Aussage betrifft insbesondere die von HERRMANN MINKOWSKI (1864—1909) entwickelte „Geometrie der Zahlen", die im *Gitterpunktsatz* für Orthogonalgitter gipfelt:

Satz 4.4.1: Jedes konvexe zentralsymmetrische Gebiet des n-dimensionalen euklidischen Raumes, dessen Mittelpunkt in einem Gitterpunkt liegt und das ein Volumen $V \geqq 2^n$ besitzt, enthält noch mindestens zwei weitere Gitterpunkte in seinem Inneren oder auf seinem Rand.

Der für $n = 2$ im Gitterpunktsatz zum Ausdruck kommende Zusammenhang zwischen einem Gebiet F der euklidischen Ebene und einer Menge P von Gitterpunkten läßt erkennen, daß eine Gesetzmäßigkeit der Digitalgeometrie vorliegt: Unter den oben genannten Voraussetzungen über F folgt aus der Eigenschaft card $(P) < 3$ des digitalen Abbildes, daß die Fläche der Figur F kleiner als 4 ist.

Weitere Beziehungen dieser Art werden von der analytischen Zahlentheorie untersucht: Man betrachtet Bereiche $B(x)$ des n-dimensionalen euklidischen Raumes, die von einem Parameter x abhängen (z. B. Kreise oder Kugeln vom Radius r mit dem Mittelpunkt im Ursprung des Orthogonalgitters). Das *Gitterpunktproblem* besteht dann darin, die Anzahl $\varepsilon(x)$ der im Bereich $B(x)$ liegenden Gitterpunkte abzuschätzen.

Für das bereits von GAUSS (1777—1855) betrachtete Kreisproblem gilt, daß $\varepsilon(r)$ ungefähr durch die Kreisfläche πr^2 abgeschätzt werden kann, wenn der Gitterpunktabstand $a = 1$ gewählt wird. Die Untersuchung der Differenz $\varepsilon(r) - \pi r^2$ hat ergeben, daß sie in der Größenordnung von $\sqrt{r}$ liegt. Das ist aber eigentlich auch schon alles, was man von den Ergebnissen der Geometrie der Zahlen bzw. der Gitterpunkttheorie für die digitale Bildverarbeitung nutzen kann.

Dagegen lassen sich viele der in den ersten drei Kapiteln erarbeiteten topologischen Formeln und Sätze unmittelbar auf das Orthogonalgitter übertragen:

— Für die totale Krümmung von Randmaschen gilt $t = (n - l)/4 = \pm 1$ (s. Abschnitt 3.3.).

— Die Anzahl ε der auf oder innerhalb einer äußeren Randmasche liegenden Gitterpunkte wird durch $\varepsilon = A + L/2 + 1$ bestimmt mit A als Fläche innerhalb der Randmasche und L als Länge der Randmasche, wenn die Gitterkonstante $a = 1$ ist (erste Picksche Formel (3.5.1)).

— Die Anzahl S_ε der Punkte über alle Durchschnitte einer festen und einer im Orthogonalgitter frei beweglichen Gitterpunktfigur ist durch $S_\varepsilon = 4\varepsilon\varepsilon'$ gegeben (s. Formel (3.7.3)).

Demnach bestehen zwischen den metrischen Größen der Fläche A, der Randlänge L, der totalen Krümmung T von Figuren der euklidischen Ebene einerseits und den topologischen Größen $\varepsilon, \varkappa, f, n, l, t$ ihrer digitalen Abbilder andererseits vielfältige Beziehungen.

Am einfachsten ist dieser Zusammenhang für die Fläche nachzuweisen. Mit $a = 1$ als Gitterpunktabstand besitzen alle Kernmaschen des Gitters die Fläche 1 (s. Tab. 4.2.1), so daß sich $A \approx f$ ergibt. Hier ist A die Fläche einer Figur der euklidischen Ebene und f die Anzahl der Kernmaschen des digitalen Abbildes der Figur. Je größer A wird, desto kleiner ist der relative Fehler $|A - f|/A$ dieser Abschätzung. Oder anders gesagt: Je kleiner die Gitterkonstante a im Vergleich zu den Ausmaßen der euklidischen Figur ist, desto besser

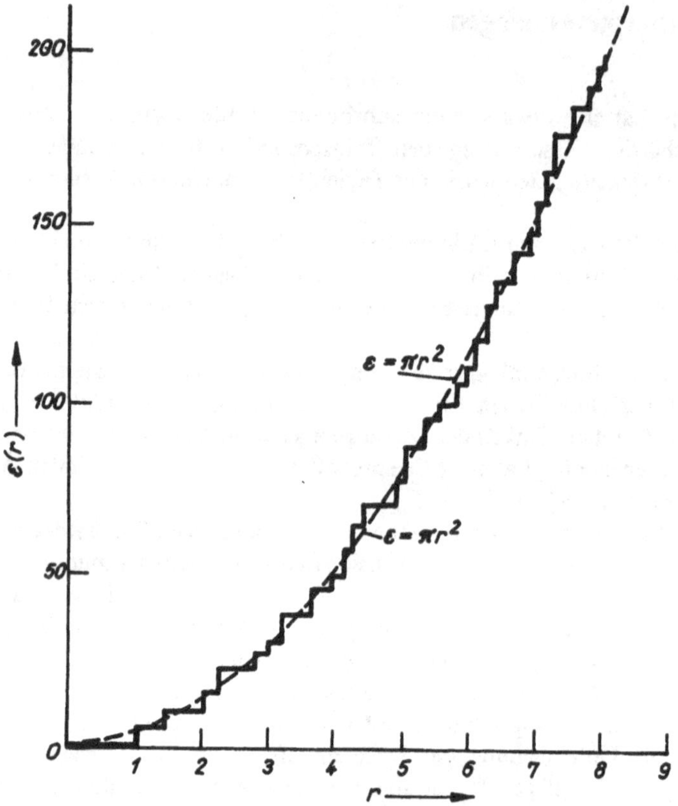

Abb. 4.4.1: Die Anzahl $\varepsilon(r)$ der Gitterpunkte innerhalb eines Kreises mit dem Radius r kann recht genau durch die Funktion πr^2 approximiert werden.

wird deren Fläche durch die Anzahl der Kernmaschen ihres digitalen Abbildes approximiert (Abb. 4.4.1).

Im Orthogonalgitter können wir jeder Kernmasche eindeutig einen Punkt und zwei Kanten zuordnen. Daher ist es für eine näherungsweise Bestimmung der Fläche A eines euklidischen Gebietes berechtigt, eine der Formeln $A \approx f$, $A \approx \varepsilon$, $A \approx \varkappa/2$ anzuwenden. Für die Figur der Abb. 4.3.5 ergeben sich entsprechend Abb. 4.3.6 die Werte $f = 76$, $\varepsilon = 132$, $\varkappa = 206$. Die gegenseitigen Abweichungen rühren daher, daß nicht allen der 76 Punkte eine Kernmasche entspricht bzw. zwei Kanten zugeordnet werden können.

Erst bei weitaus größeren Werten von ε, $\varkappa$, f verschwinden diese durch die Digitalisierung hervorgerufenen *Digitalisierungseffekte.* Die in Abb. 4.3.6 angegebene unregelmäßige Digitalisierung liefert $\varepsilon = 145$ Punkte. Die gute Übereinstimmung von $(145 - 132)/((145 + 132)/2) = 9.4\%$ ist kein Zufall: Da dieselbe Bildfläche durch jeweils 500 Punkte bedeckt wurde, müssen näherungsweise gleich viel Punkte auf die Figur fallen.

Dieser Zusammenhang von Fläche und Punktanzahl bildet die Grundlage der sogenannten Punktzählverfahren, die allein durch Zählung und ohne jede technische Hilfsmittel eine näherungsweise Bestimmung selbst bizarrer Flächen erlauben. Die dabei entstehenden mathematischen Probleme werden durch die *stochastische Geometrie* untersucht. Für uns ist hier vor allem festzustellen, daß die *Flächenbestimmung* im Rahmen

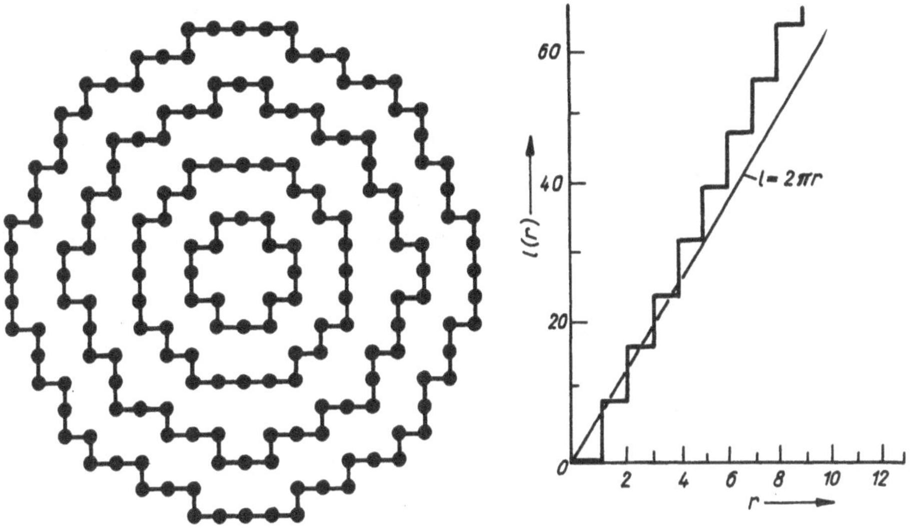

Abb. 4.4.2: Die Randmaschenlänge $l(r)$ des digitalen Abbildes eines Kreises vom Radius r ist $l(r) = 8\,\mathrm{ent}(r)$ mit $\mathrm{ent}(r)$ als größter ganzer Zahl die kleiner ist als r. Diese Funktion zeigt eine systematische Abweichung vom Kreisumfang $2\pi r$.

der digitalen Bildverarbeitung nichts anderes ist als ein *Punktzählverfahren* mit Hilfe elektronischer Geräte. Nur liefert die digitale Bildverarbeitung genauere Ergebnisse, weil die Zahl der in die Untersuchungen einbezogenen Bildpunkte in der Größenordnung $10^5 \ldots 10^8$ liegen kann, während ein manuelles Punktzählverfahren bestenfalls $10^2 \ldots 10^3$ Punkte berücksichtigt.

Komplizierter als die Beziehung $A \approx f$ ist der Zusammenhang zwischen den topologischen Maßen von Gitterpunktmengen und der Randlänge von Figuren der euklidischen Ebene aufzufinden. Selbst wenn „vernünftige" Figuren mit hinreichend glatten Rändern vorausgesetzt werden, kann die Gesamtlänge des Figurenrandes nicht durch die Gesamtlänge der Randmaschen des digitalen Abbildes der Figur abgeschätzt werden (Abb. 4.4.2). Es tritt eine systematische Abweichung auf zwischen der Länge L des Umfangs einer Figur der euklidischen Ebene und der Länge l der Randmasche des digitalen Abbildes dieser Figur. Für große Figuren bzw. kleinen Gitterpunktabstand fordert deshalb das Korrespondenzprinzip die asymptotische Näherung $L = \pi l/4$. Auch die Näherung $L = \pi n/4$ mit n als Anzahl der der jeweiligen Randmasche zugeordneten Randpaare ist gültig, da die kleine Differenz $n - l = \pm 4$ für große Werte von n bzw. l zu vernachlässigen ist.

Die totale Krümmung einer Randmasche einer Gitterpunktfigur im Orthogonalgitter ist $t = (n - l)/4 = \pm 1$. Die totale Krümmung T des Randes einer Figur der euklidischen Ebene ist $\pm 2\pi$, je nachdem die Figur im mathematisch positiven oder negativen Sinn umlaufen wird. Daher folgt die Beziehung $T = 2\pi t = \pi(n - l)/2$.

Die vorstehenden Überlegungen liefern uns also die Korrespondenzformeln der Digitalgeometrie:

$$A \approx \varepsilon \approx \varkappa/2 \approx f\,,$$
$$L \approx \pi n/4 \approx \pi l/4\,, \qquad (4.4.1)$$
$$T = 2\pi t\,.$$

Die Analogie zwischen den Resultaten der diskreten Geometrie und denen der „gewöhnlichen" Geometrie reicht aber noch weiter: Die Gleichungen (3.7.3) konnten erhalten werden, indem man „über alle Lagen" der frei beweglichen Figur summierte. Im Orthogonalgitter betrifft das alle diskreten Translationen und vier verschiedene Orientierungen der Figur. In der euklidischen Ebene stehen dem alle kontinuierlichen Translationen gegenüber sowie der volle Winkel 2π für die möglichen Orientierungen. Wir könnten also statt S_ε auch $2\pi S_\varepsilon/4$ betrachten und entsprechend (4.4.1) die Punktanzahl ε durch die Fläche A ersetzen. Dann ergibt sich $S_A = 2\pi AA'$, eine Formel, die genau in dieser Gestalt von der Integralgeometrie bereitgestellt wird:

$$I_A = \int_{F'} A(F \cap F')\,\mathrm{d}F' = 2\pi A(F)\,A(F').$$

Auch für die Randmaschenlängen l bzw. die totalen Krümmungen t lassen sich Beziehungen ableiten, die große Ähnlichkeit mit integralgeometrischen Ausdrücken besitzen. Nach Formel (3.3.1) ist $l = 2\varkappa - 4f$, so daß in Analogie zu (3.7.4) die Gleichung

$$\begin{aligned} S_l &= 2S_\varkappa - 4S_f = 4\varkappa\varkappa' - 16ff' \\ &= (4f + l)(4f' + l') - 16ff' = 4(fl' + lf') + ll' \end{aligned}$$

folgt. Für sehr große Gitterpunktfiguren können wir nach dem Korrespondenzprinzip der Digitalgeometrie den Term ll' vernachlässigen, da dieser mit kleiner werdender Gitterkonstanten a wie a^{-2} wächst. Der Term $fl' + lf'$ dagegen steigt wie a^{-3} an, so daß wir asymptotisch $S_l = 4(fl' + lf')$ erhalten. Dieser Ausdruck entspricht der Formel

$$I_L = \int_{F'} L(F \cap F')\,\mathrm{d}F' = 2\pi(A(F)\,L(F') + L(F)\,A(F'))$$

der Integralgeometrie. Schließlich ergibt sich nach Definition 3.3.1 für die totale Krümmung aller Randmaschen einer Gitterpunktfigur des Orthogonalgitters $t = (n - l)/4$. Aus den Gleichungen (3.3.1) folgt $4\varepsilon - n = 2\varkappa = 4f + l$ bzw. $n = 4\varepsilon - 4f - l$. Setzen wir diesen Ausdruck in t ein, so erhalten wir $t = \varepsilon - f - l/2$ und damit

$$\begin{aligned} S_t &= S_\varepsilon - S_f - S_l/2 \\ &= 4\varepsilon\varepsilon' - 4ff' - 2(fl' + lf') - ll'/2\,. \end{aligned}$$

Nach Substitution von f und f' durch $\varepsilon - t - l/2$ bzw. $\varepsilon' - t' - l'/2$ und Vereinfachung resultiert

$$S_t = 4(\varepsilon t' + ll'/8 + t\varepsilon') - 4tt'\,.$$

Asymptotisch können wir auch hier den letzten Term $4tt'$ vernachlässigen. Die dann entstehende Formel $S_t = 4(\varepsilon t' + ll'/8 + t\varepsilon')$ ähnelt in ihrer Struktur verblüffend dem integralgeometrischen Ergebnis

$$I_T = \int_{F'} T(F \cap F')\,\mathrm{d}F' = 2\pi(AT' + LL' + TA')\,.$$

Diese wenigen Korrespondenzen zwischen den Eigenschaften von Gitterpunktmengen einerseits und von Figuren der euklidischen Ebene andererseits mögen genügen. Sie sollen zeigen, daß hier ein bisher unbearbeitetes Feld von Problemen vorhanden ist, das viele fruchtbare Resultate für die Mathematik und für die digitale Bildverarbeitung erwarten läßt.

4.5. Diskrete Funktionen

Betrachten wir uns noch einmal die Abbildungen des Abschnitts 4.3. Durch Messung wurde festgestellt, ob ein Punkt $p \in P$ zur Menge $M \subset P$ oder zur Menge $\bar{M} = P - M$ gehört. In den Abbildungen wurden die Punkte schwarz oder weiß dargestellt. Sie hätten in einer Tabelle auch die Werte 1 oder 0 bekommen können. Die Punkte $p \in P$ wurden also in die Menge $W = \{0, 1\}$ abgebildet. Eine eindeutige Abbildung einer Menge P auf eine Menge W wird als *Funktion f* bezeichnet (s. Abschnitt 3.6.).

Der Wertebereich einer Funktion braucht nicht nur die Werte 0 und 1 zu enthalten. Bei den in Abschnitt 4.3. erwähnten Erdölbohrungen hätte auch folgende Kodierung der Versuchsergebnisse gewählt werden können:

0 kein Erdöl,
1 unergiebiger Fundort,
2 ergiebig, aber ökonomisch nicht verwertbar,
3 ergiebig, weitere Prüfungen notwendig,
4 ergiebig, sofort nutzbar.

Bei digitalen Bildern werden Grauwerte, Intensitäten, Absorptionswerte, Extinktionswerte oder Reflexionswerte für die einzelnen Bildpunkte meist in Wertebereichen $0, \dots, 2^n - 1$ mit $n = 1, \dots, 12$ angegeben. In jedem Fall aber ist der Wertebereich eine endliche Menge. Wir werden es also im Rahmen der digitalen Bildverarbeitung mit Funktionen zu tun haben, die Abbildungen aus endlichen Mengen P auf endliche Mengen W sind. Wir sprechen deshalb von *diskreten Funktionen.*

Üblicherweise beschäftigt man sich in der Mathematik, den Naturwissenschaften und der Technik vorrangig mit stetigen Funktionen. Unstetigkeiten können zwar auftreten, sind aber gewissermaßen Ausnahmefälle. Deshalb sind diskrete Funktionen zwar als Begriff bekannt, aber es gibt keine praktisch anwendbare „diskrete Funktionstheorie". So sind zum Beispiel im „Taschenbuch der Mathematik" von BRONSTEIN und SEMENDJAJEW 66 Spezifizierungen des Funktionsbegriffes angegeben (analytisch, differenzierbar, gleichmäßig stetig, holomorph, periodisch, rational, reell, regulär, trigonometrisch usw.). Für die diskrete Funktionstheorie sind davon nur die folgenden Definitionen sinnvoll:

Definition 4.5.1: Eine Funktion f heißt *beschränkt*, wenn die Funktionswerte die Bedingung $W_{min} \leqq f(p) \leqq W_{max}$ mit endlichen W_{min}, W_{max} für alle Elemente des Definitionsbereiches erfüllen.

Definition 4.5.2: Die zu einer eineindeutigen Abbildung f von P in W gehörige inverse Abbildung f^{-1} heißt *Umkehrfunktion* oder *inverse Funktion* von f.

Definition 4.5.3: Wenn die Funktion f jedes $p \in P$ denselben Funktionswert $w \in W$ zuordnet, heißt f eine *konstante Funktion.*

Definition 4.5.4: Ein Gebiet G der Nachbarschaftsstruktur $[P, N]$ heißt *relatives Maximalgebiet* bzw. *relatives Minimalgebiet* bezüglich der Funktion f, wenn $f(g) = f_0 =$ const. für alle $g \in G$ gilt und $f(h) < f_0$ bzw. $f(h) > f_0$ für alle Elemente h der Punktnachbarschaft $N(G)$ des Gebietes G ist.

Aber selbst diese wenigen Definitionen sind schon Spezialisierungen. Für die Definitionen 4.5.1 und 4.5.4 muß im Wertebereich eine lineare Ordnungsrelation existieren. Die Definition 4.5.4 setzt sogar die Existenz einer Nachbarschaftsrelation im Definitionsbereich der Funktion f voraus. Und die in den Definitionen 4.5.2/3 eingeführten Begriffe sind zwar möglich und notwendig, werden aber kaum zu wesentlichen Schlußfolgerungen führen können.

Wie im Fall der diskreten Geometrie muß also auch eine für die digitale Bildverarbeitung maßgebende *diskrete Funktionstheorie* entwickelt werden. Auch hier könnte die in den ersten drei Kapiteln dargelegte Methodik der diskreten Topologie beispielgebend sein: Ausgehend von endlichen Mengen und Abbildungen zwischen solchen Mengen, wird der Anwendungsbereich der Theorie durch Einführung von Relationen bzw. auch Restriktionen eingeschränkt und dadurch das Arsenal an Gesetzmäßigkeiten und Methoden zunehmend erweitert.

Ich bin der Meinung, daß die Existenz einer Nachbarschaftsrelation im Definitionsbereich P einer diskreten Funktion f und die Existenz einer linearen Ordnung im Wertebereich W der Funktion f grundlegende Bedingungen für einigermaßen sinnvolle theoretische Untersuchungen sind. Im einfachsten Fall ist die Nachbarschaftsrelation in P homogen vom Grade 2, d. h., $[P, N]$ ist eine Ringstruktur (s. Abschnitt 3.1.). Daraus folgt der Begriff der periodischen Funktion, genauer gesagt der Begriff der „eindimensionalen" periodischen Funktion (Abb. 4.5.1).

Relative Maximal- und Minimalgebiete müssen durch systematisches Durchmustern der Nachbarschaftsstruktur bestimmt werden, da die Methoden der reellen Analysis prinzipiell nicht anwendbar sind. Zwischen zwei aufeinanderfolgenden Punkten $p_i, p_{i+1} \in P$ kann die Differenz $d(p_i, p_{i+1}) = w(p_{i+1}) - w(p_i)$ eingeführt werden. Dadurch wird jedem geordneten Punktepaar bzw. jeder gerichteten Kante von $[P, N]$ ebenfalls ein Wert zugeordnet. Die Extrema dieser Differenzwerte lassen sich genauso bestimmen wie die Extrema der Funktion $f(p)$ selbst. Das heuristische Vorbild der Differentialrechnung führt damit zu einer den Gegebenheiten der digitalen Bildverarbeitung entsprechenden *Differenzenrechnung*.

In Abb. 4.5.2 ist eine periodische Funktion dargestellt, deren Definitionsbereich 16 Punkte enthält. Von den Punkten $p_5, p_7, p_8, p_{12}, p_{16} \in P$ sind jedoch keine Funktionswerte bekannt. Es besteht also das Problem, unbekannte Funktionswerte in einer Nachbarschaftsstruktur anhand bekannter Funktionswerte zu schätzen. Diese Aufgabe ist genauso unlösbar wie die Grundaufgabe der Digitalgeometrie: Ohne weitere Voraussetzungen konnten dort aus dem digitalen Abbild einer Figur keine Schlußfolgerungen bezüglich der zugrundeliegenden euklidischen Figur gezogen werden. Auch hier kann ein Punkt $p_5 \in P$ in irgendein Element w des Wertebereiches der Funktion f abgebildet werden, wenn nicht einschränkende Voraussetzungen über den „Funktionstyp" gegeben sind.

Zum Beispiel würde die vorausgesetzte Existenz nur eines einzigen relativen Maximums

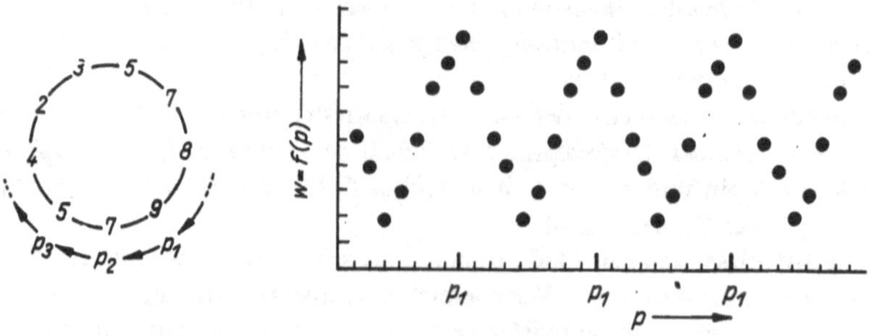

Abb. 4.5.1: Eine eindimensionale periodische diskrete Funktion $w = f(p)$ wird durch die wiederholte Abbildung der Punkte $p_i \in P$ einer homogenen Nachbarschaftsstruktur $[P, N]$ vom Grade 2 in einen linear geordneten Wertebereich W dargestellt.

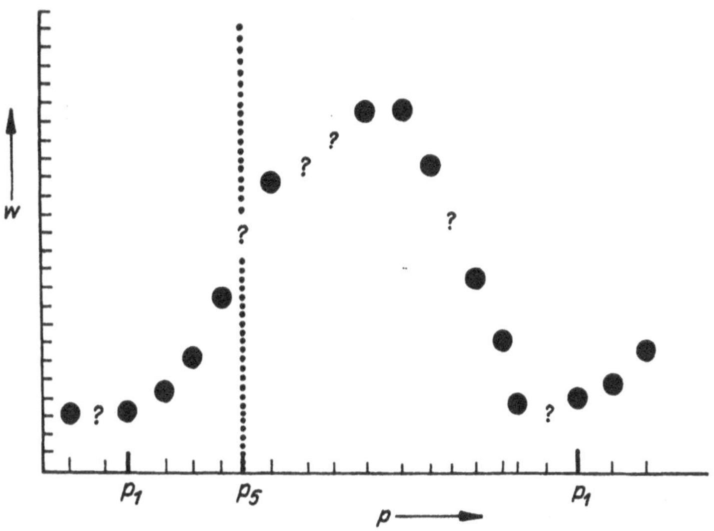

Abb. 4.5.2: Wenn für einige Punkte einer „linearen" Nachbarschaftsstruktur $[P, N]$ keine Funktionswerte bekannt sind, entsteht das Problem der diskreten Interpolation.

bereits die Vielzahl der möglichen Funktionswerte w_5, w_7, w_8, w_{12}, w_{16} deutlich einschränken. Wie in der Digitalgeometrie sind solche Voraussetzungen nur aus den realen Gegebenheiten abzuleiten bzw. als mathematische Spezifizierungen zu verstehen.

Die hier genannte Aufgabe gehört zum Problemkreis der *diskreten Interpolation.* Gegenüber der reellen Interpolation treten Schwierigkeiten auf, indem selbst die einfache Formel $w_5 = (w_4 + w_6)/2$ nicht angewendet werden kann: Erstens ist sie nur sinnvoll, wenn die Punkte p_i Elemente einer Abstandsstruktur $[P, a]$ sind. Und zweitens braucht der so berechnete Wert w_5 gar nicht ein Element des Wertebereiches W der zu interpolierenden

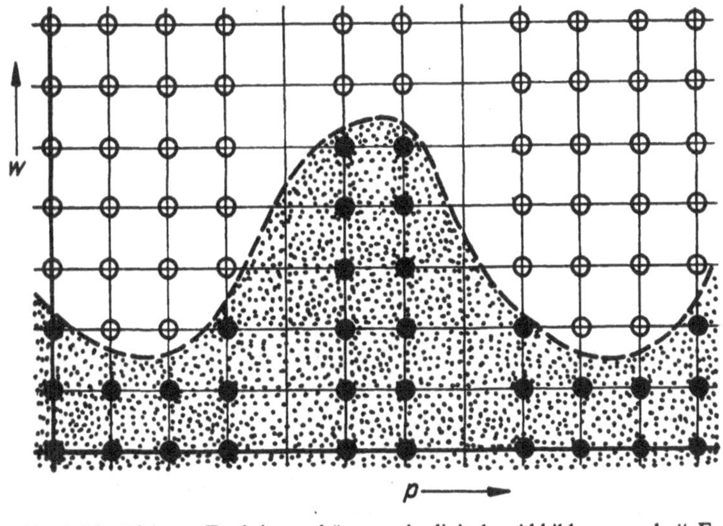

Abb. 4.5.3: Diskrete Funktionen können als digitales Abbild „normaler" Funktionen angesehen werden. Damit entsteht das Problem der diskreten Approximation.

diskreten Funktion zu sein. Die besonders für periodische Funktionen gut geeignete *trigonometrische Interpolation* wird ebenfalls diesen zuletzt genannten Nachteil aufweisen.

Einen Ausweg aus dieser Schwierigkeit erhält man, wenn man von der diskreten Funktionstheorie zur *digitalen Funktionstheorie* übergeht. Dazu betrachtet man die Menge der möglichen Paare (p, w) von Punkten p und Funktionswerten w als Gitter, das in die kontinuierliche euklidische p-w-Ebene eingebettet ist (Abb. 4.5.3). Eine gesuchte reelle Funktion f zerlegt diese Ebene in die Gebiete $G_0 = \{(p, w) \mid w > f(p)\}$ und $G_1 = \{(p, w) \mid w \leqq f(p)\}$. Die Gitterpunkte sind ein digitales Abbild dieser Zerlegung. Es besteht die Aufgabe, aus dem digitalen Abbild die Gebiete G_0 und G_1 (und damit die Funktion f) abzuschätzen und die gesuchten Interpolationswerte zu bestimmen.

Bei dieser *digitalen Approximation* wird die in Abschnitt 4.4. betrachtete Voroni-Zerlegung im allgemeinen keine zufriedenstellende Beschreibung der Funktion liefern. Es treten dabei nämlich Unstetigkeitsstellen auf, weil die Voroni-Zerlegung hier prinzipiell eine Treppenfunktion liefert . . .

Die vorstehenden Ausführungen sollen zeigen, in welcher Richtung und mit welchen Zielstellungen die diskrete bzw. digitale Funktionstheorie entwickelt werden müßte. Dabei deutet das Adjektiv „diskret“ an, daß die in diskreten Mengen P und W auftretenden Gesetzmäßigkeiten untersucht werden sollen. Das Adjektiv „digital“ dagegen charakterisiert die Theorie der Einbettung diskreter Funktionen in reelle Definitions- und Wertebereiche.

Die durch Messung erhaltenen Funktionswerte w können aus den verschiedensten Gründen verfälscht sein. Das Fehlen irgendeines Funktionswertes beim Interpolationsproblem ist nur eine dieser Möglichkeiten. Bei elektronischer Messung kann auch ein zusätzliches „Rauschen“ der Meßwerte vorhanden sein, oder es kann bei der Übertragung der Meßwerte ein Fehler auftreten. Die Meßwertfolge wird dann nicht den Vorstellungen entsprechen, die man über den allgemeinen Charakter der zu bestimmenden Funktion besitzt („glatter Verlauf“, „monotoner Abfall“, „periodisch“ usw.). Die Bestimmung einer optimal an die Meßwerte angepaßten Funktion, d. h. die Bestimmung einer „verbesserten“ Meßwertfolge, ist der Gegenstand der „Funktionsverbesserung“.

Schließlich können die ursprünglichen Meßwerte auch systematisch verfälscht sein, indem sie durch die benachbarten Funktionswerte beeinflußt werden. Hier besteht das Problem, die „eigentliche“ Funktion aus den durch den Meßprozeß transformierten Meßwerten zu rekonstruieren. Man spricht von „Funktionsrestauration“.

4.6. Gitterfunktionen

Die wesentlichen Gedanken des Abschnitts 4.5. können direkt auf die Theorie der diskreten Funktionen von zwei Variablen übertragen werden. Im Orthogonalgitter der Punkte $p = (x, y)$ mit ganzzahligen Koordinaten sei jedem Punkt p eines Definitionsbereiches ein Funktionswert $f(p)$ zugeordnet. Wenn dieser Punkt bzw. die mit ihm verbundene Voronoi-Zelle entsprechend $f(p)$ durch einen Grauwert oder eine Farbe dargestellt wird, spricht man üblicherweise von einem Bild. Vom theoretischen Aspekt her ist ein Bild jedoch bereits auch ohne diese Darstellung gegeben:

Definition 4.6.1: Es sei G ein zusammenhängendes lochfreies Gebiet eines Gitters und f eine auf G definierte diskrete Funktion. Dann wird die Bildfunktion $B = \{(g, w) \mid g \in G, w = f(g)\}$ ein *digitales Bild* genannt, und die Punkte $g \in G$ heißen *Bildpunkte.*

Es gibt einige wenige Aufgabenstellungen, die auf dieser Stufe der Konkretisierung von Interesse sind. Zum Beispiel könnte man mit Hilfe einer zweiwertigen Entscheidungsfunktion bzw. eines zweiwertigen Entscheidungsoperators $\boldsymbol{B}$ für jeden Bildpunkt $g \in G$ festlegen, ob er zu der durch $\boldsymbol{B}$ bestimmten Teilmenge M der Menge G gehört oder zur Komplementärmenge $\bar{M}$. Es läge ein Binärbild vor, und die Algorithmen 1.3.1 zur Komponentenbestimmung bzw. 2.5.1 zur Randmaschenbestimmung könnten unmittelbar angewendet werden.

Eine der einfachsten Entscheidungsfunktionen ist das sogenannte *Pegelverfahren* mit

$$e(p) = \left.\begin{matrix} 1 \\ 0 \end{matrix}\right\} \begin{matrix} \text{falls } f(p \geqq f_0 \\ \text{falls } f(p) < f_0 . \end{matrix}$$

Der Wert f_0 wird in diesem Fall als *Pegel* bezeichnet. Selbstverständlich können auch kompliziertere Entscheidungsfunktionen verwendet werden, die die Funktionswerte von Bildpunkten der Nachbarschaft von p bzw. sogar größerer Umgebungen berücksichtigen.

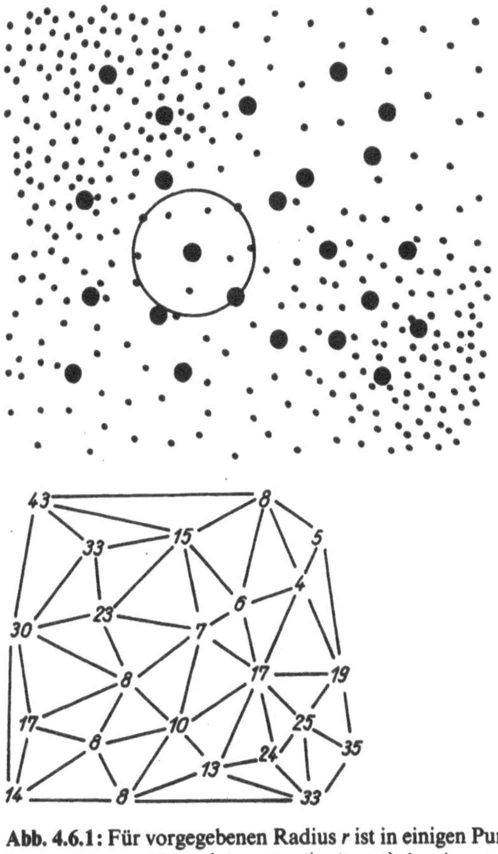

Abb. 4.6.1: Für vorgegebenen Radius r ist in einigen Punkten $p \in P$ die Anzahl $n(p)$ der Punkte in der Menge $M_p = \{q \mid q \in P, a(p, q) \leqq r\}$ bestimmt worden. Aus der Delaunay-Struktur (unten) soll für beliebige andere Punkte x der Wert $n(x)$ interpoliert werden.

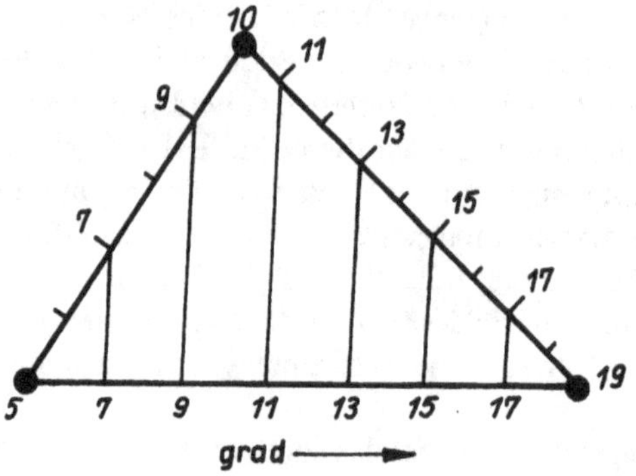

Abb. 4.6.2: In einem Dreieck kann stets eine lineare Interpolation durchgeführt werden. Die Dreiecksseite mit der größten Wertdifferenz legt den Gradienten der Funktion fest.

Eine andere elementare Aufgabenstellung wäre, die Maximal- bzw. Minimalgebiete des Bildes zu ermitteln (s. Definition 4.5.4). Allerdings ist dies Problem im Rahmen der „zweidimensionalen Bildverarbeitung“ nicht mehr ganz einfach. Aber mit Hilfe der in den ersten drei Kapiteln erworbenen Kenntnisse und Fähigkeiten kann eine exakte Lösung erarbeitet werden. Wir sprechen von einer *Bestimmung der Extremalgebiete*.

Wie im eindimensionalen Fall sind die eigentlichen Probleme der Bildverarbeitung jedoch an weitergehende Voraussetzungen geknüpft: Bei gegebener Bildfunktion $f(p)$ sollen Bildinterpolation, Bildverbesserung und Bildrestauration durchgeführt werden!

Ein Beispiel ist in Abb. 4.6.1 dargestellt. Die Punktmenge P ist durch unregelmäßige Verteilung in der Ebene gekennzeichnet. Für einige ausgewählte Punkte ist die mühsame Arbeit durchgeführt worden, diejenigen Punkte zu zählen, die nicht weiter als im Abstand r von p entfernt sind. Diese Anzahlen liegen hier im Bereich 4 bis 43. Eine Möglichkeit der Interpolation ist mit der Voronoi-Interpolation entsprechend Abb. 4.3.4 gegeben. Die einfachste lineare Interpolation läßt sich im Rahmen einer Triangulation durchführen. Dazu betrachten wir die Bildpunkte (x, y, n) als Punkte eines dreidimensionalen Raumes (in Analogie zu Abbildung 4.5.3) und legen durch je drei Eckpunkte eines Dreiecks der Triangulation eine Ebene. Dann läßt sich für jeden Punkt des Dreiecks ein eindeutiger Wert ermitteln (Abb. 4.6.2).

Diese lineare Interpolation liefert bessere Ergebnisse als die Voronoi-Interpolation (zumindest vom ästhetischen Eindruck her, falls die interpolierte Funktion bildhaft dargestellt wird). Sie kann aber nicht als „richtiger“ eingeschätzt werden, wenn keine Kenntnisse über den Typ der digitalisierten Funktion vorliegen. Die notwendige Triangulation kann am natürlichsten durch die Delaunay-Triangulation erreicht werden. Damit sind auch in Abb. 4.6.1 die Nachbarn jedes Punktes bestimmt worden. Wir sprechen bei der linearen Interpolation deshalb auch von Delaunay-Triangulation.

Die linear interpolierte Funktion ist eine stetige reelle Funktion mit gebietsweise stetigem Anstieg. In jedem Dreieck ist die Richtung des Gradienten der Funktion durch diejenige Dreiecksseite gegeben, längs derer die Funktionsdifferenz zwischen den Eckpunkten am größten ist (Abb. 4.6.2). Man kann aber auch fordern, daß nicht nur die Funktion selbst, sondern auch ihre erste Ableitung, ihre zweite Ableitung usw. stetig sind. Das führt zu den *Spline-Funktionen* und der *Spline-Interpolation* im Zweidimensionalen. Selbstverständlich bleibt dann noch das Problem bestehen, wie man von den reellen Interpolationswerten zu den diskreten Werten des jeweiligen Wertebereichs gelangt. Im einfachsten Fall kann eine Rundung weiterhelfen oder eine Digitalisierung in Analogie zur Abb. 4.5.3.

Vielfach sind aber wie im eindimensionalen Fall die Meßwerte fehlerbehaftet. Dann muß anhand der vorliegenden Meßwerte und des vorausgesetzten Funktionstyps eine optimale Anpassung einer Funktion des gegebenen Typs an die Meßwerte ermittelt werden. Leider kennt man in der Bildverarbeitung den Funktionstyp nicht oder nur sehr ungenügend. Es hat sich daher die Praxis herausgebildet, von den vorliegenden Meßwerten auszugehen und einen Funktionstyp zu verwenden, der sich mathematisch gut behandeln läßt. Das ist etwa derselbe Ausweg wie ihn die Statistik wählt, die zur Beschreibung und mathematischen Behandlung von empirischen Meßwertverteilungen die Gauß-Verteilung verwendet.

In der Bildverarbeitung wird normalerweise die *Fourier-Transformation* angewendet, um Bildinterpolationen oder Bildverbesserungen durchführen zu können. Es muß aber nachdrücklich betont werden, daß diese Wahl im allgemeinen Fall durch die Eleganz der dann möglichen mathematischen Methode und nicht durch reale Kenntnis des zugrundeliegenden Funktionstyps bedingt ist.

Wenn aber der Funktionstyp bekannt ist, dann lassen sich sogar „*Subpixelgenauigkeiten*" der Anpassung erreichen. Darunter ist folgendes zu verstehen: Angenommen die Umgebung einer Hell-Dunkel-Kante wird an einzelnen äquidistanten Stellen vermessen. Der Meßprozeß verläuft so, daß keine punktweise Messung an den Stellen der einzelnen Bildpunkte (der sogenannten „pixels" oder picture elements") vorgenommen werden kann. Vielmehr erfaßt die Messung mit abnehmendem Anteil auch noch die Werte benachbarter Bildpunkte und der dazwischenliegenden reellen Punkte (Abb. 4.6.3). Also wird sich als Meßergebnis ein langsamer Übergang von Hell nach Dunkel ergeben. Je nach Lage der Hell-Dunkel-Kante wird die gemessene Funktion entlang der x-Achse verschoben sein. Der Funktionstyp ändert sich bei dieser Verschiebung jedoch nicht. Also kann man aus den gewonnenen Meßwerten durch Funktionsanpassung die Lage der Kante bestimmen. Zwar ist diese Bestimmung fehlerbehaftet, da es auch die Meßwerte sind. Trotzdem kann man die „wahre" Kantenlage genauer einschätzen als es der Bildpunktabstand eigentlich vermuten ließ.

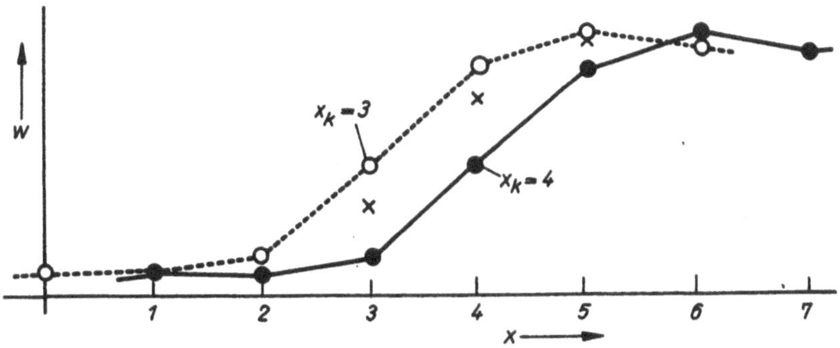

Abb. 4.6.3: Meßergebnisse an den Bildpunkten $x = 0, 1, 2, \dots$, falls die Hell-Dunkel-Kante einer Stufenfunktion bei $x_K = 4$ liegt (●) oder bei $x_K = 3$ (○). Wenn die erhaltenen Meßergebnisse durch die Kreuze gekennzeichnet sind, muß die Kante zwischen 3 und 4 liegen. Der Wert von x_K läßt sich mit Subpixelgenauigkeit bestimmen.

Es handelt sich hier eigentlich um eine Rücktransformation. Durch den Meßprozeß **M** wird die Kantenfunktion oder eine andere Funktion $f(x)$ in eine gemessene Funktion $\tilde{f}(x)$ transformiert:

$$\tilde{f} = \boldsymbol{M}f.$$

Um aus der gemessenen Funktion die „wahre" Funktion zu erhalten, muß der inverse Operator $\boldsymbol{M}^{-1}$ angewendet werden:

$$f = \boldsymbol{M}^{-1}\tilde{f}.$$

Im allgemeinen existiert jedoch $\boldsymbol{M}^{-1}$ gar nicht oder ist zumindest sehr schlecht auf gestörte Bilder anzuwenden. Deshalb wird das Umkehrproblem durch optimale *Anpassung* gelöst:

Bestimme eine Funktion f derart, daß die Differenz zwischen der gemessenen Funktion $\tilde{f}$ und der transformierten Funktion $\boldsymbol{M}f$ möglichst klein wird!

Nochmals sei aber betont, daß diese Methode nur dann angewendet werden kann, wenn der Meßoperator **M** hinreichend genau bekannt ist.

4.7. Digitale Bildverarbeitung

Die Probleme der Abstands- und Gitterstrukturen bzw. die Probleme der Gitterfunktionen wurden hier nur einführend dargestellt. In der Literatur sind die meisten einschlägigen Arbeiten den Abschnitten 4.2. Gitterstrukturen, 4.3. Digitale Geometrie und 4.6. Gitterfunktionen gewidmet. Allerdings bleiben dabei die notwendigen Voruntersuchungen der Abschnitte 4.1. Abstandsstrukturen und 4.5. Diskrete Funktionen unerwähnt, obwohl in irgendeiner Form natürlich stets Voraussetzungen über die zugrundeliegenden metrischen Räume und Funktionstypen angenommen werden.

Ich denke, daß Abstands- und Gitterstrukturen einerseits bzw. diskrete Funktionen und Gitterfunktionen andererseits ebenfalls einmal in größerem Umfang zusammenhängend dargestellt werden sollten. Dabei liegen weitaus mehr Anwendungen und Lösungsansätze vor als bei der hier entwickelten Theorie der Nachbarschaftsstrukturen. Dementsprechend schwieriger wird es sein, eine einheitliche Konzeption herauszuarbeiten. Doch sollte das Konzept

— diskrete Topologie,
— diskrete Geometrie,
— diskrete Funktionen

ungedingt durchgeführt werden, weil nur so die vielen in der mathematischen Literatur verstreuten Schätze und die vielen in Zeitschriften sowie Tagungsbänden enthaltenen Versuche aufbereitet werden können.

Wir dürfen dabei nie vergessen, daß alle theoretischen Ergebnisse letztendlich der Anwendung dienen sollen und daß jede Anwendung der digitalen Bildverarbeitung mit Hilfe von Computern realisiert wird. Die Speicher der Computer besitzen aber eine diskrete Struktur — genau wie die Rasterbildschirme, wie die gespeicherten Zahlenwerte und wie die Programme und Unterprogramme selbst. Also liefert jede theoretische Vorarbeit, die „kontinuierliche Formulierungen" benutzt, eine nichtadäquate Beschreibung, die jedesmal neu in die diskrete Computersprache umgesetzt werden muß.

Selbstverständlich werde ich diesen Standpunkt nicht so kategorisch formulieren wie PYTHAGORAS. Es ist nicht Abscheu vor dem Unendlichen des Kontinuums, was mich bewogen hat, in diesem Buch jedes Differential und jedes Integral zu vermeiden. Es ist vielmehr die Zuneigung zur Endlichkeit und zum Diskreten, die von der elementaren Mengenlehre über die elementare Geometrie bis zu Algorithmen reicht, die in endlich viel Schritten beendet sein müssen.

Ich will nicht verbergen, daß ich viel Ideen der „nichtelementaren" Mathematik verwendet und zweckentsprechend auf das Diskrete übertragen habe. Das fällt vielleicht am deutlichsten ins Auge bei den Abschnitten 1.5. Dilatation und Erosion, 1.6. Benachbarte und getrennte Mengen, 2.7. Randmaschen planarer Strukturen, 3.3. Randmaschen in Torusnetzen, 3.6. Abbildungen und Bewegungen, 3.7. Topologische Maße.

Das dialektische Wechselverhältnis von „diskret" und „kontinuierlich", von „endlich" und „unendlich" muß stets beachtet werden bei der weiteren Entwicklung der Theorie der digitalen Bildverarbeitung. Es sollte mich nicht wundern, daß für zukünftige Bilder, die 4096 × 4096 oder gar 32768 × 32768 Bildpunkte enthalten mit jeweils 16, 32 ... bit Information — daß für solche Bilder zur globalen, qualitativen, unscharfen Beschreibung Methoden der Kontinuumsmechanik ausgenutzt werden ...

Die digitale Bildverarbeitung beschäftigt sich mit großen Datenmengen, die eine besondere Struktur aufweisen. Wir kennen die Datenstruktur der Tupel, der Listen, der Records, der Files, der Datenbanken usw. Jede dieser Datenstrukturen erfordert zur Bearbeitung eine eigenständige theoretische Grundlage und eine eigenständige Sprache. So ist es auch mit der Datenstruktur „Bild", die eine Theorie erfordert und mit den Begriffen Pixel, Nachbar, Kontur, Richtungskode, Restauration, Segmentierung usw. zum Vokabellernen zwingt.

Aus meiner heutigen Sicht verstehe ich das Wechselverhältnis zwischen „Bildern" und anderen Datenstrukturen etwa so, wie es in Abbildung 4.7.1 skizziert ist. Bei der Umwandlung von Bildern in Bilder treten folgende Begriffe auf:

— Bildverbesserung, Bildrestauration,
— Bildoperation, Bildfilterung,
— Bildtransformation, Bildpunktklassifikation.

Alle diese Methoden gehören zum Gebiet der *Bildbearbeitung*. Bei der *Bildanalyse* geht es darum, aus einem Bild eine Datenstruktur zu gewinnen, die weitgehend frei ist von für das jeweilige Problem irrelevanten Informationen. Es handelt sich hier also stets um eine Informationsreduktion, um eine Redundanzbeseitigung — falls nicht nur eine eineindeutige Bildkodierung vorgenommen wird. In den meisten Fällen wird „analytisch" vorgegangen,

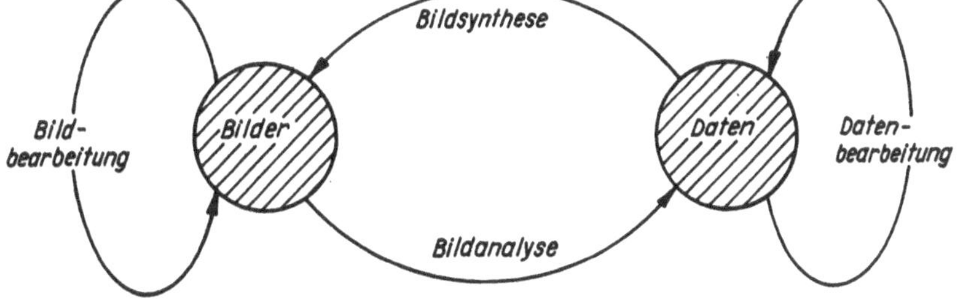

Abb. 4.7.1: Bilder sind spezielle Datenstrukturen. Die Methoden zur Bearbeitung dieser Strukturen ermöglichen eine Gliederung der Disziplin „Digitale Bildverarbeitung".

indem man das Bild in sinnvolle Bildteile, in Bildsegmente zerlegt. Da diese Zerlegung problemabhängig ist, unterscheidet man im Rahmen der Bildanalyse Problemkreise wie

- Objektanalyse, Kurvenanalyse,
- Szenenanalyse,
- dreidimensionale Analyse,
- Textanalyse,
- Bildfolgenanalyse.

Umgekehrt können aus Datenstrukturen (Zahlentupeln, Listen, Datenbanken...) auch wieder Bilder erzeugt werden, so daß der Begriff „*Bildsynthese*" angebracht ist. Da diese synthetisierten Bilder normalerweise auch bildlich dargestellt werden, ist der Begriff „Computergraphik" entstanden. Doch sind die Fähigkeiten des Computers heute bereits über das rein Graphische hinausgelangt, und die flächenfüllende „Computermalerei" erfaßt immer breiterte Einsatzgebiete.

Die Bearbeitung und Umwandlung von Datenstrukturen gehört eigentlich nicht zur Bildverarbeitung. Es gibt aber wohl keine ernstzunehmende Anwendungslösung der digitalen Bildverarbeitung, bei der nicht auch Methoden der „reinen" Datenbearbeitung zum Einsatz gelangen. Trotzdem wollen wir die entsprechenden Methoden der Numerik und Informatik nicht zur Theorie der digitalen Bildverarbeitung zählen.

Die Theorie der digitalen Bildverarbeitung soll eine einheitliche Grundlage für die große Vielfalt der Ideen, Begriffe und Methoden in Bildanalyse, Bildsynthese und Bildbearbeitung bereitstellen. Dadurch kann man vielleicht die in ausufernder Breite vorhandenen speziellen Methoden als im Innersten zusammengehörig erkennen. Dadurch können vielleicht der Student und der junge Wissenschaftler, der Einsteiger und der Außenseiter erkennen, daß Freeman, Hübler, Hufnagl, Jaroslavski, Klette, Kovalevski, Pavlidis, Rosenfeld, Serra, Sklansky, Toissaint und Wilhelmi — um nur einige der vielen, vielen theoretischen Bildverarbeiter zu nennen — bei allen individuellen Unterschieden in letzter Konsequenz doch über dasselbe fesselnde Thema sprechen...

5. Lösungen

Lösung 1.1.1:
Das ist eine Aufgabe der Kombinatorik. Bei $\varepsilon = 1$ ergibt sich für die Anzahl n möglicher Nachbarschaftsstrukturen ebenfalls 1. Weiter ist $n(2) = 2$, da die beiden Punkte verbunden sein können oder nicht. Die weitere Untersuchung hängt davon ab, ob die Punkte individuell unterscheidbar sind oder nicht. Im ersten Fall gibt es bei ε Punkten $\varepsilon(\varepsilon - 1)/2$ Punktpaare $\{p, q\}$. Jedes Paar kann als Kante realisiert sein oder nicht. Daher erhalten wir $n_1(\varepsilon) = 2^{\varepsilon(\varepsilon-1)/2}$ unterschiedliche Nachbarschaftsstrukturen. Viele dieser Nachbarschaftsstrukturen sind aber durch Umbenennung der Punkte ineinander überführbar. Deshalb ist für $\varepsilon > 2$ im zweiten Fall die Anzahl $n_2(\varepsilon)$ deutlich kleiner als $n_1(\varepsilon)$. Es ist $n_2(3) = 4$ und $n_2(4) = 11$. Aber ein allgemeingültiger Ausdruck für $n_2(\varepsilon)$ ist mir nicht bekannt.

Lösung 1.1.2:
Es sei $n(k)$ die Anzahl der Punkte mit dem Knotengrad k, wobei k von 0 bis formal ∞ reichen kann (obwohl in endlichen Strukturen $k < \varepsilon$ gilt). Dann lautet der Knotensatz 1.1.1

$$\sum_{p \in P} \nu(p) = \sum_k k \cdot n(k) = 2\varkappa \,.$$

Für k können wir gerade Zahlen $2m$ oder ungerade Zahlen $2m + 1$ annehmen, sodaß

$$\begin{aligned}\sum_k k \cdot n(k) &= \sum 2m \cdot n(2m) + \sum (2m + 1) \cdot n(2m + 1) \\ &= 2 \sum m \cdot (n(2m) + n(2m + 1)) + \sum n(2m + 1) = 2\varkappa\end{aligned}$$

folgt.

Da der erste Term auf der linken Seite und die rechte Seite dieser Gleichung ganzzahlig durch 2 teilbar sind, muß auch der zweite Term eine gerade Zahl sein. Das ist aber genau die Anzahl aller Knoten ungeraden Grades.

Lösung 1.1.3:
Der Knotengrad $\nu(p)$ eines beliebigen Punktes p einer Nachbarschaftsstruktur $[P, N]$ mit $\varepsilon = \mathrm{card}(P)$ erfüllt die Bedingung $0 \leqq \nu(p) \leqq \varepsilon - 1$. Damit alle Punkte $p_1, \dots, p_\varepsilon$ unterschiedliche Knotengrade besitzen, muß $\nu(p_k) = k - 1$ für $k = 1, \dots, \varepsilon$ gelten. Es muß also einen Punkt p_ε geben, der mit allen anderen $\varepsilon - 1$ Punkten benachbart ist. Jeder dieser anderen Punkte besitzt wegen der Symmetrie der Nachbarschaftsrelation also mindestens einen Nachbarn, nämlich den Punkt p_ε. Das steht im Widerspruch zu $\nu(p_1) = 0$, so daß die Voraussetzung paarweise verschiedener Knotengrade nicht erfüllt werden kann.

Lösung 1.1.4:
Unter Beachtung der Lösung der Aufgabe 1.1.2 ist zu fordern, daß $\varepsilon = n(\nu)$ eine gerade Zahl ist, da alle ε Punkte dieselbe ungerade Anzahl ν von Nachbarn besitzen sollen. Mit $\nu = 2m + 1$ würde dies Ergebnis auch direkt aus dem Knotensatz $\varepsilon(2m + 1) = 2\varkappa$ folgen. Aufgaben dieser Art zeigen bereits, daß Kenntnisse in Kombinatorik und Zahlentheorie für die digitale Bildverarbeitung nützlich sein können.

Lösung 1.1.5:
Für $n \leqq 5$ besitzen die durch die angegebene Nachbarschaftsrelation entstehenden Nachbarschaftsstrukturen nur isolierte Punkte. Wenn $n > 5$ ist, sind 1 und alle Primzahlen isolierte Punkte.

Lösung 1.1.6:
Für die ersten Schachbrett-Nachbarschaftsstrukturen ergibt sich $\varkappa(1) = 0$, $\varkappa(2) = 6$, $\varkappa(3) = 28$, $\varkappa(4) = 76$, $\varkappa(5) = 160$, $\varkappa(6) = 290$. Falls $n = 2m + 1$ ist, sind vom mittleren Feld aus $8m$ Felder zu erreichen. Von den 8 um das Mittelfeld angeordneten Feldern sind $8m - 2$ Felder zu erreichen. Danach kommen 16 Felder mit jeweils $8m - 4$ Nachbarn, 24 Felder mit jeweils $8m - 6$ Nachbarn usw. Die äußersten $8m$ Felder besitzen $6m$ Nachbarn. Also gilt

$$\varkappa = \frac{1}{2}\left[8m + \sum_{k=1}^{m} 8k \cdot (8m - 2k)\right]$$
$$= 4m(10m^2 + 9m + 2)/3\,.$$

Für $n = 2m$ erhält man auf analoge Weise

$$\varkappa = 2m(20m^2 - 12m + 1)/3\,.$$

Setzen wir in diese Formeln $m = (n - 1)/2$ bzw. $m = n/2$ ein, so erhält man für alle n den einheitlichen Ausdruck

$$\varkappa(n) = n(n - 1)(5n - 1)/3\,.$$

In jedem Fall ist die Kantenanzahl kleiner als der maximal mögliche Wert $n^2(n^2 - 1)/2$.

Lösung 1.2.1:
Es ist $64 = 2^6$ und $77 = 7 \cdot 11$. Die Zahlen 14, 22, 28, 42, 44, 56, 66, 70, 84, 88, 98 sind sowohl mit 64 als auch mit 77 benachbart. Die kürzesten Wege von 64 nach 77 benötigen also nur einen einzigen Zwischenschritt. Für $n > 5$ treten in der jeweiligen Nachbarschaftsstruktur Z_n die in Übung 1.1.5 angegebenen isolierten Punkte auf sowie eine einzige zusammenhängende Teilstruktur, die alle nichtisolierten Punkte enthält.

Lösung 1.2.2:
Außer den einpunktigen Komponenten 11, 13, 17, 19 gibt es noch die Komponente $\{10, 12, 14, 15, 16, 18\}$. Neben den einpunktigen Komplementärkomponenten 1, 2, 3, 5, 7 existiert auch die Komplementärkomponente $\{4, 6, 8, 9, 20\}$.

Lösung 1.2.3:
Diese Aufgabe ist typisch für unklare Problemstellungen. Was ist ein Wort? Was ist ein

Buchstabe? Ist die „syntaktisch richtige“ Nachbarschaftsbeziehung QRALT-QUALT in der deutschen Sprache zulässig? Wie werden Umlaute behandelt? Müssen die Worte aus einer einzigen Sprache stammen? Was ist mit Internationalismen? Man muß als Bildverarbeiter beachten, daß uns alle praktisch relevanten Aufgaben derart unklar entgegentreten. Die Hauptarbeit besteht dann nicht in der mathematischen Bearbeitung und programmtechnischen Realisierung, sondern in der Präzisierung des Problems, d. h. in der Problemanalyse.

Lösung 1.2.4:
Das für Übung 1.2.3 Gesagte gilt hier genauso. Wenn man sich auf Grundformen deutscher Substantive ohne Umlaute einigt, enthält die Komponente des Repräsentanten BAND mindestens 50 Punkte.

Lösung 1.2.5:
Wieder eine Aufgabe vom Typ der Übungen 1.2.3/4: Wird ein Grenzfluß als „gemeinsame Landgrenze“ angesehen? Aus welchem Jahr stammt die verwendete Landkarte? Sollen Liechtenstein und Monaco berücksichtigt werden? Ist die Türkei ein europäisches Land? Jedenfalls gibt es isolierte Punkte (Island), und die BRD besitzt die meisten Nachbarn.

Lösung 1.3.1:
Das Programm ist in der Sprache LAMBA formuliert: Das Symbol (X,Y) hat den Wert 1, wenn der entsprechende Bildpunkt zur Menge M gehört. Andernfalls ist (X, Y) = 0. Das Symbol # R bezeichnet den Inhalt des Speicherplatzes R bei der notwendigen Listenverarbeitung. Die Marken M5, M9 und M12 (definiert durch das Zeichen $) entsprechen den Schritten 5, 9, 12 im Algorithmus 1.3.1. Arithmetische Ausdrücke werden prinzipiell von links nach rechts fortlaufend abgearbeitet. Die Prozeduren INP und PRN realisieren Ein- bzw. Ausgabe von Zahlen.

```
     INP N M
     +0=KZHL;+0=PZHL;+0=XIND;+1000=YIND
     -1=YS
$M1;+1+YS=YS;IF YS=N M12
     -1=XS
$M2;+1+XS=XS;IF XS=M M1
     IF (XS,YS)=0 M2
     +KZHL+1=KZHL;+PZHL+1=PZHL
     +0=(XS,YS)
     +XS=#XIND;+1+XIND=XIND
     +YS=#YIND;+1+YIND=YIND
$M5;+IF XIND=0 M2;+XIND-1=XIND
     +YIND-1=YIND
     +#XIND=X;+#YIND=Y
     +X-1=XN;+Y=YN;SBR LISTE
     +X=XN;+Y-1=YN;SBR LISTE
     +X+1=XN;+Y=YN;SBR LISTE
     +X=XN;+Y+1=YN;SBR LISTE
$M9;JMP M5
$M12;+PZHL/KZHL=MEAN
     PRN MEAN
     END
```

```
$LISTE; IF XN < 0 LEND;IF XN=M LEND
        IF YN < 0 LEND; IF YN=N LEND
        IF (XN,YN)=0 LEND
          +PZHL+1=PZHL;+0=(XN,YN)
          +XN=#XIND;+1+XIND=XIND
          +YN=#YIND;+1+YIND=YIND
$LEND;RET
```

Lösung 1.3.2:
Der einzige Unterschied im Vergleich zur Übung 1.3.1 besteht in der Behandlung der Randpunkte des Bildes. Mit Hilfe einer ganzzahligen Division und Restbestimmung können die Werte XN und YN modifiziert werden:

```
$LISTE; +XN+M/M RES=XN
        +YN+N/N RES=YN
        IF (XN,YN)=0 LEND usw.
```

Lösung 1.3.3:
Das Element n_{ij} der Nachbarschaftsmatrix N ist 1 oder 0, je nachdem vom Punkt p_i zum Punkt p_j eine Kante (p_i, p_j) verläuft oder nicht. Das entsprechende Element $n_{ij}^{(2)}$ von N^2 berechnet sich aus

$$n_{ij}^{(2)} = \sum_k n_{ik} \cdot n_{kj}\,.$$

Die einzelnen Summenterme sind 1 oder 0, je nachdem es einen Weg (p_i, p_k, p_j) gibt oder nicht. Also ist $n_{ij}^{(2)}$ die Anzahl aller dieser Wege. Entsprechend gibt das Element $n_{ij}^{(k)}$ der Matrix N^k an, wieviel verschiedene Wege der Länge k es vom Punkt p_i zum Punkt p_j gibt.

Lösung 1.4.1:
Es ist $M = R(M) \cup K(M)$. Nach Voraussetzung ist zwar $R(M)$ zusammenhängend, aber nicht unbedingt $K(M)$. Jedoch sagt Satz 1.4.2 aus, daß jeder Kernpunkt $p \in K(M)$ mit mindestens einem Punkt $q \in R(M)$ in M verbunden ist, falls $[P, N]$ zusammenhängend ist. Für irgendeinen anderen Kernpunkt p' gibt es dann einen entsprechenden Punkt $q' \in R(M)$. Also existiert in M ein Weg $(p \ldots q \ldots q' \ldots p')$.

Lösung 1.4.2
Es ist $M = \bar{\bar{M}}$. Jeder Punkt $q \in N(M)$ besitzt nach Definition 1.4.3 einen Nachbarn $p \in M$, gehört aber selbst zu $\bar{M}$. Ein Punkt $q \in \bar{M}$, der einen Nachbarn in $\bar{\bar{M}}$ besitzt, ist Randpunkt von $\bar{M}$. Also folgt $N(M) \subseteq R(\bar{M})$. Andererseits besitzt nach Definition 1.4.1 jeder Randpunkt $q \in R(\bar{M})$ mindestens einen Nachbarn in $\bar{\bar{M}} = M$, ist nach Definition 1.4.3 also Punktnachbar von M. Es ergibt sich $R(\bar{M}) \subseteq N(M)$ und damit die Beziehung (1.4.1).

Lösung 1.4.3:
Die Beziehung $N(M) \cap M = \emptyset$ ist trivial erfüllt wegen Definition 1.4.3. Die Punktnachbarn von $K(M)$ können wegen Definition 1.4.1 nicht in $K(M)$ liegen. Sie können aber auch nicht in $\bar{M}$ liegen, da sonst ein Paar (p, q) mit $p \in M$ und $q \in \bar{M}$ existierte und q ein Punktnachbar von $R(M)$ wäre. Also gilt $N(K(M)) \subseteq P - \bar{M} - K(M) = M - K(M)$

$= R(M)$. Es muß aber nicht jeder Randpunkt von M ein Punktnachbar von $K(M)$ sein (s. Übung 1.4.4). Es ist $\overline{N(M)} = R(\bar{M})$. Alle Punkte, die nicht zu $R(\bar{M})$ gehören, müssen in M oder in $K(\bar{M})$ liegen. Daher gilt $\overline{N(M)} = M \cup K(\bar{M})$, weil $M \cup K(\bar{M}) \cup R(\bar{M})$ eine Zerlegung von P ist.

Lösung 1.4.4:
Ein Beispiel ist in Abb. 1.5.2 gegeben. Die zusätzlichen Punkte ○ gehören zwar zum Rand von M', nicht aber zur Punktnachbarschaft des Kerns $K(M')$.

Lösung 1.4.5:
Abb. 1.2.2 bietet einige Beispiele für zusammenhängende Mengen mit r Randkomponenten und k Kernkomponenten. Die Menge $K_M(v)$ entspricht der Parameterkombination $(r, k) = (1, 0)$. Die Menge $K_M(u)$ entspricht $(1, 1)$. Für $K_{\bar{M}}(s)$ erhalten wir $(2, 1)$. Aber $(r, 0)$ mit $r > 1$ ist nicht möglich, da $k = 0$ auch $K(M) = \emptyset$ und damit $R(M) = M$ bedeutet. Da M zusammenhängend sein sollte, muß dann natürlich auch $R(M)$ zusammenhängend sein.

Lösung 1.5.1:
Endlich mal eine Aufgabe, bei der man nur mit Symbolen zu manipulieren braucht! Es ist

$\boldsymbol{CECKCSC = CE(CKC)SC = CEDSC = C(ED)SC = CSSC =}$
$\boldsymbol{CSC = O}$ und $\boldsymbol{EDCDCDKCEDCD =}$
$\boldsymbol{ED(CDC)DKC(ED)CD = EDEDKCSCD =}$
$\boldsymbol{SEDECSCD = SEOD = SEDED = SED = SS = S}$.

Lösung 1.5.2:
Es ist $\boldsymbol{COSC = SCSC = SO}$ wegen (1.5.5). Also folgen durch Operatormultiplikation mit $\boldsymbol{C}$ auch die Dualitätsformeln $\boldsymbol{(OS)C = C(SO)}$ bzw. $\boldsymbol{C(OS) = (SO)C}$.

Lösung 1.5.3:
Wie bei der Herleitung der Beziehung (1.5.6) gehen wir von einer bereits zweifach erodierten Menge $M' = \boldsymbol{EEM} = K(K(M))$ aus. Bei der Dilatation werden alle Punktnachbarn von M' mit M' vereinigt, d. h. $\boldsymbol{D}M' = M' \cup N(M')$. Von allen Punkten $q \in N(M')$ ist durch einen Weg der Länge 1 ein Punkt $p \in M'$ erreichbar. Wir nennen die Punkte von M' deshalb Nachbarn erster Ordnung von M'. Wird $M'' = \boldsymbol{D}M'$ nochmals dilatiert, so sind die neu hinzukommenden Nachbarn erster Ordnung von M'' gleichzeitig Nachbarn zweiter Ordnung von M'. Die Nachbarn zweiter und erster Ordnung werden durch zwei nachfolgende Erosionen wieder beseitigt. Daher gilt $\boldsymbol{EEDDEE = EE}$. Wie beim Übergang von (1.5.6) zu (1.5.7) folgen daraus die gesuchten Projektionseigenschaften der Operatoren zweiter Stufe.

Lösung 1.5.4:
Bildstruktur und Behandlung der Randpunkte des $n \times m$-Bildes sind in Lösung 1.3.1/2 beschrieben. Wenn Bildpunkte aus $N(M)$ bei der Dilatation mit M vereinigt werden, so kann das nur „vorläufig“ geschehen. Die weitere Bearbeitung des Bildes darf nämlich nicht durch schon behandelte Punkte beeinflußt werden. Deshalb besteht die Notwendigkeit, auf jeden Bildpunkt mehrmals zuzugreifen.

```
$DILA;/DILATATION
    INP N M
    -1=Y
$M1;+1+Y=Y;IF Y=N M4
    -1=X
$M2;+1+X=X; IF X=M M1
    IF (X,Y)=1 M2
    +X-1=XN;+Y=YN;SBR TEST;IF TEST=1 M3
    +X=XN;+Y-1=YN;SBR TEST;IF TEST=1 M3
    +X+1=XN;+Y=YN;SBR TEST;IF TEST=1 M3
    +X=XN;+Y+1=YN;SBR TEST;IF TEST=1 M3
    JMP M2
$M3;+2=(X,Y); JMP M2
$M4;-1=Y
$M5;+1+Y=Y;IF Y=N M7
    -1=X
$M6;+1+X=X;IF X=M M5
    IFN (X,Y)=2 M6
    +1=(X,Y); JMP M6
$M7;END
$TEST;+XN+M/M RES=XN;+YN+N/N RES=YN
    IF (XN,YN)=1 TEND
    +0=TEST;RET
$TEND;+1=TEST;RET
```

Bei der Erosionsprozedur muß die auf $M2 folgende Zeile durch "IF (X,Y)=0 M2" ersetzt werden. Die auf $TEST folgende Zeile heißt dann "IF (XN,YN)=0 TEND" und die Zeile vor $M7 wird in "+0=(X,Y);JMP M6" umgeändert. In der Form

```
IF (X,Y)=T M2
IF (XN,YN)=T TEND
+T=(X,Y);JMP M6
```

können die drei Zeilen einheitlich gestaltet werden. Die Prozedur DILA arbeitet dann mit T=1 und die Prozedur EROS mit T=0.

Lösung 1.6.1:
Nach den Formeln der Mengenlehre ist $M_1 \cap (M_2 \cup N(M_2)) = (M_1 \cap M_2) \cup (M_1 \cap N(M_2))$. Wenn dieser Ausdruck gleich der leeren Menge $\emptyset$ sein soll, muß $M_1 \cap M_2 = \emptyset$ sein und auch $M_1 \cap N(M_2) = \emptyset$. Es gibt also keine Kante $\{p, q\}$ mit $p \in M_1$ und $q \in M_2$, weil sonst nach Definition 1.4.3 der Punkt p ein Element von $N(M_2)$ wäre. Da es also auch keine Kante $\{q, p\}$ mit $q \in M_2$ und $p \in M_1$ gibt, ist wegen dieser völlig symmetrischen Beziehung auch $M_2 \cap N(M_1) = \emptyset$. Zusammen mit $M_1 \cap M_2 = \emptyset$ folgt dann $M_2 \cap (M_1 \cup N(M_1) = \emptyset$.

Lösung 1.6.2:
Es sei $Z = \{G_1, \ldots, G_n\}$ eine Zerlegung von P entsprechend Definition 1.2.4. Angenommen, die in Z bestehende Mengennachbarschaftsstruktur wäre nicht zusammenhängend. Dann ist ohne Beschränkung der Allgemeinheit z. B. $Z' = \{G_1, \ldots, G_k\}$ eine Teilmenge von Z, die

von $Z'' = Z - Z'$ getrennt wäre. Es gäbe entsprechend Definition 1.6.1/2 also keine Kante $\{p, q\}$ mit $p \in P' = \bigcup_{i=1}^{k} G_i$ und $q \in P - P'$. Also gäbe es auch keinen Weg von einem $p \in P'$ zu einem $q \in \overline{P'}$, obwohl $P' \subset P$ und $\overline{P'} \subset P$. Daher dürfte $[P, N]$ im Widerspruch zur Voraussetzung nicht zusammenhängend sein. Die Eigenschaft des Zusammenhangs „vererbt" sich daher von der Punktnachbarschaftsstruktur $[P, N]$ auf die durch Z gegebene Mengennachbarschaftsstruktur.

Lösung 1.6.3:
Die Komplementärkomponenten von G sind nach Satz 1.6.1 voneinander getrennt. Es sei C irgendeine der Komplementärkomponenten. Da $[P, N]$ zusammenhängend ist, gibt es einen Weg $(p, q_1, \ldots, q_n)$ mit $p \in G$, $q_i \in \bar{G}$ und $q_n \in C$. Dann müssen aber alle $q_i \in C$ sein, weil bei $q_{i-1} \in C'$, $q_i \in C$ die beiden Komplementärkomponenten C und C' mengenbenachbart wären. Also ist auch $q_1 \in C$, so daß die Kante $\{p, q_1\}$ die Mengennachbarschaft von G und C bedingt.

Lösung 1.6.4:
Das Gebiet G ist nach Satz 1.6.3 mit allen seinen Komplementärkomponenten $C_1, \ldots, C_n$ mengenbenachbart. Also ist die Menge $G \cup C_2 \cup \ldots \cup C_n$ zusammenhängend. Diese Menge ist aber die einzige Komplementärkomponente $\bar{C}_1$ der Komplementärkomponente C_1.

Lösung 1.6.5:
Wenn $p \in K(M)$ ist, kann es keine Kante $\{p, q\}$ mit $q \in \bar{M}$ geben. Andernfalls wäre p nach Definition 1.4.1 ein Randpunkt M. Obwohl $K(M) \cap \bar{M} = \emptyset$ ist, sind daher $K(M)$ und $\bar{M}$ nach Definition 1.6.1 nicht mengenbenachbart. Nach Definition 1.6.2 sind sie also getrennt.

Lösung 1.7.1:
Der Beweis ist einfach. Es sei $[P, N]$ mit $c[P, N]$ Farben regulär gefärbt. Wir streichen jetzt alle Punkte $q \in \bar{M}$ und alle Kanten $\{p, q\}$, in denen ein Punkt aus $\bar{M}$ auftritt. Die übrigbleibende Teilnachbarschaftsstruktur $[M, N_M]$ enthält dann nur noch gefärbte Punkte, die auch schon in $[P, N]$ enthalten waren.

Lösung 1.7.2:
Es gibt insgesamt 12 zusammenhängende Nachbarschaftsstrukturen mit 5 Kanten. Eine Struktur davon besitzt 4 Punkte. Fünf Strukturen besitzen 5 Punkte und sechs Strukturen 6 Punkte.

Lösung 2.1.1:
In Analogie zu Definition 1.1.4 bezeichnen wir eine Masche mit der Maschenlänge λ als „Masche vom Grade λ". Dann ergibt sich die Lösung in Analogie zur Lösung der Übung 1.1.2.

Lösung 2.1.2:
Es reicht aus, ein einziges Beispiel für die Behauptung der Übung zu geben. Solche Beispiele findet man in Abb. 2.2.1 für $(\varepsilon, \varkappa, \mu) = (4, 4, 2), (4, 6, 2)$ und $(5, 9, 2)$. Der Grund für den Unterschied zur Übung 1.1.3 besteht darin, daß die Einschränkungen $1 \leqq v(p) \leqq \varepsilon - 1$ für die Knotengrade zusammenhängender Strukturen bei der Untersuchung der Maschenlängen nicht beachtet zu werden brauchen.

Lösung 2.1.3:
In jedem Fall sind Nachbarschaftsstrukturen mit $\nu(p) \leqq 2$ durch $\mu = 1$ charakterisiert. Das sind die „Bäume" der Graphentheorie. Aber auch andere Strukturen können ein $\mu = 1$ aufweisen (siehe $(\varepsilon, \varkappa, \mu) = (4, 5, 1)$ in Abb. 2.2.1). Durch Einfügen zusätzlicher Kanten in eine Struktur mit $\mu > 1$ kann stets eine Struktur mit $\mu = 1$ erhalten werden (siehe den Operator F_4 der Tabelle 2.2.1).

Lösung 2.1.4:
Die Tupel der Maschenlängen sind (0), (2), (3, 3), (3, 3, 3, 3) und (5, 5, 10). Entsprechend Satz 2.2.3 kann nicht für jede vollständige Nachbarschaftsstruktur durch Umorientierung ein $\mu = 1$ erreicht werden (siehe auch Übung 3.2.3).

Lösung 2.2.1:
Wenn eine „äußere Fünfeckkante" gestrichen wird, ergibt sich $(\varepsilon, \varkappa, \mu) = (5, 9, 2)$ mit $\lambda_1 = 13$ und $\lambda_2 = 5$. Das kann über die Stufen (5, 8, 2), (5, 7, 2), (5, 6, 2) bis zum „Stern" (5, 5, 2) mit $\lambda_1 = 5$ und $\lambda_2 = 5$ fortgesetzt werden. Dieser „Stern" ist dem „Ring" (5, 5, 2) topologisch äquivalent. Streicht man anfangs eine der „inneren Sternkanten", so ergibt sich ebenfalls $(\varepsilon, \varkappa, \mu) = (5, 9, 2)$ mit $\lambda_1 = 13$ und $\lambda_2 = 5$. Das ist nicht verwunderlich, da alle Kanten der vollständigen Struktur topologisch äquivalent sind. Ein Überblick über alle möglichen „Destruktionsschritte" braucht also nur die Klassen topologisch äquivalenter Strukturen zu berücksichtigen.

Lösung 2.2.2:
Für vollständige Strukturen ist $\chi = \varepsilon - \varkappa + \mu = \varepsilon - \varepsilon(\varepsilon - 1)/2 + \mu$. Der kleinstmögliche Wert von μ ist 1. Also können wir die Eulersche Charakteristik abschätzen durch $\chi \geqq 1 - \varepsilon(\varepsilon - 3)/2$. Für $\varepsilon = 3, 4, 5, 6 \ldots$ folgt $\chi \geqq 1, -1, -4, -8 \ldots$

Lösung 2.2.3:
Die Eulersche Charakteristik ist stets eine gerade Zahl. Mit $\mu = \chi + \varepsilon(\varepsilon - 3)/2$ entsprechend Lösung 2.2.2 folgen für $\varepsilon = 4n$ bzw. $\varepsilon = 4n + 3$ die Beziehungen $\mu = \chi + 2n(4n - 3)$ bzw. $\mu = \chi + 2n(4n + 3)$. Da χ gerade ist, muß es auch μ sein, so daß wegen Satz 2.2.3 nie ein $\mu = 1$ erreicht werden kann. Bei $\varepsilon = 4n + 1$ bzw. $\varepsilon = 4n + 2$ ergeben sich dagegen stets ungerade Werte von μ.

Lösung 2.4.1:
Nach Satz 1.4.1 besitzt jede echte Teilmenge $M \subset P$ Randpunkte, wenn $[P, N]$ zusammenhängend ist. Nach Satz 2.4.2 verläuft durch jeden Randpunkt mindestens eine Randmasche. In echten Teilstrukturen zusammenhängender Strukturen gibt es also stets Randmaschen. Kernmaschen brauchen nicht unbedingt vorhanden zu sein, wie das einfache Beispiel $M = \{p, q\}$ mit $p \in N(q)$ zeigt.

Lösung 2.4.2:
Es sei $\nu_M(p) = n$. Der reduzierte Nachbarschaftszyklus von p ist dann $z_M(p) = \langle q_1, q_2, \ldots, q_n \rangle$. Jede Kante (q_i, p) mit $1 \leqq i \leqq n$ besitzt in Γ_M die nachfolgende Kante (p, q_{i+1}), so daß (q_i, p, q_{i+1}) Teilfolge einer durch p verlaufenden Masche $\langle \ldots q_i, p, q_{i+1} \ldots \rangle$ ist. Es gibt genau n solcher Teilfolgen, die möglicherweise n verschiedenen Maschen angehören können. Mehr als n durch p verlaufende Maschen sind jedoch nicht möglich.

Lösung 2.4.3:
Wir gehen aus von den in Lösung 2.4.2 betrachteten Teilfolgen (q_i, p, q_{i+1}). Falls die q_i untereinander nicht benachbart sind, können n unterschiedliche Maschen $\langle \dots q_i, p, q_{i+1} \dots \rangle$ existieren, die mehr als drei Punkte enthalten. Falls irgendein Punkt $r \neq q_i, p, q_{i+1}$ einer solchen Masche ein Randpunkt von Γ_M ist, handelt es sich bei $\langle \dots q_i, p, q_{i+1} \dots \rangle$ um eine Randmasche von Γ_M. Bei $v(p) \neq n$ und $z(p) = z_M(p) = \langle q_1, q_2, \dots, q_n \rangle$ ist p ein Kernpunkt von Γ_M. Trotzdem können n verschiedene Randmaschen durch p verlaufen. Im Orthogonalgitter ist dafür leicht ein Beispiel anzugeben.

Lösung 2.5.1:
Die Menge P besitzt keine Randmaschen, weil $\bar{P} = \emptyset$. Die Menge M besitzt drei Randmaschen, die zu den drei Komponenten $K_M(p)$, $K_M(u)$, $K_M(v)$ gehören. Die vierte Komponente von M besitzt keine Randpunkte und damit keine Randmasche. Entsprechend gibt es in $\bar{M}$ nur vier Randmaschen für fünf Komponenten.

Lösung 2.5.2:
Die Menge M besitzt die Randmaschen $\langle a, l, k, w, l \rangle$ und $\langle j, d, o, f, p, i, o, d \rangle$.

Lösung 2.5.3:
Das Programm wird in Analogie zur Lösung 1.3.1 formuliert. Der Ausdruck "IFN (X,Y)=1 MARKE" bedeutet, daß ein Sprung zur Marke MARKE ausgeführt wird, falls der Punkt $Q = (X, Y)$ nicht zur Menge M gehört, d. h. falls $Q \in \bar{M}$.

```
/GEGEBEN IST P=(XP,YP)=1 UND Q=(XQ,YQ)=0 ALS
/RANDPAAR MIT XQ=XP-1.
$OBEN;+XP=X;+YP-1=Y
        IFN (X,Y)=1 RECHTS;/D.H.(X,Y) IM "UNTERGRUND"
        +X=XP;+Y=YP;JMP LINKS
$RECHTS;+XP+1=X;+YP=Y
        IFN (X,Y)=1 UNTEN
        +X=XP;+Y=YP;JMP OBEN
$UNTEN;+XP=X;+YP+1=Y
        IFN,(X,Y)=1 LINKS
        +X=XP;+Y=YP; JMP RECHTS
$LINKS;+XP-1=X;+YP=Y
        IFN (X,Y)=1 ENDE
        +X=XP;+Y=YP;JMP UNTEN
  $ENDE;IFN X=XQ OBEN; IFN Y=YQ OBEN
        /SONST (X,Y)=(XQ,YQ), D.H. RANDMASCHE GESCHLOSSEN
        END
```

Wenn ein neuer Punkt (XP,YP) der Randmasche gefunden worden ist, kann vor den Sprüngen "JMP LINKS", "JMP OBEN", "JMP RECHTS" bzw. "JMP UNTEN" die Auswertung dieses Punktes erfolgen. Zur Auswertung gehört z. B. die Zählung der Punkte der Randmasche (Bestimmung der Maschenlänge λ) oder die Markierung der gefundenen Punkte (XP,YP) im Bild.

Lösung 2.5.4:
Statt der vier Marken OBEN, RECHTS, UNTEN, LINKS gibt es fünf Marken in der Reihenfolge der Nachbarschaftszyklen: UNTEN, OBEN, SCHRAEG, RECHTS, LINKS. Also lautet das Programm

```
..........
$UNTEN;+XP=X;+YP+2=Y
        IFN (X,Y)=1 OBEN
        +X=XP;+Y=YP;JMP LINKS
$OBEN;+XP=X;+YP-1=Y
        IFN (X,Y)=1 SCHRAEG
        +X=XP;+Y=YP;JMP UNTEN
        .........
$LINKS;+XP-1=X;+YP=Y
        IFN (X,Y)=1 ENDE
        +X=XP;+Y=YP;JMP RECHTS
$ENDE;IFN X=XQ UNTEN;IFN Y=YQ UNTEN
        END
```

Lösung 2.6.1:
Die Struktur Γ_S besitzt $\varepsilon = 5$ und $\varkappa = 10$. Da in jedem Fall die auftretenden Maschenlängen nicht kleiner als 3 sind, folgt aus dem Maschensatz 2.1.2 die Beziehung $3\mu \leqq 2\varkappa$ oder $\mu \leqq 20/3$. Es kann bei beliebiger Orientierung also höchstens 6 Maschen geben. Daher ist $\chi = \varepsilon - \varkappa + \mu \leqq 1$. Ein $\chi = 2$ ist nicht möglich und folglich auch keine kreuzungsfreie Darstellung. In der Struktur Γ_6 mit $\varepsilon = 6$ und $\varkappa = 9$ können die auftretenden Maschenlängen nicht kleiner als 4 sein. Das folgt, weil man von einem beliebigen „oberen" Punkt zu einem „unteren" Punkt gelangt und anschließend zu einem anderen „oberen" Punkt. Es gibt keine Möglichkeit, in drei Schritten wieder zum Ausgangspunkt zurück zu gelangen. Das läßt sich auch anhand der Lösung 1.3.3 zeigen, weil die Potenz N^3 der Nachbarschaftsmatrix N nur Nullen in der Hauptdiagonalen besitzt. Mit $\mu \geqq 4$ folgt aus dem Maschensatz $4\mu \leqq 2\varkappa$ oder $\mu \leqq 9/2$. Es kann also höchstens 4 Maschen geben, so daß ebenfalls $\chi = \varepsilon - \varkappa + \mu \geqq 1$ folgt.

Lösung 2.6.2:
Bei $\varepsilon = \varkappa = \mu$ wäre die Eulersche Charakteristik $\chi = \varepsilon - \varkappa + \mu = \varepsilon$. Für $\varepsilon > 2$ wäre nach Satz 2.2.2 die Struktur nicht zusammenhängend, und für $\varepsilon = 1$ bzw. $\varepsilon = 2$ folgt $\varkappa = 0$, $\mu = 1$ bzw. $\varkappa = 1$, $\mu = 1$.

Lösung 3.1.1:
Lösungstupel (ν, λ, ε, $\varkappa$, μ) der Gleichung (3.1.2) für $\chi = -2$.

ν	λ	ε	$\varkappa$	μ
3	7	28	42	12
	8	16	24	6
	9	12	18	4
	10	10	15	3
	12	8	12	2
	18	6	9	1

ν	λ	ε	$\varkappa$	μ
4	5	10	20	8
	6	6	12	4
5	4	8	20	10
7	3	12	42	28

Lösung 3.1.2:
Lösungstupel (ν, λ, ε, $\varkappa$, μ) der Gleichung (3.1.2) für $\chi = -4$

ν	λ	ε	$\varkappa$	μ
3	7	56	84	24
	8	32	48	12
	9	24	36	8
	10	20	30	6
	12	16	24	4
	14	14	21	3
	18	12	18	2
	30	10	15	1
4	5	20	40	16
	6	12	24	8
	8	8	16	4
	12	6	12	2
	20	5	10	1
5	4	16	40	20
	5	8	20	8
	6	6	15	5
6	4	8	24	12
7	3	24	84	56
8	3	12	48	32

Lösung 3.1.3:
Es muß $\nu \geqq 3$ sein. Für $\nu = 3$ erreicht die Hyperbel (ν, λ) im ν-λ-Diagramm entsprechend Gleichung (3.1.2) bei gegebenen χ und $\varkappa$ den größten Wert $\lambda' = 6\varkappa/(\varkappa + 3\chi)$. Da stets $\mu = 2\varkappa/\lambda \geqq 1$ gelten muß, folgt $2\varkappa/\lambda' \geqq 1$ oder $\varkappa \geqq 3 - 3\chi = \varkappa_{min}$. Aus

Gleichung (3.1.2) ergibt sich $2/\nu + 2/\lambda \geqq 1 + \chi/\varkappa_{min}$. Für $\nu = 3$ erhält man eine Abschätzung für λ_{max}:

$$\lambda_{max} \leqq \frac{2}{\frac{1}{3} + \frac{\chi}{\varkappa_{min}}} = 6 - 6\chi .$$

Es brauchen also nur alle ganzzahligen Wertepaare (ν, λ) durchmustert zu werden, für die die Bedingungen $3 \leqq \nu, \lambda \leqq 6 - 6\chi$ erfüllt sind. Das Programm muß dann noch die Ganzzahligkeit von ε, $\varkappa$, μ sowie die Nebenbedingungen $\varepsilon - 1 \leqq \varkappa \leqq \varepsilon(\varepsilon - 1)/2$ und $\nu \leqq \varepsilon - 1$ testen. Die zulässigen Lösungstypel $(\nu, \lambda, \varepsilon, \varkappa, \mu)$ können ausgegeben werden.

Lösung 3.1.4:
Das in Übung 3.1.3 erarbeitete Programm testet in der äußeren Schleife die Werte $3 \leqq \nu \leqq 6 - 6\chi$ und in der inneren Schleife die Werte $3 \leqq \lambda \leqq 6 - 6\chi$. Das erste ausgegebene Wertetupel $(\nu, \lambda, \varepsilon, \varkappa, \mu)$ enthält $\varepsilon_{max}(\varkappa)$. Dieses Tupel wird für $\nu = 3$, $\lambda = 7$ erhalten: $(\nu, \lambda, \varepsilon_{max}, \varkappa, \mu) = (3, 7, -14\chi, -21\chi, -6\chi)$. Also ist $\varepsilon_{max} = -14\chi$.

Lösung 3.2.1:
Der Punkt (1, 1) im ν-λ-Diagramm ist das Punktepaar. Alle Punkte auf der Linie $\nu = 2$ mit $\lambda \geqq 3$ sind „eindimensionale" Ringstrukturen. Die toroidalen Lösungen liegen auf der Hyperbel $2/\nu + 2/\lambda = 1$. Sie trennt die endlich vielen planaren von den unendlich vielen nichtplanaren homogenen Strukturen.

Lösung 3.2.2:
Die zulässigen Lösungen (ν, λ) der in ν und λ symmetrischen Gleichung (3.1.2) liegen im ν-λ-Diagramm unsymmetrisch, weil die Nebenbedingungen $\varepsilon - 1 \leqq \varkappa \leqq \varepsilon(\varepsilon - 1)/2$ und $\nu \leqq \varepsilon - 1$ bezüglich der Punkte und Maschen des jeweiligen Netzes unsymmetrisch sind.

Lösung 3.2.3:
Für den n-dimensionalen Würfel ist $\varepsilon = 2^n$ und $\nu = n$. Daher gilt $\varkappa = \nu\varepsilon/2 = n \cdot 2^{n-1}$. Die Maschen müssen mindestens die Länge 4 haben, denn beim Einheitswürfel ändert sich beim Übergang von einem Eckpunkt zum anderen stets nur eine Koordinate (siehe Argumentation zum zweiten Teil der Lösung 2.6.1). Daher müssen die Maschenlängen geradzahlig sein, so daß $\lambda \geqq 4$ folgt. Nach dem Maschensatz ist deshalb $2\varkappa \geqq 4\mu$ oder $\mu \leqq n \cdot 2^{n-2}$. Also ergibt sich schließlich $\chi = \varepsilon - \varkappa + \mu \leqq 2^{n-2}(4 - 2n + n) = 2^n(1 - n/4)$. Für $n \geqq 4$ ist also $\chi \leqq 0$ und das Würfelnetz nicht planar.

Lösung 3.3.1:
Wenn Γ_T eine zusammenhängende toroidale Teilstruktur eines Torusnetzes ist, dann müssen alle Komplementärkomponenten C_i, d. h. die anderen Gebiete der Zerlegung, nach Satz 2.3.2 planare Teilstrukturen Γ_i erzeugen. Auch ein Ringgebiet kann nicht auftreten, da nach dem Streichen der Randkanten bereits einer seiner indifferenten Randmaschen eine planare Teilstruktur entsteht (Satz 2.4.3), die ihrerseits keine toroidale Teilstruktur enthalten kann (Satz 2.3.1).

Lösung 3.4.1:
Wenn B ein Bildgebiet des Torusnetzes $[P, N, Z]$ ist, dann ist $\bar{B} = P - B$ ein Torusgebiet (Satz 3.4.1). Da $G \subseteq B$ vorausgesetzt wurde, ist $\bar{G} \supseteq \bar{B}$ und wegen Satz 2.3.1 also $\bar{G}$ erst recht ein Torusgebiet. Nach dem Ergebnis von Übung 3.3.1 kann G als Komplementärkomponente von $\bar{G}$ weder Torusgebiet noch Ringgebiet sein.

Lösung 3.6.1:
Es gibt zwischen den n Geraden genau $n(n-1)/2$ Schnittpunkte. Jede Gerade wird von den anderen $n - 1$ Geraden in n Teile zerlegt, von denen die beiden unbegrenzten jeweils gestrichen werden. Die Poisson-Struktur enthält also $n(n-2)$ Kanten. Da die Poisson-Struktur planar ist, ergibt sich die Maschenanzahl zu $\mu = 2 - \varepsilon + \varkappa = 2 + n(n-3)/2$. Für die mittlere Maschenlänge gilt

$$\bar{\lambda} = \frac{2\varkappa}{\mu} = \frac{2n(n-2)}{2 + n(n-3)/2},$$

so daß wir für $n \to \infty$ den Grenzwert $\bar{\lambda} \to 4$ erhalten. Die Poisson-Struktur ist nur partiell homogen, da als Maschen Dreiecke, Vierecke, Fünfecke ... auftreten können (siehe hierzu die Geraden von Abb. 4.1.5).

Lösung 3.6.2:
Die Anzahl der zu streichenden unbegrenzten Kanten des Voronoi-Graphen ist gleich der Anzahl k der Eckpunkte der konvexen Hülle der n zufälligen Punkte. In der Voronoi-Struktur sind also k Punkte mit $v = 2$ und ε-k Punkte mit $v = 3$ enthalten (siehe dazu Abb. 4.1.3 und Abb. 4.3.4). Also ist nach dem Knotensatz $2\varkappa = 2k + 3(\varepsilon - k) = 3\varepsilon - k$. Um jeden der n-k „inneren" zufälligen Punkte bildet sich eine „Voronoi-Zelle" aus, so daß die Voronoi-Struktur $\mu = n - k + 1$ Maschen enthält (einschließlich der „konvexen Außenmasche"). Schließlich gilt der Eulersche Satz $\varepsilon - \varkappa + \mu = 2$, so daß die Auflösung dieser drei Gleichungen zu

$$\varepsilon = 2n - k - 2,$$
$$\varkappa = 3n - 2k - 3,$$
$$\mu = n - k + 1$$

führt. Für die mittlere Maschenlänge folgt

$$\bar{\lambda} = \frac{2\varkappa}{\mu} = \frac{6n - 4k - 6}{n - k + 1},$$

so daß wir für $n \to \infty$ den Grenzwert $\bar{\lambda} \to 6$ erhalten. Auch die Voronoi-Struktur ist daher nur partiell homogen. Falls die n zufälligen Punkte Eckpunkte eines konvexen Polygons sind, ist $\mu = 1$, so daß die entsprechende Voronoi-Struktur graphentheoretisch ein Baum ist. Insbesondere gilt für die $n - 2$ Punkte dieser speziellen Struktur $v \leqq 2$, da n unbegrenzte Kanten gestrichen wurden. Also besitzt dieser Baum keine „Seitenzweige".

Lösung 3.6.3:
Die Delaunay-Struktur besitzt $\varepsilon = n$ Punkte. Jede ihrer Maschen ist — bis auf die aus k Punkten bestehende konvexe Außenmasche — ein Dreieck (siehe dazu Abb. 4.1.3).

Also gilt $3(\mu - 1) + k = 2\varkappa$. Aus dem Eulerschen Satz $\varepsilon - \varkappa + \mu = 2$ folgt schließlich

$$\varepsilon = n\,,$$
$$\varkappa = 3n - k - 3\,,$$
$$\mu = 2n - k - 1\,.$$

Mit $n \to \infty$ erhalten wir $\bar{\nu} = 2\varkappa/\varepsilon \to 6$, so daß auch hier eine partiell-homogene Struktur vorliegt.

Lösung 3.7.1:

Wenn sich beide Quadrate Q und Q' in nur einer Zeile treffen, so treten $1, 2, 3, \ldots (N-1), N, (N-1), \ldots, 3, 2, 1$ Punkte in den Durchschnitten $Q \cap Q'$ auf. Das sind insgesamt $2N - 1$ Durchschnitte, deren Punktsumme $N + 2N(N-1)/2 = N^2$ ist. Wenn sich die Quadrate in n Reihen treffen, treten ebenfalls wieder $2N - 1$ Durchschnitte auf, aber deren Punktsumme ist $n \cdot N^2$. Dabei kann n die $2N - 1$ Werte $1, 2, 3, \ldots, (N-1), N, (N-1), \ldots 3, 2, 1$ annehmen. Also finden wir insgesamt $(2N-1)^2$ Durchschnitte mit einer Punktsumme von $N^2 \cdot N^2 = N^4$. Da das frei bewegliche Quadrat Q' in vier unterschiedlichen Orientierungen bewegt werden kann, ist $S_k = 4(2N-1)^2$ und $S_\varepsilon = 4N^4$. Wir erhalten also $\bar{\varepsilon} = S_\varepsilon/S_k = N^4/(2N-1)^2$. Mit $\varepsilon = \varepsilon' = N^2$, $\varkappa = \varkappa' = 2N(N-1)$, $f = f' = (N-1)^2$ erhalten wir aus (3.7.3) und (3.7.4) sofort $S_\varepsilon = 4N^2 \cdot N^2$ und $S_k = 4(2N-1)^2$.

Lösung 3.7.2:

Die Wertetupel $(\varepsilon, \varkappa, f)$ sind $(\varepsilon, \varepsilon, 0)$ für W und $(\varepsilon', \varepsilon', 0)$ für W'. Daher erhalten wir nach (3.7.3) die Ergebnisse $S_\varepsilon = 4\varepsilon\varepsilon'$, $S_\varkappa = 2\varkappa\varkappa'$ und $S_f = 0$. Also folgt $S_k = 2\varepsilon\varepsilon'$ für verschiedene Wege, da dann $W \cap W'$ niemals ein geschlossener Weg ist und daher auch keine innere Randmaschen besitzt. Also ist für beliebige aber verschiedene Wege stets $\bar{\varepsilon} = 2$ und $\bar{\varkappa} = 1$.

6. Weiterführende Literatur

P. S. ALEXANDROV, „Einführung in die Mengenlehre und die Theorie der reellen Funktionen", Deutscher Verlag der Wissenschaften, Berlin 1956, 280 Seiten.
Das Buch bringt außer den Anfangsgründen der Mengenlehre unmittelbare Anwendungen auf metrische und topologische Räume sowie auf die Analysis, wobei jedoch der Begriff des Kontinuums die zentrale Rolle spielt. Es ergänzt damit die Abschnitte 1.1., 1.6., 3.6., 4.1. und 4.5. der „Theoretischen Grundlagen der Digitalen Bildverarbeitung" und enthält 65 weitere Literaturangaben.

W. BLASCHKE, „Vorlesungen über Integralgeometrie", Deutscher Verlag der Wissenschaften, Berlin 1955, 130 Seiten. Neben der Fläche einer Figur und dem Volumen eines Körpers werden auch der Umfang von Figuren, die Oberfläche von Körpern und andere Maße durch Integrale dargestellt. Die merkwürdigen Wechselbeziehungen zwischen solchen Integralen bilden den Gegenstand der Vorlesungen. Sie ergänzen die Abschnitte 3.7. und 4.4. des vorliegenden Buches und enthalten über 160 Literaturhinweise.
Das Buch enthält viele historische Anmerkungen.

V. G. BOLTJANSKI, V. A. EFREMOVIC, „Anschauliche kombinatorische Topologie", Deutscher Verlag der Wissenschaften, Berlin 1986, 176 Seiten, 210 Abbildungen, 213 Übungsaufgaben (ohne Lösungen). Einige Abschnittsüberschriften mögen zeigen, daß dies Buch eine wertvolle Ergänzung unserer Überlegungen darstellt (1.6. Der Jordansche Kurvensatz, 2.3. Die Eulersche Charakteristik einer Fläche, 2.7. Das Vierfarbenproblem, 3.3. Zellenzerlegungen und Polyeder). Allerdings lautet bereits der zweite Satz des Abschnitts 1.1.: „Der Grundbegriff der Topologie ist der Begriff der Stetigkeit"! Schließlich bieten 47 Literaturhinweise genügend Material zum tieferen Eindringen in das Fachgebiet.

„Enzyklopädie der Elementarmathematik · Band IV — Geometrie", Deutscher Verlag der Wissenschaften, Berlin 1980, 635 Seiten. Dieser Band ergänzt mit den Themen Axiomatik, Transformationsgruppen, Vielflache, sphärische Geometrie die Abschnitte 2.2., 3.1., 4.1. des vorliegenden Buches.

„Enzyklopädie der Elementarmathematik · Band V — Geometrie", Deutscher Verlag der Wissenschaften, Berlin 1971, 560 Seiten. Wie in Band IV sind hier interessante Themen der „elementaren" Geometrie behandelt. Der Band ist mit den Themen Flächen- und Rauminhalt, Kurvenlänge, konvexe Figuren und Körper, Extremwertaufgaben, nichteuklidische Geometrie, Topologie eine Ergänzung zu den Abschnitten 2.2., 2.4., 3.1., 4.2. und 4.4.

T. ROMAN, „Reguläre und halbreguläre Polyeder", Deutscher Verlag der Wissenschaften, Berlin 1968, 120 Seiten. Der Begriff des regulären Polygons wird auf den Raum erweitert. Es wird der Eulersche Polyedersatz behandelt. Das Werk enthält 17 Aufgaben mit Lösungen und 21 Literaturangaben. Es ergänzt die Abschnitte 2.2. und 3.1. des vorliegenden Buches.

L. A. SANTALO, „Integral Geometry and Geometric Probability", Addison-Wesley Publish. Comp., Reading 1976, 395 Seiten, 736 Literaturstellen. Das 8. Kapitel „Lattices of Figures" ergänzt unsere Abschnitte 3.6., 3.7. und 4.4.

J. SEDLÁCEK, „Einführung in die Graphentheorie", Teubner Verlagsgesellschaft, Leipzig 1968, 170 Seiten. Das Werk ergänzt die Abschnitte 1.1., 1.2., 1.7., 2.6., 2.8., 3.1., 3.2. unseres Buches.

J. SERRA, „Image Analysis and Mathematical Morphology", Academic Press, London 1984, 610 Seiten. Dieses Buch ist ein Gesamtüberblick über die mathematischen Grundlagen und die Methoden der Mathematischen Morphologie. Obwohl der Autor von unendlichen Mengen der reellen euklidischen Ebene ausgeht, gibt es in der Anwendung auf Gitter viele Berührungspunkte mit den hier behandelten Gitterstrukturen. Deshalb soll ein Überblick gegeben werden über den Inhalt des Buches 1) Principles-criteria-models. 2) The hit or miss transformation, erosion and opening. 3) Hit or miss topology. 4) The convex set model. 5) Morphological parameters and set models. 6) Digital morphology.

7) Digitalization. 8) Random sampling. 9) The covariance. 10) Size criteria. 11) Connectivity criteria. 12) Morphology for grey-tone functions. 13) Random closed sets. 14) Modelling. Das Buch enthält 108 Übungsaufgaben mit Lösungen, die in ihrem Charakter aber eher als „spezielle Anwendungen" (wie unsere Abschnitte 1.8., 2.8., 3.7.) zu verstehen sind.

D. STOYAN, J. MECKE, „Stochastische Geometrie". Akademie Verlag, Berlin 1983, 130 Seiten. Das Hauptanliegen besteht darin, Ergebnisse und Methoden der stochastischen Geometrie Anwendern zu erschließen. Das Werk ergänzt die Abschnitte 1.5., 3.6., 4.3., 4.7. unseres Buches und fügt eine Liste von 111 Literaturzitaten bei.

7. Übersicht

In diesem Teil werden alle Definitionen, alle Sätze, alle Algorithmen und die numerierten Formeln in Kurzfassung zusammengestellt. Damit kann sich der Leser beim Durcharbeiten des Buchtextes schnell über den Inhalt der jeweils zitierten Definitionen usw. informieren. Aber auch zur Gewinnung eines Überblicks über den behandelten Stoff sowie zur Wiederholung kann diese Zusammenstellung dienen.

1. *Nachbarschaftsstrukturen*

1.1. *Punkte und Kanten*

D 1.1.1. Nachbarschaftsstruktur $[P, N]$,
D 1.1.2. Nachbarschaft $N(p)$, isolierter Punkt, Endlichkeitsaxiom,
D 1.1.3. gerichtete Kante (p, q) und ungerichtete Kante $\{p, q\}$,
D 1.1.4. Nachbarschaftsgrad $v(p)$,
S **1.1.1.** Knotensatz $\Sigma\, v(p) = 2\varkappa$,
(1.1.1) mittlerer Knotengrad $\bar{v} = 2\varkappa/\varepsilon$.

1.2. *Wege und Gebiete*

D 1.2.1. Weg in einer Menge,
D 1.2.2. Verbundensein in einer Menge,
D 1.2.3. Gebiet als zusammenhängende Menge,
D 1.2.4. Zerlegung einer Menge in Gebiete,
(1.2.1) Komponente $K_M(p)$ mit p als Repräsentant,
D 1.2.5. Komponenten und Komplementärkomponenten.

1.3. *Bestimmung von Komponenten*

Algorithmus 1.3.1 zur Bestimmung von Komponenten.

1.4. *Ränder und Kerne*

D 1.4.1. Kernpunkt und Randpunkt,
D 1.4.2. Kern $K(M)$ und Rand $R(M)$,
S **1.4.1.** wenn $[P, N]$ zusammenhängend und $M \subset P$, dann besitzt M Randpunkte,
S **1.4.2.** wenn $[P, N]$ zusammenhängend und $M \subset P$, dann ist jeder $p \in K(M)$ mit einem $q \in R(M)$ verbunden,
S **1.4.3.** wenn $R(M)$ zusammenhängend, dann auch M,
D 1.4.3. Punktnachbarschaft $N(M)$,
(1.4.1) $N(M) = R(\bar{M})$, $R(M) = N(\bar{M})$,
(1.4.2) $N(M) \cap M = \emptyset$, $N(K(M)) \subseteq R(M)$, $\overline{N(M)} = M \cup K(\bar{M})$.

1.5. *Dilatation und Erosion*

(1.5.1) Operatoren $\boldsymbol{I}, \boldsymbol{C}, \boldsymbol{K}, \boldsymbol{R}, \boldsymbol{N}$,
(1.5.2) $\boldsymbol{N} = \boldsymbol{RC}, \boldsymbol{R} = \boldsymbol{NC}$,
D 1.5.1. Dilatation $\boldsymbol{D} = \boldsymbol{CEC}$,
D 1.5.2. Erosion $\boldsymbol{E} = \boldsymbol{K}$,
(1.5.3) Dualität $\boldsymbol{CD} = \boldsymbol{EC}$ und $\boldsymbol{DC} = \boldsymbol{CE}$,
D 1.5.3. Schließung oder Closing $\boldsymbol{S} = \boldsymbol{ED}$,
D 1.5.4. Öffnung oder Opening $\boldsymbol{O} = \boldsymbol{DE}$,
(1.5.4) $O(M) \subseteq M \subseteq S(M)$,
(1.5.5) Dualität $\boldsymbol{CO} = \boldsymbol{SC}$ und $\boldsymbol{OC} = \boldsymbol{CS}$,
(1.5.6) $\boldsymbol{EDE} = \boldsymbol{E}, \boldsymbol{DED} = \boldsymbol{D}$,
(1.5.7) Projektionseigenschaft $\boldsymbol{OO} = \boldsymbol{O}$ und $\boldsymbol{SS} = \boldsymbol{S}$.

1.6. *Benachbarte und getrennte Mengen*

D 1.6.1. Mengennachbarschaft $\mathcal{N}(M)$,
D 1.6.2. getrennte Mengen ((1.6.1); $M_1 \cap (M_2 \cup N(M_2)) = \emptyset$),
S **1.6.1.** Komponenten von M sind getrennt,
S **1.6.2.** wenn $[P, N]$ zusammenhängend, dann jede Komponente von M mit Komplementärkomponente benachbart,
S **1.6.3.** wenn $[P, N]$ zusammenhängend, dann jedes Gebiet mit allen Komplementärkomponenten benachbart,
S **1.6.4.** wenn $[P, N]$ zusammenhängend, dann besitzt jede Komplementärkomponente eines Gebietes nur eine Komplementärkomponente,
S **1.6.5.** $K(M)$ ist von $\bar{M}$ getrennt.

*1.7.** *Reguläre Färbungen*

D 1.7.1. reguläre Färbung, reguläre Zerlegung,
D 1.7.2. chromatische Zahl c,
D 1.7.3. durch M erzeugte Teilnachbarschaftsstruktur,
Algorithmus 1.7.1 zur regulären Färbung,
S **1.7.1.** es gilt $c \leqq v_{max} + 1$.

2. *Orientierte Nachbarschaftsstrukturen*

2.1. *Nachbarschaftszyklen und Maschen*

D 2.1.1. Nachbarschaftszyklus $z(p) = \langle ... \rangle$,
D 2.1.2. orientierte Nachbarschaftsstruktur $[P, N, Z]$,
D 2.1.3. Vorgänger und Nachfolger einer Kante,
D 2.1.4. orientierter Weg,
D 2.1.5. Masche und Maschenlänge λ,
S **2.1.1.** In $[P, N, Z]$ gibt es nur endlich viel Maschen,
D 2.1.6. isolierte Masche mit $\lambda = 0$,
S **2.1.2.** Maschensatz $\Sigma\, \lambda(m) = 2\varkappa$,
(2.1.1) mittlere Maschenlänge $\bar{\lambda} = 2\varkappa/\mu$.

2.2. *Eulersche Charakteristik*

D 2.2.1. Struktur $\Gamma = [P, N, Z]$,

D 2.2.2. Eulersche Charakteristik $\chi(\Gamma) = \varepsilon - \varkappa + \mu$,

S **2.2.1.** wenn Γ zusammenhängend, dann $\chi(\Gamma) \leqq 2$ (Eulerscher Satz),

S **2.2.2.** bei k Komponenten von Γ gilt $\chi(\Gamma) \leqq 2k$,

S **2.2.3.** bei Änderung der Orientierung von Γ bleibt μ geradzahlig bzw. ungeradzahlig,

D 2.2.3. vollständige Struktur mit $\varkappa = \varepsilon(\varepsilon - 1)/2$.

2.3. *Teilstrukturen*

D 2.3.1. reduzierter Nachbarschaftszyklus $z_M(p)$,

D 2.3.2. durch M erzeugte Teilstruktur Γ_M,

S **2.3.1.** wenn Γ und Γ_M zusammenhängend, dann $\chi(\Gamma_M) \geqq \chi(\Gamma)$,

S **2.3.2.** wenn G ein Gebiet und $\chi(\Gamma_G) = \chi(\Gamma)$, dann $\chi = 2$ für alle Komplementärkomponenten von G,

S **2.3.3.** wenn ein Gebiet P in Gebiete G_i zerlegt wird, dann $\Sigma\, \chi(\Gamma_i) > \chi(\Gamma)$.

2.4. *Randmaschen*

D 2.4.1. Kernmaschen und Randmaschen,

S **2.4.1.** jede Randmasche enthält mindestens einen Randpunkt,

S **2.4.2.** durch jeden Randpunkt verläuft mindestens eine Randmasche,

D 2.4.2. Randpaar und Randkante,

D 2.4.3. einer Randmasche zugeordnete Randpaare und Randkanten,

S **2.4.3.** wenn alle einer Randmasche zugeordneten Randpaare gestrichen werden, gilt $\chi(\Gamma') > \chi(\Gamma)$ für jede Struktur (Randmaschensatz),

S **2.4.4.** beim Streichen aller Randpaare gilt stets $\chi(\Gamma') \geqq \chi(\Gamma) + 2r$ mit r als Anzahl der Randmaschen.

2.5. *Bestimmung von Randmaschen*

Algorithmus 2.5.1 zur Bestimmung von Randmaschen.

2.6. *Planare Strukturen*

D 2.6.1. planare Strukturen mit $\chi = 2$,

S **2.6.1.** Teilstrukturen planarer Strukturen sind planar,

S **2.6.2.** wenn alle einer Randmasche zugeordneten Randpaare gestrichen werden, zerfällt eine planare Struktur (Trennungssatz).

2.7. *Randmaschen planarer Strukturen*

D 2.7.1. Trennung durch eine Randmasche,

S **2.7.1.** jede Randmasche eines Gebietes G trennt mindestens eine Komplementärkomponente von G ab,

S **2.7.2.** die Komplementärkomponenten eines Gebietes besitzen genau eine Randmasche,

D 2.7.2. einer Randmasche zugeordnete Komplementärkomponente,

S **2.7.3.** jede Komplementärkomponenten ist eindeutig einer Randmasche zugeordnet.

*2.8.** *Vierfarbenproblem*

S 2.8.1. Für vollständige Strukturen gilt $\chi \leqq -\varepsilon(\varepsilon - 7)/6$,

S 2.8.2. für vollständige Strukturen gilt $\varepsilon \leqq (7 + \sqrt{49 - 24\chi})/2$.

S 2.8.3. für zusammenhängende Strukturen mit $\varepsilon \geqq 3$ gilt $\varkappa \leqq 3(\varepsilon - \chi)$ und $\bar{\nu} \leqq 6 - 6\chi/\varepsilon$.

Algorithmus 2.8.1 zur regulären Färbung planarer Strukturen,

S 2.8.4. jede zusammenhängende Struktur läßt sich mit $c \leqq (7 + \sqrt{49 - 24\chi})/2$ Farben regulär färben.

3. *Homogene Nachbarschaftsstrukturen*

3.1. *Netze*

D 3.1.1. homogene Struktur,

(3.1.1) $\varepsilon\nu = 2\varkappa$, $\mu\lambda = 2\varkappa$, $\varepsilon - \varkappa + \mu = \chi$,

(3.1.2) $2/\nu + 2/\lambda = 1 + \chi/\varkappa$,

D 3.1.2. Netz als zusammenhängende homogene Struktur.

3.2. *Torusnetze*

D 3.2.1. Torusnetz als Netz mit $(\nu, \lambda) = (3, 6), (4, 4), (6, 3)$.

3.3. *Randmaschen in Torusnetzen*

(3.3.1) $\nu\varepsilon - n = 2\varkappa$, $\lambda(\mu - 1) + l = 2\varkappa$, $\varepsilon - \varkappa + \mu = \chi_G$,

D 3.3.1. totale Krümmung $t = n/\nu - l/\lambda$ für Randmaschen,

S 3.3.1. wenn ein Gebiet G nur eine Randmasche besitzt, gilt $t = \chi_G - 1$,

(3.3.2) $\Sigma\, t_i = \Sigma\, (n_i/\nu - l_i/\lambda) = \chi_G - r$,

S 3.3.2. wenn G ein Gebiet und $\chi_G = 0$ ist, gilt für alle Randmaschen $t = -1$,

D 3.3.2. innere Randmaschen ($t = -1$), indifferente Randmaschen ($t = 0$), äußere Randmaschen ($t = 1$),

D 3.3.3. Torusgebiet, Ringgebiet, Normalgebiet,

D 3.3.4. innere und äußere Komplementärkomponenten.

3.4. *Bildgebiete*

D 3.4.1. Bildgebiet als Normalgebiet ohne innere Randmaschen,

S 3.4.1. jedes Gebiet eines Bildgebietes besitzt genau eine toroidale Komplementärkomponente (Zerlegungssatz),

D 3.4.2. Höhlen bzw. Löcher als den äußeren bzw. inneren Randmaschen zugeordnete planare Komplementärkomponenten,

S 3.4.2. Löcher und Höhlen eines Gebietes besitzen weder Löcher noch Höhlen,

S 3.4.3. im Dreiecksnetz $\Gamma(6, 3)$ ist jeder Randmasche genau eine Komplementärkomponente zugeordnet.

3.5. *Picksche Formeln*

(3.5.1) $\varepsilon^* = \lambda f^*/\nu + l/2 + 1$,

(3.5.2) $\varepsilon_L = \lambda f_L/\nu - l_i/2 + 1$,

(3.5.3) $\varepsilon = \lambda f/\nu + l/2 - (r - 2)$.

3.6. *Abbildungen und Bewegungen*

D 3.6.1. topologische Abbildung,
D 3.6.2. isotropes Netz,
D 3.6.3. Figur und Bewegung.

3.7. *Topologische Maße*

(3.7.1) $\varepsilon = \lambda f/v + l/2 - r + 2k$,
S 3.7.1. topologische Maße sind durch die Anzahl der Treffer mit frei beweglichen Elementarfiguren bestimmbar,
(3.7.2) $S_\alpha = \Sigma\, \alpha(M \cap M')$,
(3.7.3) $S_\varepsilon = v\varepsilon\varepsilon'$, $S_\varkappa = 2\varkappa\varkappa'$, $S_f = \lambda ff'$,
(3.7.4) $S_k = v\varepsilon\varepsilon' - 2\varkappa\varkappa' + \lambda ff'$,
(3.7.5) $\bar{\varepsilon} = S_\varepsilon/S_k$, $\bar{\varkappa} = S_\varkappa/S_k$, $\bar{f} = S_f/S_k$.

3.8.* *Zufällige Mengen*

(3.8.1) $\bar{\varepsilon} = wH$, $\bar{\varkappa} = w^2 vH/2$, $\bar{f} = w^\lambda vH/\lambda$,
$\bar{l} = w^2(1 - w^{\lambda-2})\, vH$, $\bar{n} = w(1 - w)\, vH$.
(3.8.2) $\bar{t} = \bar{n}/v - \bar{l}/\lambda$.

4. *Gitterstrukturen und Gitterfunktionen*

4.1. *Abstandsstrukturen*

D 4.1.1. Abstand und Abstandsfunktion $a(p, q)$,
D 4.1.2. Abstandsstruktur $[P, a]$,
D 4.1.3. kongruente Abbildung.

4.2. *Gitterstrukturen*

(4.2.1) $a(p, p') = \sqrt{(x - x')^2 + (y - y')^2}$,
D 4.2.1. quasi-reguläre Nachbarschaftsstruktur,
D 4.2.2. reguläre Nachbarschaftsstruktur,
D 4.2.3. Gitter und Gitterpunkte,

(4.2.2) $A = \sum_{i=1}^{n} (x_i - x_{i+1})\, (y_i + y_{i+1})/2$,

(4.2.3) $2A = (x_2 - x_1)\, (y_3 - y_1) - (x_3 - x_1)\, (y_2 - y_1)$.

4.3. *Digitalgeometrie*

D 4.3.1. digitales Abbild,
Grundprinzip der Digitalgeometrie (Voronoi-Zerlegung),
Korrespondenzprinzip.

4.4. *Gitterpunktmengen*

S 4.4.1. Gitterpunktsatz von Minkowski, Digitalisierungseffekte,
(4.4.1) $A \approx \varepsilon \approx \varkappa/2 \approx f$, $L \approx \pi n/4 \approx \pi l/4$, $T = 2\pi t$.

4.5. *Diskrete Funktionen*
D 4.5.1. beschränkte Funktion,
D 4.5.2. inverse Funktion,
D 4.5.3. konstante Funktion,
D 4.5.4. relatives Minimal- bzw. Maximalgebiet.

4.6. *Gitterfunktionen*
D 4.6.1. Bild, Bildfunktion, Bildpunkt,
Spline — Interpolation

4.7. *Digitale Bildverarbeitung*
Bildbearbeitung,
Bildanalyse,
Bildsynthese.

8. Symbolverzeichnis

Das Symbolverzeichnis ergänzt die vorangehende Übersicht. Außer den angeführten Symbolen werden im Text nur noch einige andere Zeichen von rein lokaler Bedeutung verwendet.

$a(p, q)$	Abstandsfunktion
A	Flächeninhalt
B	Bild, Bildgebiet
c	chromatische Zahl (Definition 1.7.2)
C	Komplementärkomponente (Definition 1.2.5)
$\mathbf{C}$	Komplementoperator (1.5.1)
$D(M)$	Dilatation der Menge M
$\mathbf{D}$	Dilatationsoperator
$E, F, \ldots$	euklidische Ebene, kompakte Mengen
$E(M)$	Erosion der Menge M
$\mathbf{E}$	Erosionsoperator
f	Anzahl der Kernmaschen (Abschnitt 3.5.)
$\mathbf{F}$	Konstruktionsoperator (Tabelle 2.2.1)
$\mathbf{F}^{-1}$	Destruktionsoperator (Tabelle 2.2.1)
g	Geschlecht einer Fläche
G	Gebiet
k	Anzahl der Komponenten einer Struktur
$K(M)$	Kern der Menge M
$K_M(p)$	Komponente von M mit Repräsentant p
$\mathbf{K}$	Kernbildungsoperator
l	Länge einer Randmasche
L	Länge einer Kurve
M	endliche Menge
M_w	zufällige Menge (Abschnitt 3.8.)
n	Anzahl der Randkanten einer Randmasche
N	Nachbarschaftsrelation, Nachbarschaftsmatrix
$N(p)$	Nachbarschaft des Punktes p
$N(M)$	Punktnachbarschaft der Menge M
$\mathcal{N}(M)$	Mengennachbarschaft der Menge M (Definition 1.6.1)
$\mathbf{O}$	Öffnungsoperator (Opening)
$p, q, \ldots$	Punkte bzw. Elemente einer Menge
$P, Q, \ldots$	endliche Mengen

r	Anzahl der Randmaschen
$R(M)$	Rand der Menge M
$\mathbf{R}$	Randbildungsoperator
S	Summe über die Durchschnitte von Mengen (3.7.2)
$\mathbf{S}$	Schließungsoperator (Closing)
t	Totalkrümmung einer Randmasche (Definition 3.3.1)
T	Totalkrümmung einer geschlossenen Kurve
w	Wahrscheinlichkeit zur Erzeugung von M_w (Abschnitt 3.8.)
$z(p)$	Nachbarschaftszyklus des Punktes p
$z_M(p)$	reduzierter Nachbarschaftszyklus (Definition 2.3.1)
Γ	orientierte Nachbarschaftsstruktur $[P, N, Z]$
Γ_M	durch M erzeugte Teilstruktur (Definition 2.3.2)
$\Gamma(\nu, \lambda)$	homogene Struktur (Definition 3.1.1)
ε	Anzahl der Punkte einer Struktur
$\varkappa$	Anzahl der ungerichteten Kanten einer Struktur
λ	Länge einer Masche
μ	Anzahl der Maschen einer Struktur
ν	Nachbarschaftsgrad eines Punktes
χ	Eulersche Charakteristik einer Struktur
$\{...\}$	Menge
$(...)$	Folge
$\langle ... \rangle$	zyklische Folge
(p, q)	gerichtete Kante
$\{p, q\}$	ungerichtete Kante
$[P, a]$	Abstandsstruktur
$[P, N]$	Nachbarschaftsstruktur
$[P, N, Z]$	orientierte Nachbarschaftsstruktur

9. Sachwort- und Namensverzeichnis

MIX
Papier | Fördert gute Waldnutzung
FSC® C083411

Kolibri 360 GmbH
Ferdinand-Jühlke-Straße 7
99095 Erfurt, Deutschland
produktsicherheit@kolibri360.de